财政部规划教材
财政部高等院校财经类专业规划教材

金融理财实践与案例分析

张云　陈兵　主编

中国财经出版传媒集团
中国财政经济出版社

图书在版编目（CIP）数据

金融理财实践与案例分析／张云，陈兵主编．——北京：中国财政经济出版社，2020.4

财政部规划教材　财政部高等院校财经类专业规划教材

ISBN 978-7-5095-9733-0

Ⅰ.①金… Ⅱ.①张…②陈… Ⅲ.①金融投资－高等学校－教材 Ⅳ.①F830.59

中国版本图书馆 CIP 数据核字（2020）第 049511 号

责任编辑：王佳欣　　　　　　特邀校对：卓文娟
封面设计：育林华夏

中国财政经济出版社 出版

URL：http://www.cfeph.cn
E-mail：cfeph@cfemg.cn

（版权所有　翻印必究）

社址：北京市海淀区阜成路甲 28 号　邮政编码：100142
营销中心电话：010-88191537
北京富生印刷厂印刷　各地新华书店经销
787×1092 毫米　16 开　15.75 印张　381 000 字
2020 年 5 月第 1 版　2020 年 5 月北京第 1 次印刷
定价：58.00 元
ISBN 978-7-5095-9733-0
（图书出现印装问题，本社负责调换）
本社质量投诉电话：010-88190744
打击盗版举报热线：010-88191661　QQ：2242791300

前　言

伴随着中国经济发展和居民收入快速增长，我国家庭财富积累迅速。瑞士信贷全球财富报告显示2018年中国家庭财富规模位居全球第二，而且预计未来中国家庭财富还将进一步快速增长。庞大的家庭财富规模催生了旺盛的家庭资产管理和金融理财需求，各类金融机构（银行、证券、保险、信托、基金、期货等）纷纷强化资产管理服务，包括工、农、中、建四大行在内的大小银行陆续设立了理财子公司。

理财业务的发展机遇催生了大量人才需求，各类金融机构急需具备扎实的经济、金融、财务基础理论知识，熟悉金融理财业务流程和理财产品特性，掌握理财规划综合技能的金融理财高级专业人才。上海立信会计金融学院金融学专业在人才培养过程中，注重对接金融行业发展以及人才需求。早在2004年国内理财热潮兴起之时，就在国内较早开设了理财类课程，并与业界开展深度合作。多年来，在金融理财专业方向、金融理财师资团队、金融理财课程群等方面做了大量的探索和实践，先后获得省部级精品课程，省部级教学成果一、二等奖以及省部级教学团队等荣誉。近万名金融学专业学生必修或选修了理财类课程，大量学生毕业后进入金融机构从事理财工作。上海立信会计金融学院金融学专业是国家级特色专业，于2019年获批国家一流本科专业首批建设点，金融理财已成为该校建设过程中的重要特色方向。

上海立信会计金融学院注重培养高水平应用型人才，彰显"诚信为本、学验并重"的办学特色。金融专业理财类课程如"个人理财""金融理财学""金融理财规划"等，都设置了实验实践教学环节，注重培养学生的实操能力，以更好地适应未来理财岗位工作。为总结实验实践教学经验和支持金融理财人才培养，特组织一批长期从事理财类课程教学、具有丰富实务经验的教师编撰本书。本书结合金融理财的重点和核心知识点，设计了三部分内容：第1部分是专项理财实践与案例分析，主要关于基金定投、投资策略和家庭财务分析；第2部分是代表性家庭理财实践与案例分析，主要涉及投资、保险、住房、教育、退休、税收、遗产规划等相关案例；第3部分是家庭综合理财规划实践与案例分析，主要介绍两个中高收入家庭的综合理财规划方案。这些案例对金融理财实验实践课程教学和人才培养提供了很好的支持，最后本书还附上近两年出台的比较重要的理财法规。

值得强调的是，在理财热潮的带动下，有关个人家庭理财的教材大量涌现，但专门的理财案例却明显缺乏。本书的出版具有重要的意义，不仅对高校金融学专业建设、金融理财人才培养提供了重要教学资源支持，而且鉴于金融理财知识与个人家庭生活联系紧密，本书对于社会人士了解理财知识、启发理财思维、增强理财体验都能起到有益的作用。

参与本书编写的人员包括上海立信会计金融学院的张云、陈兵、周新辉、吴洁、李文、方茜、程万鹏、伦晓波、李威、刘郭方、韩云等教师，以及卓治企业管理咨询（上海）有限公司总经理林盛俊。

中国财政经济出版社编辑为本书的出版付出了艰辛劳动，同时我们也借鉴了很多专业人士的资料，在此一并向他们表示诚挚的谢意！

由于本书作者经验有限，书中难免有错误和疏漏之处，敬请广大师生和读者对本书提出宝贵的意见和建议。

编　者

2020 年 3 月 25 日于上海

目　录

第 1 部分　专项理财实践与案例分析

案例 1　基金定投策略 ……………………………………………………（ 3 ）

基金定投是定期定额投资基金的简称，具有平均成本低，相对风险小、强迫持续投资、战胜人性弱点、无须择时、投资门槛低、手续简单，方便快捷等诸多优点。尤其适合"忙人"和"懒人"理财，是一种非常理想的长期投资策略。

案例 2　价值投资策略 ……………………………………………………（ 10 ）

价值投资策略的精髓在于：当市场价格明显低于其内在价值时买进证券，明显高估时卖出证券。价值投资非常注重投资标的的基本面状况，最常用的财务指标是净资产收益率。长期净资产收益率高的股票其丰厚的投资回报已被市场所证明。

案例 3　家庭财务分析和评估 ……………………………………………（ 19 ）

家庭财务分析涉及家庭偿债能力、家庭应急能力、家庭保障能力、家庭储蓄能力、家庭宽裕度、家庭财富增值能力、家庭成长性、家庭财务自由度等多维度指标。家庭财务分析和评估既是制订理财方案的基础，也是理财规划的重要步骤。

第 2 部分　代表性家庭理财实践与案例分析

案例 4　家庭应急金规划 …………………………………………………（ 29 ）

在家庭理财规划中，首先要保留应急资金以备日常消费支出和突发事件之需。应急资金对安全性和流动性的要求高，对收益性要求相对低，除了现金和银行活期存款外，货币市场基金和银行现金管理类理财产品是流动性管理的好工具。

案例 5　中产三口家庭投资规划 ……………………………………………（38）

投资规划是家庭理财规划的重要内容，主要涉及个人和家庭资产配置。资产配置受投资者、投资工具、市场状况的影响。资产配置方法主要有：简易量化分析、风险属性法、依据分离定理做资产配置。案例展示了最常用的风险属性法的应用。

案例 6　中层主管家庭投资规划 ……………………………………………（44）

案例以中产家庭为背景，结合子女教育、退休等目标，对家庭财务进行分析和评估，在客户风险属性测试的基础上，对理财目标进行定量测算，并就家庭还贷计划调整、资产配置调整、基金定投计划等提出相应建议。

案例 7　人寿保险保险金额测算 ……………………………………………（52）

人寿保险在家庭保险规划中占有重要地位。规划家庭保险方案时，一个很重要的环节就是为家庭经济支柱投保人寿保险并测算保险金额。人寿保险（死亡寿险）保险金额测算通常有倍数法则、生命价值法、遗属需求法3种方法。

案例 8　中产三口家庭保险配置 ……………………………………………（61）

人寿保险、健康保险、意外伤害保险可用来应对家庭成员面临的死亡风险、长寿风险、健康风险、意外风险。人身保险规划遵循：保障功能为先、高额损失为先、家庭主要收入者为先、应符合家庭实际等四个原则。

案例 9　大学生出国留学教育规划 …………………………………………（70）

中国家庭对子女的教育高度重视，子女出国留学（主要指读本科、硕士）呈现不断上升趋势，留学费用是家庭的重大开支，需要提早规划筹备。案例以在校大学生为背景，结合其到澳大利亚攻读硕士的目标，提供了相应的教育规划方案。

案例 10　上海市中产家庭子女教育规划 …………………………………（77）

教育规划在理财规划中占据重要地位，同时课外各种辅导班以及择校问题增加了家庭财务负担和子女教育的不确定性。案例以上海中产家庭为背景，对子女未来各阶段的教育金进行测算，并提供了教育金储蓄及投资规划策略。

案例 11　青年夫妻租房与购房决策 ………………………………………（81）

居住规划是家庭理财的重大决策之一，包括租房与购房决策。租房或购房决策受家庭经济实力、居住年限、通胀率、房价上涨预期以及个人偏好等诸多因素的影响。案例从财务上展示了年成本法和净现值法在租房和购房决策中的应用。

案例 12　二胎家庭置换房屋方案 …………………………………………（87）

住房贷款种类包括：商业贷款、公积金贷款以及组合贷款。年收入概算法、等额本金还款、等额本息还款等方式可用来测算还款能力和金额。案例结合南京住宅房产的相关政策,测算二胎家庭换房能力以及两种还款方式的应用比较。

案例13　单亲离异家庭退休规划 ……………………………………………（96）

退休规划在中国人口老龄化加速的背景下,其重要性日益凸显。退休规划要遵循的原则:尽早开始计划,建立专项账户;投资讲究安全,保持一定的收益率;满足不同养老需求,应有一定弹性。案例提供了单亲离异家庭详尽的退休规划方案。

案例14　中产家庭退休规划 ………………………………………………（114）

退休规划需要考虑诸多因素:退休年龄及退休后的生活时间;退休期间需要的生活水平;利率与通货膨胀的长期走势;其他不确定性因素。在退休规划中,关键是测算退休需求和供给,提供退休金缺口解决方案。案例展示了中产家庭退休规划方案。

案例15　股票投资税务筹划 ………………………………………………（123）

中国金融市场投资工具日益丰富,不同投资工具风险收益属性不同,其涉税处理区别很大,投资决策时必须充分考虑税务筹划。案例对上市公司股票、未上市公司股权等投资工具的个人所得税涉税事宜进行了分析,并提供税务筹划方案。

案例16　企业高管家庭税务筹划 …………………………………………（132）

2019年,个人所得税法修订,个税免征额提高,增加了子女教育、继续教育、大病医疗、房贷利息、住房租金、赡养老人等专项附加扣除项目,多项所得归为综合所得,引入个税汇算清缴机制等。案例提供了政策的具体应用及节税方案。

案例17　失能失智子女家庭遗产规划 ……………………………………（139）

遗产规划涉及诸多法律法规,遗产规划工具主要有遗嘱、保险、信托和基金会等,且每种工具有不同的特点和风险。遗产规划中需要准确使用遗产规划工具,完成个性化的遗产规划目标。案例提供了财富传承中可能的风险及遗产规划策略。

案例18　高净值家庭遗产规划 ……………………………………………（155）

中国经济的长期高速增长给人们带来无限商机,很多人通过艰苦的创业积累了可观的财富,但同时也付出了健康的代价。案例以一线城市的高净值家庭为背景,分析了家族信托——在中国兴起不久的遗产规划工具中可能碰到的问题及解决方案。

第3部分　家庭综合理财规划实践与案例分析

案例19　高收入家庭综合理财规划 ………………………………………（161）

案例以高收入家庭为背景,对家庭财务进行分析评估,在结合家庭短期、中期、长期理财目标分析和理财规划假设的基础上,对家庭的现金、保险、住房、投资、教育、养老、旅游等规划提供相应方案,展示了综合理财规划的基本流程。

案例 20　大学教师家庭综合理财规划 ···（172）
　　案例对大学教师家庭的财务状况进行分析评估,结合子女教育、赡养父母、保险配置、购房、购车、退休等理财目标,借助财务函数计算,通过生涯仿真表展示家庭未来全生命周期的现金流状况,评估理财方案的可行性及调整方案。

第 4 部分　附　　录

《关于规范金融机构资产管理业务的指导意见》······································（197）
《商业银行理财业务监督管理办法》··（210）
《商业银行理财子公司管理办法》···（230）

第1部分

专项理财实践与案例分析

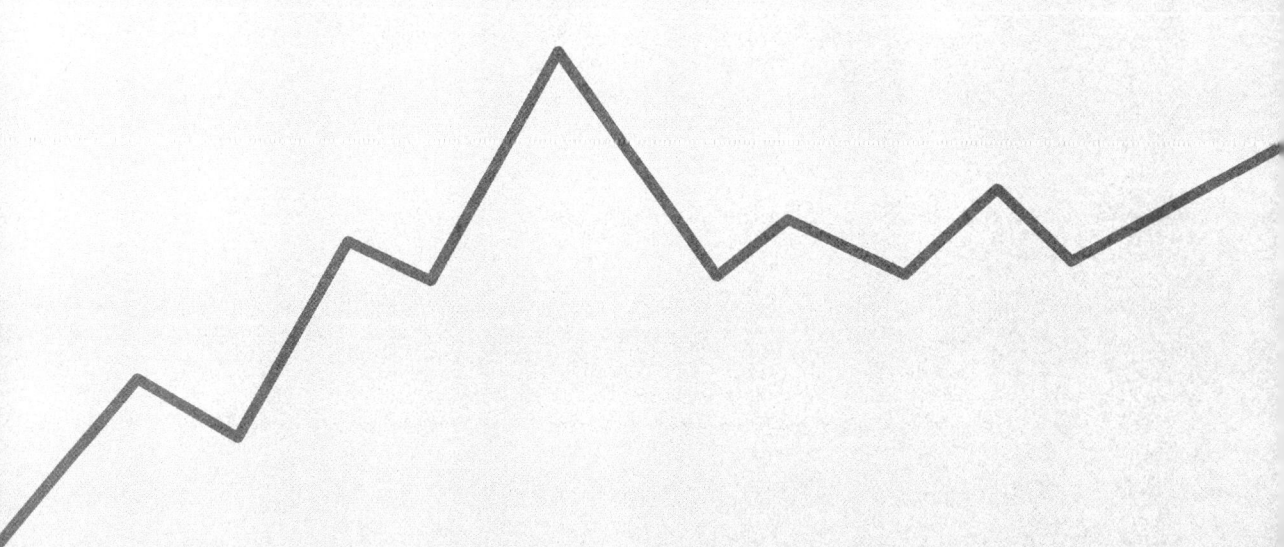

案例 1

基金定投策略

背景知识

基金定投是定期定额投资基金的简称,是指投资者约定每月扣款时间和扣款金额(目前销售机构有每月定投、每两周定投、每周定投、每日定投等多种选择),由销售机构在每月约定日从投资者指定资金账户内自动完成扣款和基金申购的一种长期投资方式,类似于银行的零存整取。基金定投起点低、方式简单,也称为"小额投资计划"或"懒人理财"。

一、基金定投优点

(一)平均成本低,相对风险小

基金定投的每次投资金额都是固定的,因此其最大的优点在于具有自动逢低加码、逢高减码的功能,即在基金净值下跌时买入份额多,在基金份额上涨时买入份额少。这样就使得投资者持有的基金份额大部分是在基金净值低时买入的,平均成本就降低了。一旦市场好转,基金净值上涨,就很容易盈利,其运作原理很像一条微笑曲线(见图 1-1 和图 1-2)。当微笑曲线出现时,基金定投就会盈利。中国 A 股市场波动大,很容易出现微笑曲线,正适合基金定投。

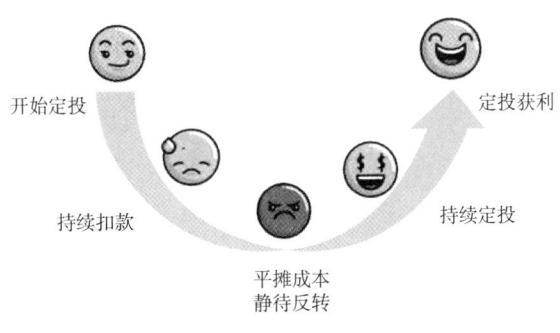

图 1-1 基金定投微笑曲线

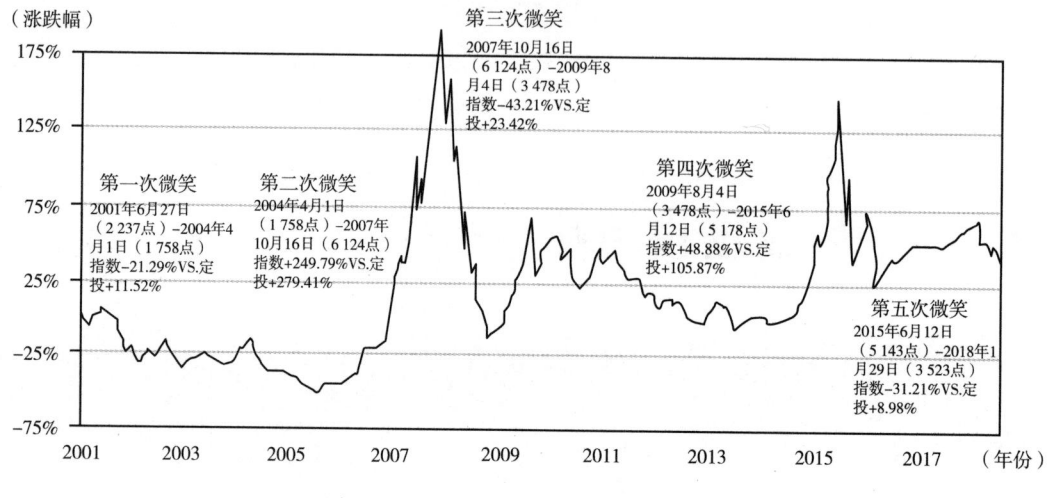

图1-2 2001年以来上证综指微笑曲线

第一次微笑曲线

时间：2001年6月27日（2 237点）—2004年4月1日（1 758点）

其间指数涨跌幅：-21.29%；定投总收益：11.52%。

第二次微笑曲线

时间：2004年4月1日（1 758点）—2007年10月16日（6 124点）

其间指数涨跌幅：249.79%；定投总收益：279.41%。

第三次微笑曲线

时间：2007年10月16日（6 124点）—2009年8月4日（3 478点）

其间指数涨跌幅：-43.21%；定投总收益：23.42%。

第四次微笑曲线

时间：2009年8月4日（3 478点）—2015年6月12日（5 178点）

其间指数涨跌幅：48.88%；定投总收益：105.87%。

第五次微笑曲线

时间：2015年6月12日（5 143点）—2018年1月29日（3 523点）

其间指数涨跌幅：-31.21%；定投总收益：8.98%。

（二）强迫持续投资，战胜人性弱点

绝大多数投资者在投资中都会出现上涨时贪婪，下跌时恐惧的表现，这是人性的弱点。贪婪容易被套牢，而恐惧又容易丧失大好机会。基金定投意味着不管市场走势如何，每隔一段时间就要自动进行投资（强迫储蓄），从而战胜人性的弱点。

（三）无须择时

众所周知，一次性投资对择时要求很高，市场走势对投资者影响极大，要选准低点买入是很难的。相比之下，基金定投在不同市场位置开始定投的差异很小，避免了择时的困惑。股票投资择时非常重要，而基金定投无须择时是其又一大优势。

（四）投资门槛低

基金定投的投资门槛相比其他方式更低，通过银行渠道定投通常每期投资金额只需200～300元即可，通过基金公司官网和基金第三方销售平台定投通常每期投资金额只需100元甚至更低。低投资门槛涵盖了各阶层的人群。在校大学生可以通过基金定投来培养良好的理财习惯。

（五）手续简单，方便快捷

在智能手机早已普及的情况下，基金定投的手续更加简单便捷。例如，通过基金公司官网和基金第三方销售平台定投（支付宝、天天基金网、好买基金网等），只需在手机上下载APP进行用户注册，然后设置定投的基金品种、定投时间、定投金额，绑定银行账号，接下来每次定投时间一到就自动扣款申购选定的基金，非常省时省力，正好符合轻松理财、简单理财的理念。相比之下，股票投资就非常耗费时间和精力。

二、定投基金选择标准

基金定投虽然有很多优势，但并非所有类型基金都适合定投，定投基金选择标准要考虑基金的风险和收益特征（净值波动性）。定投最适合的类型是净值波动幅度较大的基金，例如，股票型、混合型和指数型。因为只有基金净值波动大，定投自动逢低加码、逢高减码的功能才能充分发挥，其优势才能充分体现。相反，基金净值波动小则这种功能就发挥不出来了。因此，货币市场基金就不适合定投，债券基金也不太适合定投。

三、基金定投适合人群

（一）年轻的"月光族"

基金定投具备强迫储蓄功能，对于年轻的"月光族"来说，可以通过参与基金定投并将扣款日设定在发薪日后1～2天，先储蓄后消费，以保持收大于支的状态，培养良好的理财习惯，彻底摆脱"月光"的财务困境。

(二) 领固定薪水的上班族

大部分上班族的薪资所得在应付日常生活开销后，结余金额往往不多，小额长期的定期定额投资方式最适合其财富积累。而且由于上班族大多不具备较高的投资水平，无法准确判断进出市场的时机，所以通过基金定投可稳步实现资产增值。

(三) 未来某一时点有特殊（或较大）资金需求的投资者

未来有特殊资金需求的投资者，例如，面临5年后须付购房首付款、10年后子女出国留学、20年后退休养老等长期规划的投资者，提早以定期小额投资方式筹集资金，对日常开支影响小，而且能积少成多、聚沙成塔。

(四) 不愿意承担过高风险的投资者

相比单笔一次性投资的高风险，基金定投的风险较低，对厌恶风险的保守型、稳健型投资者就很适合。

显然，"忙人"和"懒人"也都很适合基金定投。不过，基金定投是一种长期投资策略，一般投资期限至少3年，最好达到5年以上。因为投资期限长，覆盖牛市的概率才高，微笑曲线才更容易出现，在牛市中止盈收益就会很可观。而且投资期限长，积累的基金份额多，止盈才有意义。

四、基金定投重要事项

(一) 定投开始时间不重要，赎回时间重要

实践表明，在牛市中开始定投还是在熊市中开始定投的差异不大，关键在于赎回的时机选择很重要。赎回一定要在微笑曲线的右边，即基金净值上涨，收益来临时进行。

(二) 不应该止损，但要注意止盈

在股票投资中，设定止损点和止盈点很重要（很多投资者常常忽视这一点从而被深套），基金定投则与股票投资不同，基金定投不应该设止损点，当证券市场不景气特别是暴跌时，基金净值也会大幅下跌，很多投资者会选择停止定投并将原有基金份额赎回止损，这种做法恰好是基金定投的大忌，往往丧失掉很好的机会。事实上，基金净值开始持续下跌时，正好是微笑曲线的左边来临，如果这时候坚持定投，买入的基金份额就会大幅增加，从而不断摊低平均成本，当市场好转基金净值开始上涨时，微笑曲线的右边开始，盈利很快就来临。一些没有真正理解基金定投的投资者往往会犯这种错误。

案例 1　基金定投策略

表 1-1　天天基金网 5 年基金定投收益排行 Top 20

序号	代码	简称	相关链接	单位净值	日期	近 1 年定投收益	近 2 年定投收益	近 3 年定投收益	近 5 年定投收益	上海证券评级 12-31
1	519674	银河创新成长混合	估算图 基金吧 档案	5.593 5	03-06	78.99%	109.53%	114.14%	130.29%	★★★★
2	161903	万家行业优选混合（LOF）	估算图 基金吧 档案	1.717 9	03-06	64.06%	100.78%	106.82%	128.62%	★★★★
3	162703	广发小盘成长混合（LOF）	估算图 基金吧 档案	2.735 2	03-06	71.25%	96.23%	100.38%	111.58%	★★★★
4	213001	宝盈鸿利收益灵活配置混合 A	估算图 基金吧 档案	1.747 0	03-06	59.47%	81.68%	94.31%	105.34%	★★★★
5	610002	信达澳银精华配置混合	估算图 基金吧 档案	1.909 0	03-06	51.09%	77.85%	86.46%	103.08%	★★★★
6	000751	嘉实新兴产业股票	估算图 基金吧 档案	3.654 0	03-06	41.12%	63.25%	74.28%	102.72%	★★★★★
7	000717	融通转型三动力灵活配置混合	估算图 基金吧 档案	2.522 0	03-06	60.02%	77.39%	84.86%	99.30%	★★★★★
8	000339	长城医疗保健混合	估算图 基金吧 档案	2.911 5	03-06	50.37%	74.06%	80.29%	95.74%	★★★
9	000924	宝盈先进制造混合 A	估算图 基金吧 档案	1.842 0	03-06	56.97%	78.83%	87.89%	89.20%	★★★★
10	519732	交银定期支付双息平衡混合	估算图 基金吧 档案	4.271 0	03-06	29.51%	40.49%	53.30%	86.05%	★★★
11	166301	华商新趋势优选灵活配置混合	估算图 基金吧 档案	4.283 0	03-06	41.06%	60.81%	69.50%	85.40%	★★★★
12	260108	景顺长城新兴成长混合	估算图 基金吧 档案	1.825 0	03-06	14.47%	37.10%	52.44%	85.36%	★★★
13	519727	交银成长 30 混合	估算图 基金吧 档案	1.890 0	03-06	45.20%	81.56%	83.74%	84.60%	★★★
14	460005	华泰柏瑞价值增长混合	估算图 基金吧 档案	4.016 7	03-06	53.29%	73.34%	75.48%	84.36%	★★★
15	000418	景顺长城成长之星股票	估算图 基金吧 档案	2.954 0	03-06	48.47%	67.57%	70.74%	83.69%	★★★
16	720001	财通价值动量混合	估算图 基金吧 档案	3.131 0	03-06	48.64%	77.83%	79.31%	82.93%	★★★★
17	519672	银河新趋势灵活配置混合	估算图 基金吧 档案	3.632 0	03-06	44.45%	62.58%	65.44%	82.61%	★★★★★
18	110022	易方达消费行业股票	估算图 基金吧 档案	3.048 0	03-06	12.91%	31.31%	41.77%	81.29%	★★★★★
19	000294	华安生态优先混合	估算图 基金吧 档案	2.727 0	03-06	25.14%	48.74%	60.15%	80.89%	★★★★
20	110011	易方达中小盘混合	估算图 基金吧 档案	5.097 0	03-06	15.13%	33.29%	44.88%	80.40%	★★★★

注：截至 2020 年 3 月 6 日。

当然，基金定投面临的问题主要是止盈，这一点与股票投资是一样的。要设定合适的止盈点（因人而异）来锁定收益，这个问题让投资者感到困惑，特别是牛市中收益可观时，投资者常常舍不得放弃。对此问题，有些基金公司已经提出解决方案，如嘉实基金的理财嘉"一键式"止盈定投可以设定期望的止盈目标。止盈目标是定投协议下针对特定基金设立的期望达到的业绩目标。一旦达到止盈目标，将在下一个工作日将参加止盈定投的基金份额全部转换为嘉实货币市场基金，自动帮助投资者锁定收益。目前，很多基金公司或第三方基金销售平台都有目标定投，即事先设定好盈利目标，一旦盈利达到目标就自动赎回锁定收益，避免投资者受情绪的干扰。当然，投资者对盈利预期要保持合理的水平。表1-1所示为截至2020年3月6日天天基金网排名前20位的基金定投收益情况。

案例情景

某投资者有闲置资金12 000元，准备投资某基金，假定有两种投资策略选择：一次性投资（1月份一次全部买入）和定期定额投资（见表1-2），比较这两种投资策略的平均成本和收益情况，并设计一种策略改进基金定投的绩效。

表1-2　　　　　　　　两种投资策略选择

时间	1月	2月	3月	4月	5月	6月	7月	8月	9月	10月	11月	12月
净值（元/份）	1.6	1.5	1.4	1.3	1.2	1.1	1.0	1.1	1.2	1.3	1.4	1.5
一次性投资（元）	12 000											
定投（元）	1 000	1 000	1 000	1 000	1 000	1 000	1 000	1 000	1 000	1 000	1 000	1 000

案例分析

一、两种投资策略的平均成本和收益情况

解：一次性投资平均成本：1.6元/份

一次性投资盈亏：$12\,000 \times (1.5 - 1.6) \div 1.6 = -750$（元）

一次性投资收益率：$-750 \div 12\,000 = -6.25\%$

定投份数：$1\,000 \div 1.6 + 1\,000 \div 1.5 + 1\,000 \div 1.4 + 1\,000 \div 1.3 + 1\,000 \div 1.2 + 1\,000 \div 1.1 + 1\,000 \div 1.0 + 1\,000 \div 1.1 + 1\,000 \div 1.2 + 1\,000 \div 1.3 + 1\,000 \div 1.4 + 1\,000 \div 1.5 = 9\,410$（份）

定投平均成本：$12\,000 \div 9\,410 = 1.275$（元/份）

定投盈亏：$12\,000 \times (1.5 - 1.275) \div 1.275 = 2\,117.64$（元）

定投收益率 = 2 117.64 ÷ 12 000 = 17.65%

定期定额投资的收益高于一次性投资。

二、设计一种策略改进基金定投的绩效

改进策略：净值为 1.5 元/份时申购金额 800 元，净值每上升 0.1 元/份时减少投资 100 元，净值每下降 0.1 元/份时增加投资 100 元，即定期定额投资改变为定期不定额投资，其每期投资金额如表 1-3 所示。

表 1-3　　　　　　　定期不定额投资策略

时间	1月	2月	3月	4月	5月	6月	7月	8月	9月	10月	11月	12月
净值（元/份）	1.6	1.5	1.4	1.3	1.2	1.1	1.0	1.1	1.2	1.3	1.4	1.5
一次性投资（元）	12 000											
定投（元）	700	800	900	1 000	1 100	1 200	1 300	1 200	1 100	1 000	900	800

解：定期不定额投资份数：700 ÷ 1.6 + 800 ÷ 1.5 + 900 ÷ 1.4 + 1 000 ÷ 1.3 + 1 100 ÷ 1.2 + 1 200 ÷ 1.1 + 1 300 ÷ 1.0 + 1 200 ÷ 1.1 + 1 100 ÷ 1.2 + 1 000 ÷ 1.3 + 900 ÷ 1.4 + 800 ÷ 1.5 = 9 643（份）

定期不定额投资平均成本：12 000 ÷ 9 643 = 1.244（元/份）

定期不定额投资盈亏：12 000 × (1.5 - 1.244) ÷ 1.244 = 2 469.45（元）

定期不定额投资收益率 = 2 469.45 ÷ 12 000 = 20.58%

定期不定额投资收益高于定期定额投资。（注意：定期不定额投资的每期投资金额是依据事先设定的规则自动进行扣款，无须人为判断决策，以避免主动决策的干扰。另外，目前市场上的这类智能定投一般选择某一指数点作为基准，如沪深 300 指数，依据指数的涨跌来设定加码或减码的规则，如指数上涨 5% 则投资金额下降 5%，指数下跌 5% 则投资金额增加 5%。这可能带来一个问题，如果定投的基金净值涨跌方向与参照的指数涨跌方向不一致，就可能导致策略相反，该加码时变成减码，该减码时变成加码，投资绩效反而会变差。）

案例 2

价值投资策略

背景知识

价值投资策略源于格雷厄姆和多德提出的价值投资理念，其基本理念为：证券的价格波动很大，而其内在价值稳定且可测量，虽然短期内证券市场价格会经常偏离其内在价值，但市场存在自我纠偏机制，从长期来看，市场价格与其内在价值趋同。该策略的精髓在于：市场价格明显低于其内在价值时买进证券，明显高估时卖出证券。价值投资非常注重投资标的的基本面状况，而且必须坚持长期投资。

价值投资策略与成长投资策略有明显区别。价值投资策略主要侧重股票的内在价值，其分析的各种财务数据主要源于过去和现在，在购买时机上，往往选择股价较低水平时买入；成长投资策略更加侧重分析公司的未来前景，诸如公司所处的行业前景、竞争优势、管理水平以及产品的开发能力、市场占有率等，在购买时机上，由于公司未来发展前景已经在股价上有所体现，因此往往在股价中等或中高水平时买入。

价值投资很注重投资标的的基本面，反映公司基本面的财务指标很多，其中，最常用的是净资产收益率（Return on Equity，ROE），净资产收益率也叫股东权益收益率，反映了一个公司的盈利能力，既是基本面分析非常重要的指标，也是杜邦分析体系的核心指标。净资产收益率的基本公式为：

净资产收益率 = 净利润 ÷ 净资产 × 100%

净资产收益率越高，表明公司的盈利能力越强。依据净资产收益率来选股不失为简单而有效的办法，也是价值投资策略的体现。巴菲特曾说过，"如果只能选择一个指标来衡量公司经营业绩的话，那就选净资产收益率""我选择的公司，都是净资产收益率超过20%的公司"。巴菲特以净资产收益率为依据选股时，不仅要求ROE要超过20%，而且要持续稳定。

净资产收益率可以进一步分解：

净资产收益率 =（净利润÷销售收入）×（销售收入÷总资产）×（总资产÷净资产）

= 销售利润率 × 总资产周转率 × 财务杠杆（权益乘数）

由此可见，影响净资产收益率的因素有 3 个指标：销售利润率、总资产周转率、财务杠杆。这 3 个指标与净资产收益率成正比，3 个指标越高，净资产收益率越高。即较高的盈利水平可能来自高的销售利润率，或者来自高的总资产周转率，或者来自高的财务杠杆，也可能三者皆有。当然，3 个指标反映的含义是不同的。

第一种情况：高销售利润率。销售利润率高通常表明行业竞争不充分，企业有护城河，其他企业很难进入该行业。因此，企业可以依靠护城河长期维持较高的销售利润率，从而实现高净资产收益率。典型的例子如贵州茅台。贵州茅台属于白酒行业，尽管白酒企业众多，但是贵州茅台属于酱香型白酒，其工艺独特，很难被复制，加上定位高端和品牌效应，因此能长期维持很高的销售利润率，其销售毛利率和销售净利率均明显高于同行业平均水平。而且有护城河的企业可以依靠不断涨价来实现高销售利润率。护城河正是公司核心竞争力的体现。在巴菲特旗下的伯克希尔·哈撒韦公司的持仓名单中，可口可乐公司也是一家典型的具有护城河的企业，其独特的可乐配方难以被竞争对手复制，因而可以保持基业长青。

第二种情况：高总资产周转率。销售利润率不高，但是资产周转率高。这类企业所处行业通常竞争充分，企业并没有护城河，竞争对手容易进入，企业依靠加快资产周转速度来提高总资产周转率，因此其运营效率高。销售利润率和资产周转率都是对企业盈利能力的很好体现。典型的例子如格力电器，其应收账款周转率明显高于竞争对手和行业平均水平，格力电器对销售渠道的强话语权使其现金流非常充裕。

第三种情况：高财务杠杆。一些企业的销售利润率和资产周转率并不高，但财务杠杆很高，也会提升净资产收益率。企业的财务杠杆高，财务风险相应上升。财务杠杆是一把双刃剑，会导致企业的经营业绩不稳定。经济景气时，会改善公司的业绩，而经济不景气时，可能导致公司业绩下降。在利用净资产收益率指标考察公司盈利能力时，对财务高杠杆的企业要特别谨慎。这也是净资产收益率指标的不足之处。在基于净资产收益率指标进行价值投资时，要主要考察销售利润率和资产周转率高的企业。

案例情景

依据净资产收益率选股，来考察中国 A 股市场。过去 10 年（2009—2018 年）ROE 连续保持 20% 以上的股票只有 8 只，显然，这个比例是非常低的。这 8 只股票分别是：贵州茅台、洋河股份、伊利股份、承德露露、恒瑞医药、华东医药、格力电器、海康威视，它们分别来自于食品饮料、医药生物、家用电器、电子行业。这些股票的 ROE 不仅高，而且能持续保持。典型的如贵州茅台，于 2001 年上市，2005 年以来连续 14 年的 ROE 均保持在 20% 以上，其中有 10 年的 ROE 在 30% 以上，可见持续盈利的能力非常强。类似的如格力电器，在过去 10 年中只有 2015 年的 ROE 略低（27.24%），其他年度都在 30% 以上，家电行业能有这么好的业绩很不容易。还有电子行业的海康威视，海康威视是安防产品全球领头羊，自 2013 年以来，其 ROE 持续保持在 30% 以上，呈现出很强的持续盈利能力。这样的股票给股东带来的回报往往非常丰厚，其中，伊利股份、贵州茅台、格力电器、恒瑞医药自上市以来涨幅分别高达 253 倍、251 倍、183 倍、147 倍（截至 2019 年 11 月 15 日），均位居上市 10 年以上股票年化收益率前 20 名，且年化收益率均超过 20%。同时，统计 A 股史上涨幅榜（见表 2-1）发现，位居涨幅前列的股票几乎都是有良好业绩作为支撑的，而那些缺乏业绩支撑、在牛市中股价被炒上天的股票，一旦熊市来临，其股价跌幅更为惊人，这样的例子在不断重演。只有绩优股，才可能穿越牛熊，给投资者带来持续可观的回报。

表 2-1　　　　中国 A 股 2009—2018 年 ROE 连续保持 20% 以上的股票　　　　单位：%

股票	贵州茅台	洋河股份	伊利股份	承德露露	恒瑞医药	华东医药	格力电器	海康威视
代码	600519	002304	600887	000848	600276	000963	000651	002415
行业	食品饮料	食品饮料	食品饮料	食品饮料	医药生物	医药生物	家用电器	电子
2018 年	34.46	25.95	24.33	22	23.60	24.87	33.3	33.95
2017 年	32.95	24.08	25.22	21.52	23.28	23.02	37.44	34.96
2016 年	24.44	24.01	26.58	24.83	23.24	22.19	30.44	34.58
2015 年	26.23	25.37	23.87	31.16	24.37	42.98	27.24	35.28
2014 年	31.96	24.53	23.66	38.13	21.28	30.34	35.23	36.27
2013 年	39.43	31.44	23.15	36.53	21.22	25.15	35.77	31.21
2012 年	45.00	50.53	25.97	28.06	22.91	26.64	31.38	27.81
2011 年	40.39	49.16	35.33	26.25	23.11	28.49	34.00	23.98
2010 年	30.91	37.13	20.28	23.9	24.45	28.12	36.51	27.35
2009 年	33.55	54.3	20.78	22.64	28.61	40.20	33.48	60.18
上市日	2001-8-27	2009-11-6	1996-3-12	1997-11-13	2000-10-18	2000-1-27	1996-11-18	2010-5-28
涨幅	25 116.66	352.55	25 345.41	799.22	14 744.52	1 406.23	18 258.68	721.64

注：涨幅为复权价相对发行首日收盘价，截至 2019 年 11 月 15 日。

长期来看，净资产收益率与股价涨幅高度相关，依据统计，截至 2019 年，过去 18 年中国股价表现最好的 9 家企业，如表 2-2 所示，其过去 18 年平均净资产收益率都非常高。其中，伊利股份因 2008 年三聚氰胺事件导致巨额的亏损拉低了平均 ROE，但近 10 年的 ROE 都在 20% 以上。海通证券 ROE 较低则是因为借壳上市的原因。此外，2001 年我国已经上市的公司共有 1 050 家，到 2018 年，18 年年化回报超过 15% 的企业大约只有 2%。在美国市场上可口可乐公司的股票于 1919 年上市，到 2019 年正好 100 年，其股价上涨 46 万倍，年化回报15%。长期来看,年化投资回报为15%是非常惊人的,属于顶级投资大师的水平。

表2-2 2001—2019年以来中国年化回报最高的公司排名及ROE

公司名称	年化回报	ROE
贵州茅台	31%	32%
格力电器	27%	28%
恒瑞医药	26%	20%
万华化学	22%	30%
云南白药	21%	23%
万科A	20%	18%
伊利股份	19%	15%
海通证券	18%	14%
宇通客车	17%	22%

资料来源:WIND、公司财报。

案例分析

在以上的展示案例中,贵州茅台总能出现。贵州茅台上市后,其ROE长期较高,股价涨幅巨大,给投资者带来的回报非常丰厚,其市值也从刚上市时的88亿元上涨到2019年11月15日的1.54万亿元。贵州茅台在中国A股市场受到高度关注,下面将贵州茅台的净资产收益率、销售毛利率、销售净利率、总资产周转率、权益乘数等财务指标与其竞争对手五粮液、洋河股份、泸州老窖分别进行比较(见表2-3至表2-7),并分析其净资产收益率高的原因。

表2-3 四大白酒上市企业净资产收益率比较 单位:%

年份	名称	贵州茅台	五粮液	洋河股份	泸州老窖
2018		34.46	22.80	25.95	21.81
2017		32.95	19.38	24.08	20.30
2016		24.44	15.01	24.01	17.79
2015		26.23	14.93	25.37	14.74
2014		31.96	15.42	24.53	7.99
2013		39.43	23.71	31.44	33.15
2012		45.00	36.82	50.53	46.88
2011		40.39	30.01	49.16	41.68
2010		30.91	26.68	37.13	41.21
2009		33.55	24.95	54.31	38.78

资料来源:同花顺。

表2-4　　　　　　　　四大白酒上市企业销售毛利率比较　　　　　　　　单位:%

年份 \ 名称	贵州茅台	五粮液	洋河股份	泸州老窖
2018	91.14	73.80	73.70	77.53
2017	89.80	72.01	66.46	71.93
2016	91.23	70.20	63.90	62.43
2015	92.23	69.20	61.91	49.40
2014	92.59	72.53	60.62	47.61
2013	92.90	73.26	60.42	56.98
2012	92.27	70.53	63.56	65.65
2011	91.57	66.12	58.17	66.23
2010	90.95	68.71	56.31	69.41
2009	90.17	65.31	58.47	66.65

资料来源：同花顺。

表2-5　　　　　　　　四大白酒上市企业销售净利率比较　　　　　　　　单位:%

年份 \ 名称	贵州茅台	五粮液	洋河股份	泸州老窖
2018	51.37	35.07	33.59	26.89
2017	49.82	33.41	33.23	25.03
2016	46.14	28.75	33.78	23.48
2015	50.38	29.60	33.42	22.47
2014	51.53	28.83	30.73	18.23
2013	51.63	33.67	33.30	33.91
2012	52.95	38.00	35.62	39.31
2011	50.27	31.42	32.47	36.26
2010	45.90	29.35	30.17	42.46
2009	47.08	31.15	31.32	38.70

资料来源：同花顺。

表2-6　　　　　　　　四大白酒上市企业总资产周转率比较　　　　　　　　单位:%

年份 \ 名称	贵州茅台	五粮液	洋河股份	泸州老窖
2018	0.50	0.51	0.52	0.62
2017	0.47	0.45	0.49	0.62
2016	0.39	0.43	0.47	0.62

续表

年份 \ 名称	贵州茅台	五粮液	洋河股份	泸州老窖
2015	0.43	0.44	0.51	0.52
2014	0.52	0.46	0.52	0.40
2013	0.62	0.55	0.58	0.71
2012	0.66	0.66	0.81	0.82
2011	0.61	0.62	0.84	0.82
2010	0.51	0.63	0.85	0.77
2009	0.54	0.65	0.92	0.79

资料来源：同花顺。

表2-7　　　　　　　　　　　　　四大白酒上市企业权益乘数比较　　　　　　　　　　　　　单位：倍

年份 \ 名称	贵州茅台	五粮液	洋河股份	泸州老窖
2018	1.36	1.32	1.47	1.32
2017	1.40	1.30	1.47	1.29
2016	1.49	1.29	1.49	1.23
2015	1.30	1.18	1.48	1.27
2014	1.19	1.15	1.46	1.34
2013	1.26	1.19	1.62	1.29
2012	1.27	1.44	1.61	1.59
2011	1.37	1.57	1.91	1.73
2010	1.38	1.56	1.55	1.44
2009	1.35	1.43	1.28	1.40

资料来源：同花顺。

根据以上数据资料分析可以发现，与另外三家行业竞争对手相比，过去10年，贵州茅台的净资产收益率均高于另一白酒龙头企业五粮液，从2013年起，连续6年贵州茅台的净资产收益率均为最高，特别是在2017—2018年白酒行业景气回升阶段，贵州茅台的净资产收益率已经显著高于另外三家竞争对手。

分析贵州茅台净资产收益率高的原因，在总资产周转率上，贵州茅台相比竞争对手的数值较低，过去10年中有6年贵州茅台的总资产周转率都是最低；在权益乘数上，四大酒企的权益乘数都不算高，洋河股份相对高一些，10年中有7年的权益乘数最高，另外三家的权益乘数年平均水平几乎相当。在销售毛利率和销售净利率上，贵州茅台的两个指标在任何一年均明显高于竞争对手，销售毛利率基本都在90%以上，这么高的销售毛利率是很少见的，显然，贵州茅台的高净资产收益率主要来源于高销售利润率。

从白酒行业来看，目前上市企业有20家，而2019年全国白酒行业企业名录统计的多达13 378家，酒文化在我国源远流长，白酒生产几乎遍布全国各地，除了正规的白酒企业，还有大量的小作坊，甚至农户家里自己都能酿酒，这就表明，白酒行业是很容易进入的，是高度竞争的。在竞争激烈的背景下，企业要维持高销售利润率是很难的，贵州茅台能长期保持很高的销售利润率，正是因为其具有典型的护城河特征。

从历史渊源来看，茅台酒早在100多年前的巴拿马万国博览会上就获得金奖，这个故事早已深入人心。新中国成立后，中央领导人在外交活动中对茅台酒的大力宣传，使"国酒茅台"理念更加深入人心。

从经营战略上来看，茅台自2001年上市后，实施的一系列战略对其品牌塑造和竞争力提升至关重要。如开发出陈年酒，宣传茅台酒越陈越香；宣传茅台酒有益于健康，对幽门螺旋杆菌杀伤力强；宣传茅台酒独特的生产工艺，将酱香酒与其他白酒区别开来（这一战略极为重要，尽管我国白酒生产企业众多，但酱香酒主要在贵州和四川生产，而且茅台酒的生产工艺复杂，其从基酒到上市需要五年，这其实导致了酱香酒竞争不足）；宣传茅台酒生产环境的独特性，只有茅台镇才能产出真正的茅台酒；构建庞大的经销商体系等。这一系列战略，极大地提升了茅台的品牌，茅台逐渐超越五粮液，成为白酒行业当之无愧的龙头企业。同时，在资本市场上，除了上市时融资外，茅台一直没有再融资，这与中国A股市场上市公司不断圈钱的现象形成鲜明对比，而且茅台常年大比例现金分红，却不搞高送转的花招，进一步树立了良好的形象和声誉，其股价穿越牛熊不断上涨，逐步成为中国A股的股王，股价远高于其他上市公司。茅台成为白酒龙头企业后，相应掌握了白酒的定价权，依靠调价就能维持其较高的业绩增速。同时，茅台的产能扩张不明显，加上其独特的工艺使产品上市需很长周期，这就导致茅台酒的供应明显不足。茅台酒的高端品牌定位，加之供求失衡，从而推动其终端销售价格不断上升，一些消费者逐渐将其作为投资品收藏，使之具有了金融属性和奢侈品属性。（中国经济多年高速增长，具有庞大的中产阶层和高净值人群，但国内太缺奢侈品。）

此外，酒文化在我国源远流长，是由数千年文明慢慢培育的，很难改变，而且白酒也是中国独特的产业，即使中国经济加大开放也不会受到外来企业的冲击。2012年出台"中央八条"和"六项禁令"后，对高端白酒造成了很大的冲击。当时，政务消费占茅台的50%，经过几年的调整，目前，政务消费已降至10%以下，茅台酒逐渐转型至以大众/家庭消费和商务消费为主，其消费结构更加健康，消费基础更加坚实。

以上一系列因素，使茅台逐渐构建起自身的护城河，要进入白酒行业与茅台竞争很难，要进入酱香酒行业与茅台竞争更难，茅台在白酒行业中极强的定价权造就了其明显高于竞争对手的销售利润率,从而使其持续保持较高的净资产收益率。贵州茅台是依据自身的"护城河",通过高于竞争对手的销售利润率来实现高净资产收益率的典型案例,依据其持续的高净资产收益率投资其股票也成为典型的价值投资案例。

案例启示

本案例仅依据净资产收益率来讨论价值投资。在实际运用价值投资策略时,要注意高净资产收益率的来源。首先,销售利润率高的企业可能意味着"护城河"的存在,导致竞争不足,这种企业特别值得关注;其次,要注意资产周转率高的企业,这种企业虽然处于竞争充分的行业,但是其营运效率高,从而也能保持较高的净资产收益率;最后,对于依靠高财务杠杆来实现高净资产收益率的企业,则要特别谨慎,这种企业的财务风险高,业绩不稳定,当经济不景气时,其经营业绩会大幅下降。

依靠净资产收益率进行价值投资是一个简单有效的办法,但并非完美无缺。实践中,最好能结合其他一些财务指标,如市盈率(Price–to–Earnings Ratio,PE)、市盈率相对盈利增长比率(Price–to–Earnings Growth Ratio,PEG)、市净率(Price–to–Book Ratio,PB)、市现率(Price–to–Cash Flow Ratio,PCF)、市销率(Price–to–Sales Ratio,PS)等。

一、市盈率

市盈率 = 市值 ÷ 净利润

市盈率越低的股票,投资价值越高。市盈率比较直观,但灵敏度高、波动大,不太适合周期性股票的估值。行业不同、企业发展阶段不同,市盈率因此会有差异。

二、市盈率相对盈利增长比率

市盈率相对盈利增长比率 = 市盈率 ÷ 每年净利润增速

股票市盈率高低并不能完全反映股票的估值,要结合净利润增速来看,PEG越低投资价值越高,通常来看,选择PEG低于1的股票,具有较高的安全边际。需要强调的是,PEG要参考近三年的指标,因为一年的净利润增速不稳定;周期性行业不适用于PEG估值,因为周期性行业的净利润受市场相关因素影响波动较大,比如能源行业的石油和煤炭价格、材料行业的钢铁和水泥价格等波动就较大。

三、市净率

市净率 = 市值 ÷ 净资产

市净率越低的股票,投资价值越高。合理的 $PB = (ROE^2) \times 100$。行业不同、企业发展阶段不同，市净率因此会有差异。

四、市现率

市现率 = 市值 ÷ 经营活动净现金增加额

市现率越低的股票，现金流越充沛，经营压力越小，投资价值越高。

五、市销率

市销率 = 市值 ÷ 主营业务收入

市销率越低的股票，投资价值越高。

中国的股票市场长期以来波动很大，而且一些涨幅惊人的股票往往基本面表现不佳，甚至是ST股票，而一些基本面表现优良的股票，典型的如银行股，却长期以来股价表现平平，并未给投资者带来丰厚回报，这就导致价值投资在我国一直备受争议，使价值投资理念在我国还没有被普遍接受。

价值投资理念尽管在中国还未被广泛接受，但是近几年，国内机构投资者持续壮大，特别是中国股市的开放度不断加大，陆股通（沪港通、深港通）开通，A股被纳入三大国际指数（MSCI、富时罗素、标普道琼斯）以来，境外资金进入A股市场，对绩优股的青睐有加，从而对引导境内投资者接受价值投资发挥了积极的作用。今后，中国A股市场开放度还将进一步加大，加上对A股的治理和监管不断完善，相信投资者将会更加关注股票基本面，将良好的业绩作为选股的重要标准，价值投资也会被更广泛地接受。

案例 3

家庭财务分析和评估

背景知识

家庭财务分析在整个理财规划中具有非常重要的意义。分析家庭的财务结构，一方面，对于家庭已有的资产要了解其配置情况以便实施资产增长计划；另一方面，要了解家庭负债的状况以便实施减债的计划，降低财务负担，双管齐下地为未来理财目标的实现奠定相应的基础。

家庭财务指标主要包括：家庭偿债能力指标、家庭应急能力指标、家庭保障能力指标、家庭储蓄能力指标、家庭宽裕度指标、家庭财富增值能力指标、家庭成长性指标、家庭财务自由度指标等。

一、家庭偿债能力指标

通常用资产负债率来衡量一个家庭的偿债能力。基本公式为：

资产负债率 = 总负债 ÷ 总资产 × 100%

资产负债率越高，财务负担越重，如果收入不稳定，无法偿还本息的风险也就越大。资产负债率应保持在 60% 以下，若超出此范围，则说明家庭的负债水平过高。若负债主要为长期摊还的房贷则可接受，若是短期贷款则应立即进行减债计划，以免因周转不灵陷入破产困境。

二、家庭应急能力指标

家庭保有一定的流动性资产是为了应对失业或紧急事故的出现，紧急预备金倍数反映了家庭流动性资产可以应付几个月的总支出。

紧急预备金倍数 = 流动性资产 ÷ 月总支出

一般流动性资产应该能够应付 3~6 个月的支出，过少会导致紧急状况出现时没有钱用，过多会使资金丧失获得投资收益的机会，使用效率会降低。如投保了医疗险或产险，或有备用贷款信用额度，则紧急备用金可降低；若待业时间长，则应提高紧急备用金的水平。

三、家庭保障能力指标

保费负担率是用以衡量家庭保障能力的主要指标。

保费负担率＝保费÷税后工资收入

只有当社保不足以应付寿险与产险的需求时,才应该根据家庭需要购买相应的保险。保费的绝对值大小与工作收入的绝对值大小有很大的关系,一般以工作收入的10%为合理商业保险保费预算的标准。

当保额达到收入的10倍以上时,在风险发生时可给家庭带来很好的保障,但具体数值与满足家庭和个人的安全感需求有关。

四、家庭储蓄能力指标

储蓄率是衡量家庭储蓄能力的主要指标。

储蓄率＝(税后总收入－总支出)÷税后总收入×100%

其中,税后总收入包括工作收入及理财收入,该指标一般应保持在25%以上,开源节流会提高该指标。

五、家庭宽裕度指标

常用的家庭宽裕度指标包括以下两种:

(一) 收支平衡点收入

收支平衡点收入＝固定负担÷工作收入净结余比例

其中,固定负担包括每月固定生活费用支出、房贷本息支出等近期内每月要固定流出的支出。

工作收入净结余＝工作收入－所得税扣缴项－三险一金的缴费额
　　　　　　　－为了工作所必需支付的费用(如通勤费、停车费、电话费等)

工作收入净结余比例＝工作收入净结余÷工作收入×100%

(二) 安全边际率

安全边际率＝(当前收入－收支平衡点收入)÷当前收入×100%

安全边际率用来衡量收入减少或固定费用增加时有多少缓冲空间。人不一定终身都会有工作收入,应储蓄一部分收入为未来的退休生活做准备。以一生的收支平衡来计算,每月固定开销中应包括储蓄的部分。如果以其他长期目标(基金投资)的方式来强迫储蓄,即每月扣款日一到就要缴款，实际上也是固定支出的一部分。

六、家庭财富增值能力指标

生息资产比率与平均投资收益率是反映家庭财富增值能力最常用的指标。

（一）生息资产比率

生息资产比率 = 生息资产 ÷ 总资产 × 100%

生息资产包括流动性资产及投资性资产，该指标主要用于衡量家庭资产中有多少可以应付流动性、成长性与保值性的需求。年轻人应尽早利用生息资产来积累第一桶金，一般该指标应保持在50%以上。

（二）平均投资收益率

平均投资收益率 = 理财收入 ÷ 生息资产 × 100%

该指标主要用于衡量家庭投资绩效，一般只有比通货膨胀率高2个百分点以上，才能保证家庭财富的保值增值。因资产配置比率与市场表现的差异，每年的投资收益率会有较大的波动。可选择合适的指标来比较当年度的投资绩效。

七、家庭成长性指标

资产增长率与净值增长率是反映家庭成长性的常用指标。

（一）资产增长率

资产增长率 = 资产增加额 ÷ 期初总资产 × 100%

在没有负债的情况下，资产全部来源于储蓄，所以资产的变动额等丁当期储蓄，即工作储蓄加上理财储蓄。资产增长率表示家庭财富增加的速度，快速致富的财务解释就是不断提高资产增长率。

（二）净值增长率

净值增长率 = 净值增加值 ÷ 期初净值 × 100%

所谓致富，就是让净值增加的过程。净值增长率代表了家庭累积净值的速度，增长率越高，净值累积越快。

八、家庭财务自由度指标

财务自由度 = 年理财收入 ÷ 年总支出 × 100%

金融理财实践与案例分析

理想的目标值是在我们退休之际财务自由度等于1，即包括退休金在内的资产，如果放在银行生息的话，光靠利息就可以维持生活。但当存款利率降到较低水平时，如果仍以存款利率衡量，则多数人的财务自由度会偏低。但如果每个人估计不同的投资收益率，则财务自由度就无从互相比较。因此，可指定一个较客观的标准，即每个家庭都可以用同一个合理的投资收益率，根据各自的净值和年度支出状况来计算财务自由度。

案例情景

李先生是企业中层管理人员，妻子是公司一般职员，2019年家庭财务情况如下：李先生和妻子全年税后工资共计40万元，夫妻二人都没有社保；劳务费税后收入0.5万元，全年利息收入0.3万元，资本利得1万元（基金增值，已经变现），资本损失3万元（股票跌价，已经变现）。1999年结婚后有一女儿18岁，每年大学学费1万元；赡养双方父母费用每年2.4万元，家庭生活费用支出每年6万元；房贷本金和利息支出5万元，其他理财支出2万元。李先生夫妻与工作相关的费用4万元（包括交通费、中午用餐费等）。固定负担为家庭生活支出加理财支出。

家庭持有现金2万元，活期存款4万元，外币存款1万美元（成本汇率6.5；2019年底汇率6.3）；持有A股股票1 000股（成本价7元/股，市价4元/股），B股股票2 000股（成本价4元/股，市价2.5元/股），持有基金20 000份（成本价1元/份，市价1.5元/份）。住房方面，有两处房产，一处自住，成本120万元，如今增值为240万元，房贷余额30万元；另有投资性住房一套，成本200万元，当前价值230万元，房贷余额10万元。李先生年底借给亲友3万元，其本人信用卡负债2万元；3年前购买汽车一辆，成本价格15万元，折旧50%。假定2019年初时李先生家庭资产为440万元，净资产为400万元。

李先生2019年投保了保额为50万元的定期寿险（保费支出2 000元，现金价值为0），保额为20万元的终身寿险（保费支出7 000元，新增保单现金价值2 000元），保额为20万元的养老保险（保费支出15 000元，新增保单价值6 000元），保额为10万元的投资连结保险（保费支出30 000元，新增保单价值20 000元），保费支出合计5.4万元。

案例分析

李先生的家庭资产负债表、家庭收支表、家庭财务比率表分别如表3-1、表3-2、表3-3所示。

案例 3　家庭财务分析和评估

表 3-1　　　　　　　　　　　李先生家庭资产负债表

资产	金额（元）	负债及净值	金额（元）
现金	20 000	循环信用余额	20 000
活期存款	40 000	小额消费信贷	/
其他流动性资产	/	其他消费性负债	/
流动资产合计	60 000	消费性负债合计	20 000
定期存款	/	金融投资借款	/
外币存款	63 000	实业投资借款	/
股票投资	9 000	投资性房地产按揭贷款	100 000
债券投资	/	其他投资性负债	/
基金投资	30 000	投资性负债合计	100 000
投资性房地产	2 300 000	住房按揭贷款	300 000
保单现金价值	28 000	汽车按揭贷款	/
其他投资性资产	30 000	其他自用性负债	/
投资性资产合计	2 460 000	自用性负债合计	300 000
自用房产	2 400 000	负债合计	420 000
自用汽车	75 000		
其他自用性资产	/	净值	4 575 000
自有性资产合计	2 475 000		
资产总计	4 995 000	负债和净值总计	4 995 000

表 3-2　　　　　　　　　　　李先生家庭收支表

项　　目	金额（元）
工作收入	405 000
其中：薪资收入	400 000
劳务等其他工作收入	5 000
减：生活支出	120 000
其中：家庭生活支出	60 000
子女教育金支出	10 000
赡养父母等其他生活支出	24 000
保费支出	26 000
工作储蓄	285 000
理财收入	-17 000

续表

项 目	金额（元）
其中：利息收入	3 000
资本利得	-20 000
其他理财收入	
减：理财支出	70 000
其中：利息支出	50 000
其他理财支出	20 000
理财储蓄	-87 000
储蓄	198 000

注：计入支出项的保费为实际缴纳保费减去当年保单现金价值增加额的差值，而保单现金价值增加额则作为资产项目计入资产项。

表3-3　　　　　　　　　　　李先生家庭财务比率表

类别	案例计算过程	计算结果	合理范围	数据分析
家庭偿债能力指标	资产负债率 = $\dfrac{总负债}{总资产} \times 100\%$ = 420 000 ÷ 4 995 000 × 100%	8.41%	≤60%	在合理范围之内
家庭应急能力指标	紧急预备金倍数 = $\dfrac{流动性资产}{月总支出}$ = 60 000 ÷ 190 000 × 12	3.79	3~6	在合理范围之内
家庭保障能力指标	保费负担率 = $\dfrac{保费}{税后工资收入} \times 100\%$ = 54 000 ÷ 400 000 × 100%	13.5%	5%~15%	在合理范围之内
家庭储蓄能力指标	储蓄率 = $\dfrac{(税后总收入 - 总支出)}{税后总收入} \times 100\%$ = 198 000 ÷ 388 000 × 100%	51.03%	≥25%	在合理范围之内
家庭宽裕度指标	收支平衡点收入 = $\dfrac{固定负担}{工作收入净结余比率}$ = $\dfrac{生活支出 + 理财支出}{工作收入净结余比例}$ = (120 000 + 70 000) ÷ 90.12% 工作收入净结余比例 = $\dfrac{工作收入 - 工作费用}{工作收入} \times 100\%$ = (405 000 - 40 000) ÷ 405 000 × 100% = 90.12%	210 830元	≤收入的80%	在合理范围之内
	安全边际率 = $\dfrac{(当前收入 - 收支平衡点收入)}{当前收入} \times 100\%$ = (388 000 - 210 830) ÷ 388 000 × 100%	45.66%	≥20%	在合理范围之内

续表

类别	案例计算过程	计算结果	合理范围	数据分析
家庭财富增值能力指标	生息资产比率 = $\dfrac{生息资产}{总资产}\times 100\%$ = 2 520 000 ÷ 4 995 000 × 100%	50.45%	≥50%	在合理范围之内
	平均投资收益率 = $\dfrac{理财收入}{生息资产}\times 100\%$ = −17 000 ÷ 2 520 000 × 100%	−0.67%	≥5%	偏低,应提高比率
家庭成长性指标	资产增长率 = $\dfrac{资产增加额}{期初总资产}\times 100\%$ = (4 995 000 − 4 400 000) ÷ 4 400 000 × 100%	13.52%	≥10%	在合理范围之内
	净值增长率 = $\dfrac{净值增加值}{期初净值}\times 100\%$ = (4 575 000 − 4 000 000) ÷ 4 000 000 × 100%	14.38%	≥10%	在合理范围之内
家庭财务自由度指标	财务自由度 = $\dfrac{年理财收入}{年总支出}\times 100\%$ = −17 000 ÷ 190 000 × 100%	−8.95%	≥30%	偏低,应提高比率

财务评估:

(1) 偿债能力:李先生家庭两处房产虽然都有房贷,但资产负债率仅为8.41%,负债率很低,偿债能力较好,不会限制生活水平的提升空间。

(2) 应急能力:李先生家庭紧急预备金倍数为3.79倍,虽然在合理范围内,但夫妻的职业和收入稳定性一般,可以考虑适当提高紧急预备金倍数,这样才能更好地应对未来不确定性事件导致的大额支出。

(3) 保障能力:保费负担率为13.5%,虽然在合理范围之内,但是在保险品种配置上存在问题,投保险种中,投资连结保险的保障能力很差,终身寿险和养老保险的保费相对较高,家庭更应该补充或将投资连结保险调整为重疾险、医疗险和意外险,以提高家庭成员的保障水平。

(4) 储蓄能力:李先生家庭储蓄率达到51.03%,比较理想,而且女儿已上大学,几年后将大学毕业工作,家庭的财务负担也会减轻,储蓄率可能进一步提高,会加快财富积累速度。

(5) 家庭宽裕度:收支平衡点收入和安全边际率都在合理范围内。

(6) 财富增值能力:李先生家庭的生息资产比率超过50%,比较理想,但是平均投资收益率为负,很不理想,其财富积累更多依靠收支结余的储蓄,而非投资理财,这导致家庭的财富增值能力受到较大限制,也会增大家庭的财务压力。未来,急需通过提升投资收益率水平,来增强财富增值能力。

(7)家庭财富成长能力:李先生家庭资产增长率和净值增长率都超过10%,比较理想,但是财富增值的很大部分来源于房产增值,近两年中央明确提出"房住不炒",未来房价增值空间可能有限,会对家庭财富成长能力造成影响。

(8)财务自由度:李先生家庭财务自由度为负数(-8.95%),是由于理财收入不理想导致的,未来需要调整投资策略,重新配置投资工具,提高投资绩效;另外,从案例中可以发现,李先生家庭的一套投资性房产并未出租,没有租金收入,而租金收入是很稳定的现金流,李先生未来可以考虑将房屋出租,创造更多的理财收入,以提高财务自由度。

第2部分

代表性家庭理财实践与案例分析

案例 4

家庭应急金规划

背景知识

在家庭理财规划中，无论处于哪个人生阶段、无论什么样的家庭，都要首先做好应急金规划，即保留一定的应急资金以备日常消费支出和突发事件之需，做好流动性管理。应急资金对安全性和流动性的要求很高，对收益性要求相对较低，满足这种要求的理财产品除了传统的现金、银行活期存款外，还有两种具有比较优势的理财产品——货币市场基金和银行现金管理类理财产品。此外，虽然定期存款既可以随时取现，也可以作为流动性管理工具，但是与其他几类工具不同，定期存款如果提前取款，利息就按照活期存款计算，利息有损失不合算，所以，通常定期存款不作为流动性管理工具。

一、现金

现金的流动性虽然好，但在安全性上有遗失风险，而且持有现金没有收益，在移动支付已经非常普遍的条件下，现金支付不如移动支付便捷。因此，在当前我们加速迈向无现金社会的时代趋势下，现金已经不是流动性管理的主要工具，现金在流动性管理中的重要性也日益下降。

二、活期存款

活期存款的安全性好，流动性好，虽然有一定收益但很低，目前银行的活期存款年利率大约为0.3%。活期存款最大的优势在于为移动支付提供支持。目前，我们生活中日常支付广泛使用的支付宝、微信等支付工具，正是依靠活期存款提供的支持。

三、货币市场基金

依据《公开募集证券投资基金运作管理办法》规定，货币市场基金是指仅投资于货币市场工具的基金。货币市场基金又称为"准储蓄",英文中又将其称为 Parking Fund,意为放到货币市场基金的资金是暂作停留的,可能随时需要动用,因此对流动性要求很高。货币市场基金是1971年美国金融机构为逃避利率管制而创新的金融产品。我国最早出现的货币市场基金是于2003年12月14日、15日、16日分别发行的华安现金富利基金、招商现金增值基金、博时现金收益基金。近几年,货币市场基金在我国发展迅速,2018年9月底,货币市场基金规模达到82 447.25亿元的历史高点,占公募基金的比重超过60%。

货币市场基金具有如下特点:

(一) 货币市场工具安全性高

依据《货币市场基金监督管理办法》规定,货币市场基金应当投资于以下金融工具:一是现金;二是期限在1年以内(含1年)的银行存款、债券回购、中央银行票据、同业存单;三是剩余期限在397天以内(含397天)的债券、非金融企业债务融资工具、资产支持证券等。货币市场是一个风险低、流动性高的金融市场,货币市场基金的投资组合平均期限一般在180天内,投资风险较低。

(二) 流动性好,赎回资金到账快

我国货币市场基金赎回资金到账一般为T+1日,即T日申请赎回,1个工作日后赎回资金到达投资者的银行账户。不过一些投资渠道赎回资金到账能实现T+0日。比如一些基金公司规定通过其官网赎回资金T+0日到账,一些基金第三方销售平台(如天天基金网),赎回货币市场基金资金能1秒到账。需要注意的是,中国证监会和中国人民银行于2018年6月发布的《关于进一步规范货币市场基金互联网销售、赎回相关服务的指导意见》规定,对货币市场基金"T+0赎回提现"实施限额管理,即对单个投资者持有的单只货币市场基金,设定在单一基金销售机构单日不高于1万元的"T+0赎回提现"额度上限,并严禁非银机构以任何方式垫支的行为。这样虽然使货币市场基金的流动性优势有所受限,但货币市场基金仍然是机构和个人流动性管理的重要工具。

(三) 收益相对高

从市场表现来看,货币市场基金的收益明显高于活期存款,通常也高于1年期定期存款。2017年以来,随着整个金融市场资金面偏紧,货币市场基金收益不断走高,不少货币市场基金的7日年化收益率持续高于4%,远高于1年期定期存款。2018年下半年以来,尽管由于货币市场资金面宽松,导致货币市场收益率下行,但依据天天基金网有收益统计(2019年11月22日)的439只货币市场基金,其中有431只的近1年收益率超过2%。可见,绝大多数货币市场基金的短期收益率仍然超过定期存款。

(四) 收益分配方式独特

货币市场基金的收益分配方式独特，被称为红利再投资，即收益自动转为基金份额，相当于复利投资。红利再投资会使投资者的基金份额不断增加，但基金净值始终保持每份 1 元。因此，基金份额增加，意味着基金资产增加，投资者如果需要变现，直接赎回即可。

(五) 免申购费、免赎回费

货币市场基金不收取申购费和赎回费，即交易费用为零，而且货币市场基金的管理费率和托管费率也低于其他类型基金。

四、银行现金管理类理财产品

现金管理类理财产品就是能够作为现金管理工具的理财产品，即流动性管理的工具。

(一) 现金管理类理财产品的特点

(1) 现金管理类理财产品的流动性比较强。期限以天为计，交易比较灵活，能够实现快速购买确认和赎回到账。

(2) 现金管理类理财产品风险较低。这是由产品的投向决定的。目前，银行现金管理类理财产品的资金主要投资于银行间和交易所的各类货币市场工具。银行现金管理类理财产品的风险等级一般是 1 级和 2 级。

(3) 现金管理类产品收益稳定。目前，大多数现金管理类理财产品的收益明显高于活期存款利率，通常也高于定期存款利率。

2018 年 9 月 28 日，银保监会发布了《商业银行理财业务监督管理办法》(简称为"理财新规")，要求银行保本和预期收益型理财产品要在过渡期内有序压缩递减，于 2020 年底过渡期结束后退出历史舞台，非保本理财则要向着净值化转型。现金管理类理财产品成为净值化转型的重点产品。

(二) 银行现金管理类理财产品与货币市场基金比较

长期以来，作为流动性管理的重要工具，货币市场基金具有明显优势，但近两年，随着对货币市场基金的监管趋严，其优势有所减弱，下面将银行现金管理类理财产品与货币市场基金进行比较。

1. 安全性

两者投资标的类似，因此安全性相差不大。实务中，银行对现金管理类理财产品有风险等级标示，一般都属于风险1级和2级，风险1级的安全系数高，与货币市场基金差不多，风险2级的安全性略差一些。

2. 流动性

银行现金管理类理财产品快速赎回限制少，银行一般对快速赎回没有明显限制，赎回金额达到上百万元甚至上千万元都可立刻赎回，这对流动性管理非常重要。而货币市场基金的快速赎回，随着2018年6月《关于进一步规范货币市场基金互联网销售、赎回相关服务的指导意见》的发布，其快速赎回已经受到很大限制。显然，相比货币市场基金，银行现金管理类理财产品在快速赎回上已经具有竞争优势。不过，银行现金管理类理财产品一般只能在工作日规定时间段赎回，其他时段银行不受理赎回申请。而货币市场基金如果在一些第三方销售平台（如天天基金网的活期宝）赎回资金则没有时间段的限制。

3. 收益性

银行现金管理类理财产品所受的监管相对宽松，对底层资产范围和期限限制少，收益手段更丰富，收益率要略高于货币市场基金。例如：建设银行的乾元—恒赢（按日）现金管理类开放式净值产品（风险等级2级），2020年3月7日的7日年化收益率为3.13%，已经较长时间维持在3%以上；工商银行的"添利宝"净值型理财产品（风险等级1级），2020年3月7日的7日年化收益率为3.0384%，已经较长时间维持在3%以上。而货币市场基金的收益，依据天天基金网数据（2020年3月7日），271只A类基金（投资门槛100元）中只有7只的7日年化收益率超过3%。而广大投资者持有量最大的余额宝，其7日年化收益率自2018年9月跌破3%后，一直处于下行通道，2020年3月7日的7日年化收益率仅为2.3120%。

结合两者的特点和优势，对家庭应急金进行规划时，大额资金可配置在银行现金管理类理财产品上，急用资金时，可在工作日规定时间段立即赎回，同时收益相对较高；同时配置部分小额资金在货币市场基金上，赎回不受时间段限制，可以更方便地满足小额流动性需求。

在家庭流动性管理中，除了资产配置在各种流动性工具上满足流动性需求外，还可以通过负债来获得流动性，如借助信用卡、消费信贷等渠道来获得流动性，这也是家庭流动性管理要考虑的因素。

案例情景

张先生，48岁，外企高管，张太太，45岁，国企中层，儿子，15岁，高中。张先生一家的财务情况如表4-1和表4-2所示。依据张先生的家庭财务情况，对其家庭应急金进行合理规划。

表 4-1　　　　　　　　　　　2019 年度资产负债表

资产	金额（元）	负债	金额（元）
现金	10 万	信用卡透支	3 万
活期存款	100 万	应付租金	0
定期存款	20 万	应付保费	5 万
外汇存款	7 万	应付房产税	2 万
货币市场基金	0	其他应付费用	0
债券基金	0	流动负债小计	10 万
混合基金	0	房贷余额	200 万
股票基金	0	车贷余额	20 万
股票	100 万	消费贷款余额	0
债券	0	长期负债小计	220 万
贵金属	20 万	负债总计	230 万
纸黄金/纸白银	0		
黄金/白银 T+D	0		
实物黄金/白银	20 万		
银行理财产品	20 万		
非净值型	20 万		
净值型	0		
现金管理类	0		
券商集合理财产品	0		
私募基金	200 万		
信托产品	100 万		
保单现金价值	25 万		
收藏品	50 万		
投资性房产	1 000 万		
商铺	0		
股权投资	200 万		
住房公积金余额	10 万		
基本养老保险个人账户	25 万		
企业年金/职业年金个人账户	10 万		
基本医疗保险个人账户	10 万		

续表

资产	金额（元）	负债	金额（元）
其他投资资产	0		
投资资产小计	1 907 万		
珠宝首饰	20 万		
家具	50 万		
电器	10 万		
汽车	80 万		
自住房产	1 500 万		
其他自用资产	10 万		
自用资产小计	1 670 万		
资产总计	3 577 万	净资产	3 347 万

表 4-2　　　　　　　　　　2019 年度收入支出表

收入	金额（元）	支出	金额（元）
工资——丈夫	80 万	衣食住行	30 万
工资——妻子	20 万	子女教育	10 万
工薪收入小计	100 万	旅游	10 万
存款利息	0.5 万	医疗	2 万
公募基金投资收入	0	保费	5 万
股票投资收入	2 万	保姆费	8 万
债券投资收入	0	赡养费	5 万
贵金属投资收入	1 万	房产税	2 万
银行理财产品投资收入	1 万	其他消费支出	7 万
券商理财产品投资收入	0	消费支出总计	79 万
私募基金投资收入	40 万	利息偿付	10 万
信托产品投资收入	7 万	投资费用	7 万
收藏品投资收入	0	其他投资支出	0
房租收入	15 万	投资支出小计	17 万
股权投资收入	20 万	家庭支出总计	96 万
其他投资收入	0		
投资收入小计	86.5 万		
收入总计	186.5 万	净结余（收入—支出）	90.5 万

案例分析

应急金规划基本原则：一般为家庭月平均支出的 3~6 倍。应急金的高低，可以通过流动性比率来规划。

流动性比率 = 流动资产 ÷ 每月支出

流动性比率反映家庭支出能力的强弱，正常值为 3~6 左右且受收入稳定性的影响。一般来说，收入稳定性高，则流动性比率可保持较低水平，反之则保持较高水平。流动性比率过低，不足以保障正常支出；流动性比率过高，会影响资产的收益率。

从张先生与张太太的职业来看，收入较稳定，且家庭财务实力强，因此，其家庭应急金最低可保持月平均支出的 3 倍，其月平均支出 = 96÷12 = 8（万元），即家庭应急金最低保持 24 万元。依据前面的分析，应急金一般配置在现金、活期存款、货币市场基金、银行现金管理类理财产品上较合适。目前，该家庭的流动资产一共 110 万元，其中现金 10 万元，活期存款 100 万元，货币市场基金和银行现金管理类理财产品为零。

从总量上看，110 万元的流动资产太多，明显超过家庭应急需要，会影响资产的整体收益率，应该减少至 24 万元。减少部分可以配置在其他收益更高的资产上，比如非常安全的定期存款、大额存单、国债、地方政府债券；比较安全的债券基金、银行理财产品、券商集合理财产品、信托产品；风险收益更高的股票、股票基金、混合基金、私募基金等。24 万元的流动资产可以配置在现金、活期存款、货币市场基金、银行现金管理类理财产品上。其中，目前日常消费支出一般都能使用支付宝、微信等平台支付，现金一般只在极少的场合才使用。因此，该家庭持有 10 万元现金不合理，应该减少，建议保留 1 万元即可。活期存款平均保留大约 3 万元（房贷和车贷每月还款大约 2 万元）；其余配置在货币市场基金和银行现金管理类理财产品上，货币市场基金可以配置 5 万元，可以参考货币市场基金收益排名（见表 4-3）配置 5 只货币市场基金，需用钱时可以随时全部快速赎回（天天基金网中能快速赎回的必须是活期宝内的货币市场基金）；银行现金管理类理财产品配置 15 万元，以中国工商银行和中国建设银行的几款相应产品为代表（见表 4-4），其 7 日年化收益率长期保持在 3% 以上，需用钱时在工作日规定时间段可全部快速赎回。按照上述调整，既可以保持家庭资产的流动性，又能较好兼顾资产的收益。

表 4-3 货币市场基金 7 日年化收益率

货币基金排行榜，每个交易日 17:00 点后更新。（货币基金的单位净值均为 1.0000 元，最新一年期定存利率：1.50%）货币基金收益结转日一览基金公司筛选：输入基金公司名称

按起购金额筛选：全部 100 元起（A 类） 500 万元起（B 类）

比较	序号	基金代码	基金简称	日期	万份收益	年化收益率 7日	年化收益率 14日	年化收益率 28日	净值	近1月	近3月	近6月	近1年	近2年	近3年	近5年	今年来	成立来	手续费
□	1	004285	华富天盈货币 A	2020-03-06	0.4741	3.5340%	2.64%	2.33%	—	0.18%	0.56%	1.09%	2.19%	5.37%	9.51%	—	0.41%	9.54%	0 费率
□	2	003398	太平日日金货币 A	2020-03-06	0.3609	3.2830%	2.69%	2.34%	—	0.18%	0.56%	1.10%	2.22%	5.30%	9.30%	—	0.41%	10.32%	0 费率
□	3	004972	长城收益宝货币 A	2020-03-06	0.7652	3.2210%	3.05%	3.01%	—	0.24%	0.78%	1.53%	2.97%	6.97%	—	—	0.53%	9.23%	0 费率
□	4	001232	嘉合货币 A	2020-03-06	1.2421	3.0940%	2.17%	2.16%	—	0.17%	0.59%	1.17%	2.39%	5.85%	10.33%	—	0.39%	17.30%	0 费率
□	5	675071	西部利得天添货币	2020-03-07	0.7073	3.0880%	2.70%	2.52%	—	0.20%	0.65%	1.29%	2.64%	5.56%	9.43%	—	0.47%	10.37%	0 费率
□	6	004717	万家天添宝货币 A	2020-03-06	0.5459	3.0750%	2.64%	2.52%	—	0.20%	0.65%	1.23%	2.52%	6.31%	—	—	0.45%	8.88%	0 费率
□	7	004699	前海联合汇盈货币	2020-03-06	0.9414	3.0290%	2.54%	2.91%	—	0.24%	0.67%	1.25%	2.56%	5.88%	—	—	0.50%	9.49%	0 费率
□	8	004330	太平日日鑫货币 A	2020-03-06	1.0457	2.9440%	2.37%	2.72%	—	0.22%	0.62%	1.18%	2.40%	5.78%	—	—	0.48%	9.85%	0 费率
□	9	004983	鹏扬现金通利货币	2020-03-06	0.4477	2.9320%	2.70%	2.38%	—	0.19%	0.58%	1.14%	2.28%	5.69%	—	—	0.41%	7.56%	0 费率
□	10	001925	兴业鑫天盈货币 A	2020-03-06	1.3671	2.9310%	2.56%	2.41%	—	0.19%	0.59%	1.18%	2.42%	5.27%	9.26%	—	0.45%	12.83%	0 费率
□	11	005150	红土创新优淳货币	2020-03-06	0.8426	2.9310%	2.64%	2.73%	—	0.21%	0.69%	1.34%	2.67%	6.43%	—	—	0.51%	8.59%	0 费率
□	12	001234	国金众赢货币	2020-03-06	0.7748	2.8800%	2.86%	2.93%	—	0.23%	0.74%	1.44%	2.94%	6.88%	11.46%	—	0.54%	17.96%	0 费率
□	13	002298	招商招福宝货币 A	2020-03-06	0.7943	2.8790%	2.88%	2.89%	—	0.23%	0.66%	1.20%	2.10%	4.17%	—	—	0.51%	7.25%	0 费率
□	14	001401	德邦如意货币	2020-03-06	0.6335	2.8720%	2.66%	2.64%	—	0.21%	0.68%	1.33%	2.70%	6.44%	10.80%	—	0.47%	13.69%	0 费率
□	15	003474	南方天天利货币 B	2020-03-07	0.7638	2.8320%	2.83%	2.88%	—	0.23%	0.73%	1.42%	2.91%	6.99%	11.89%	—	0.53%	13.22%	0 费率

资料来源：天天基金网（2020.3.7）。

表4-4　　　　　　　　　　代表性银行现金管理类理财产品

银行	产品名称	起购金额（元）	风险等级	7日年化收益率（%）
中国工商银行	工银理财"添利宝"净值型理财产品	1万	R1	3.038 4
中国工商银行	工银e灵通	10万	R1	2.589 0
中国建设银行	乾元-安鑫（按日）现金管理类开放式净值型理财产品	1万	R2	3.07
中国建设银行	乾元-恒赢（按日）开放式净值型理财产品	5万	R2	3.13

资料来源：中国工商银行和中国建设银行官网（2020.3.7）。

案例 5

中产三口家庭投资规划

背景知识

投资规划是实现家庭理财的重要组成部分，是保障个人和家庭财富稳健增长的手段。投资规划主要涉及个人和家庭资产配置。资产配置主要是指根据投资者的投资需要，将投资者的投资资金在不同类型的资产类别之间进行分配，通常是将资产在低风险、低收益证券与高风险、高收益证券之间进行分配。资产配置是构建投资组合最重要的一步，实质是一种风险管理策略，即以系统化分散投资的方式来降低风险，在可承受的风险范围内追求利益最大回报。

资产配置主要受三大因素影响：首先是投资者的财务状况、理财目标和投资期限、风险属性；其次是可投资的工具及相关性；最后是对市场景气的判断。资产配置主要有三种方法：简易量化分析、风险属性法（也称为风险矩阵量化分析）、依据分离定理做资产配置。第一种方法的原理较简单，因为年龄与风险承受能力之间有关系，风险承受能力又与股票投资比例有关，从而建立起年龄与股票投资比例的关系。第三种方法比较复杂，采用较少，第二种方法最常用，因此本书重点介绍风险属性法。

一、风险矩阵

风险矩阵表示具有不同风险承受能力和风险承受态度的家庭，对应于不同的资产配置比例。在表 5-1 中，第一列和第一行分别为风险承受态度和风险承受能力，依据分数从低到高均分为 5 档：低、中低、中、中高、高。

表 5-1 不同风险属性的资产配置比率

风险承受态度	风险承受能力 工具	低 0~19分	中低 20~39分	中 40~59分	中高 60~79分	高 80~100分
低 0~19分	货币	70%	50%	40%	20%	0%
	债券	20%	40%	40%	50%	50%
	股票	10%	10%	20%	30%	50%
	预期报酬率					
	标准差					
中低 20~39分	货币	50%	40%	20%	0%	0%
	债券	40%	40%	50%	50%	40%
	股票	10%	20%	30%	50%	60%
	预期报酬率					
	标准差					
中 40~59分	货币	40%	20%	0%	0%	0%
	债券	40%	50%	50%	40%	30%
	股票	20%	30%	50%	60%	70%
	预期报酬率					
	标准差					
中高 60~79分	货币	20%	0%	0%	0%	0%
	债券	50%	50%	40%	30%	20%
	股票	30%	50%	60%	70%	80%
	预期报酬率					
	标准差					
高 80~100分	货币	0%	0%	0%	0%	0%
	债券	50%	40%	30%	20%	10%
	股票	50%	60%	70%	80%	90%
	预期报酬率					
	标准差					

要注意的是,风险承受态度和风险承受能力经常被混淆。实际上,风险承受能力是较为客观的,风险承受态度则是较为主观的。两者具体影响因素见表5-2和表5-3。

表 5-2　　　　　　　　　　　　风险承受能力评分表

项目	分值					客户得分
	10 分	8 分	6 分	4 分	2 分	
年龄	总分 50 分，25 岁以下者 50 分，每多一岁少一分，75 岁以上者 0 分					37
就业状况	公教人员	上班族	佣金收入者	自营事业者	失业人员	10
家庭负担	未婚	双薪无子女	双薪有子女	单薪有子女	单薪养三代	6
资产状况	投资不动产	自宅无房贷	房贷 <50%	房贷 >50%	无自宅	10
投资经验	10 年以上	6~10 年	2~5 年	1 年以内	无	4
投资知识	有专业证书	财经专业毕业	自修有心得	懂一些	一片空白	2
总分						69

表 5-2 中显示，风险承受能力受年龄、就业状况、家庭负担、资产状况、投资经验、投资知识等因素影响，这些因素都是比较客观的。比如，年龄越轻，风险承受能力的得分越高，表明风险承受能力越强。

表 5-3　　　　　　　　　　　　风险承受态度评分表

项目	分值					客户得分
	10 分	8 分	6 分	4 分	2 分	
忍受亏损（%）	不能容忍任何损失 0 分，每增加 1% 加 2 分，可容忍 >25% 得 50 分					16
投资目标	赚短期差价	长期利得	每年现金收益	抗通胀保值	保本保息	6
获利情况	25% 以上	20%~25%	15%~20%	10%~15%	5%~10%	4
认赔行为	默认停损点	事后停损	部分认赔	持有待回升	加码摊平	4
赔钱心理	学习经验	照常过日子	影响情绪小	影响情绪大	难以入眠	4
最重要特性	获利性	收益性兼成长性	收益性	流动性	安全性	2
避免工具	无	期货	股票	外汇	不动产	2
总分						38

表 5-3 中显示，风险承受态度受忍受亏损、投资目标、获利情况、认赔行为、赔钱心理、最重要特性、避免工具等因素影响，这些因素都是比较主观的。比如，忍受亏损的程度越大，风险承受态度的得分越高，表明风险承受意愿越强。

风险矩阵中，首先要测算出货币、债券、股票的预期报酬率和标准差。货币包括现金、活期存款、定期存款、货币市场基金；债券还包括债券基金、混合基金投资组合中的债券部分；股票还包括股票基金、混合基金投资组合中的股票部分。这些数据需要基于市场实际数据进行测算（采用长期和短期数据会有不同结果）。货币的预期报酬率可以用 1 年期的定期存款利率（1.5%~2%）或者货币市场基金 1 年期的年化收益率（2.5%~3%）代表。债券预期报酬率可以用债券指数的长期年化平均收益率代表，如中证综合债券指数（自 2008 年 11 月 12 日发布，截至 2019 年 7 月 15 日，其 5 年年化收益率为 4.99%）、中证全债指数（自 2007 年 12 月 17 日发布，截至 2019 年 7 月 15 日，其 5 年年化收益率为 5.33%）等。股票预期报酬率可以用股票指数的长期年化平均收益率来代表，如上证综指、深圳成指、沪深 300 指数、中证 500 指数。沪深股票市场的沪深 300 指数和中证 500 指数都是以 2004 年末为 1 000 点的，截至 2019 年末，沪深 300 指数收盘报 4 096.58 点，年化收益率大约 10%，中证 500 指数收盘报 5 267.66 点，年化收益率大约 11.7%。

不同投资工具的预期报酬率和标准差是随市场和用来测算的数据发生变动的，对资产配置会产生影响。有了不同投资工具的预期报酬率和标准差数据，就可以计算投资组合的预期报酬率和标准差。计算公式分别为：

$$\bar{r} = \sum_{i=1}^{n} p_i r_i$$

$$\sigma = \sqrt{\sum_{i=1}^{n} p_i (r_i - \bar{r})^2}$$

其中，$\bar{r}$ 表示投资组合预期报酬率；p_i 表示各种资产在投资组合中的比重；r_i 表示各种资产的预期报酬率；σ 表示投资组合标准差。

二、根据风险矩阵进行资产配置

风险矩阵一旦建立，就可以依据风险矩阵进行资产配置，在表 5-4 中，风险承受能力和风险承受态度得分依据表 5-2 和表 5-3 评估得出，一旦风险属性确定，就可以依据风险矩阵选择相应的投资组合。比如，某投资者的风险承受能力和风险承受态度经评估均为低，则货币、债券、股票的相应比例应该分别为 70%、20%、10%。依据前面介绍，如果货币、债券、股票的预期报酬率和标准差可以测算，投资组合的预期报酬率和标准差就可以测算出来。最后，表 5-4 中的最高（最低）报酬率用以下公式计算：

预期最高（最低）报酬率 = 预期报酬率 + (-) n × 标准差

假设报酬率分布符合正态分布，n 可取 1，2，3。1 倍标准差的概率 = 68.3%，2 倍标准差的概率 = 95.5%，3 倍标准差的概率 = 99.7%，取 2 或 3 倍标准差，即可大概率保证预期报酬率落在上述区间。

表 5-4　　　　　　　　　　依据风险属性进行资产配置

项目	分数	投资工具	资产配置	预期报酬率	标准差
风险承受能力		货币			
风险承受态度		债券			
最高报酬率		股票			
最低报酬率		投资组合			

案例情景

一、案例基本情况

林女士任上海某国有石油企业人事部门管理人员，年龄38岁，家里有一个小学一年级的男孩，爱人在某事业单位工作。该家庭有房有车，每年可以获得可支配收入为40万元，目前可用于投资的资金有80万元。由于缺乏投资经验和技能，该家庭以银行理财和货币基金投资为主，因此需要进行合理的资产配置投资。

二、理财目标

对可投资的80万元资金进行投资规划，获得大于6%以上的年收益。

三、林女士一家投资规划假设条件

（1）经济稳定，资本市场没有重大系统性风险。
（2）货币的预期报酬率为3%（货币市场基金1年期的年化收益率）。
（3）债券预期报酬率为4.99%（中证综合债券指数5年内年化收益率）。
（4）股票预期报酬率为10%（沪深300指数的长期年化收益率）。

案例分析

一、风险承受能力分析

就业状况、家庭负担、资产状况、投资经验、投资知识等因素对客户风险承受能力的影响是比较客观的。比如，年龄越轻，风险承受能力得分越高，表明风险承受能力越强。根据表5-2中关于风险承受能力分布，可以发现林女士家庭年龄得分为37，就业状况属于双薪公职家庭，得分为10；家庭负担较轻得分为6；资产状况得分为10，投资经验得分为4，投资知识得分为2，总计得分69分。因此，林女士家庭具有中高级别的风险承受能力。

二、风险承受态度分析

根据风险承受态度的影响因素分析发现，林女士家庭受忍受亏损的比例在8%，得分16；投资目标为每年现金收益，得分为6；获利情况希望是10%~15%，得分为4；认赔行为中会在投资亏损后持有待回升,得分为4;赔钱心理影响情绪大,得分为4;最重要特性中看重安全性,得分为2;避免工具为不动产,得分为2。综上,林女士家庭投资规划的风险承受态度得分为38,属于中低水平的风险承受态度,表明风险承受意愿稍弱。

三、风险属性与资产配置

根据评测结果,林女士家庭具有69分中高级别的风险承受能力、38分的中低水平风险承受态度,由此确定该家庭投资规划的风险矩阵(中低20~39分,中高60~79分)。资产配置工具分别为货币0,债券50%,股票50%。我们首先计算股票和债券长期的预期报酬率和标准差,然后根据前文所列公式计算投资组合的预期报酬率、标准差分别为7.5%和2.51%。再由最高(最低)报酬率的公式,取$n=3$可得,该投资组合最高报酬率为15.03%,最低报酬率为-0.03%。最终,资产配置和收益率如表5-5所示:

表5-5　　　　　　　　　　林女士家庭风险属性的资产配置

项目	分数	投资工具	资产配置	预期报酬率	标准差
风险承受能力	69	货币	0	0	0
风险承受态度	38	债券	50%	4.99%	3.55%
最高报酬率	15.03%	股票	50%	10%	30%
最低报酬率	-0.03%	投资组合	100%	7.50%	2.51%

案例 6

中层主管家庭投资规划

背景知识

参考前一案例。

案例情景

2019年,马先生40岁,任职于一家公司的中层主管;马太太35岁,在同一家公司任职助理;家有9岁女儿与3岁儿子。马先生年收入16万元,马太太年收入6.5万元,理财收入1.5万元。马先生已工作18年,基本养老保险个人账户累积15万元,每年缴费 $160\,000 \times 8\% = 12\,800$(元);住房公积金账户累积10万元,每年缴费 $160\,000 \times 5\% \times 2 = 16\,000$(元)。马太太工作13年,基本养老保险个人账户累积6万元,每年缴费 $65\,000 \times 8\% = 5\,200$(元);住房公积金账户累积4万元,每年缴费 $65\,000 \times 5\% \times 2 = 6\,500$(元)。马先生夫妇年度生活支出(包括衣食住行娱乐等)为8万元,女儿和儿子的抚养及教育支出分别为3万元,贷款支出(等额本息)每年4.5万元。家庭现有活期存款2万元,银行理财产品40万元,自住房价值120万元,5年车现值10万元。房贷为组合贷款各30万元,已还10年,余额36万元,剩余10年。全家无商业保险。

马先生的理财目标:

(1) 子女教育目标:两位子女都在国内上大学,每年学杂费及生活费现值3万元;出国念硕士一年,每年学杂费及生活费等现值40万元。

(2) 退休目标:马先生希望60岁退休后无忧生活至80岁、马太太希望55岁退休后无忧生活至85岁,退休后两人生活开销现值分别都是4万元。

案例分析

一、家庭财务分析

(一) 家庭财务报表（见表6-1 表6-2）

表6-1　　　　　　　　　2019年马先生家庭资产负债表

资产	金额（万元）	负债	金额（万元）
现金及活期存款	2	房贷	36
银行理财产品	40		
住房公积金	14		
养老保险个人账户	21		
自用汽车	10		
自住房	120		
总资产	207	总负债	36
资产净值		171	

表6-2　　　　　　　　　2019年马先生家庭收入支出表

收入	金额（万元）	支出	金额（万元）
工作收入	22.5	生活支出	8
理财收入	1.5	抚养及教育支出	6
		房贷	4.5
总收入	24	总支出	18.5
净结余		5.5	

(二) 家庭财务诊断

资产负债率 = 36 ÷ 207 × 100% = 17.39%

紧急预备金倍数 = 2 ÷ 14 × 12 = 1.71

储蓄率 =（24 - 18.5）÷ 24 × 100% = 22.92%

生息资产比率 = 77 ÷ 207 × 100% = 37.20%

家庭资产负债率在合理范围；储蓄率略低于合理范围（≥25%）；生息资产比率未达到50%的合理范围，但是考虑到中国家庭房产所占比例一般都较高，因此，37.20%的生息资产比率也还可以接受；紧急预备金倍数仅为1.71倍，偏低，应至少提高到3倍以上。另外，家庭正处于成长期，有两个未成年孩子，负担较重，而且没有购置商业保险，抵御风险的能力较差。

二、家庭风险属性分析（见表6-3和表6-4）

表6-3　　　　　　　　　　风险承受能力评分表

年龄	10分	8分	6分	4分	2分	客户得分
40	总分50分，25岁以下者50分					34
	每多一岁少1分，75岁以上者0分					
就业状况	公教人员	上班族	佣金收入者	自营事业者	失业	8
家庭负担	未婚	双薪无子女	双薪有子女	单薪有子女	单薪养三代	6
置产状况	投资不动产	自宅无房贷	房贷<50%	房贷>50%	无自宅	6
投资经验	10年以上	6~10年	2~5年	1年以内	无	6
投资知识	有专业证照	财经专业毕业	自修有心得	懂一些	一片空白	4
总分						64

表6-4　　　　　　　　　　风险承受态度评分表

忍受亏损%	10分	8分	6分	4分	2分	客户得分
10	不能容忍任何损失0分，每增加1%加2分，					20
	可容忍>25%得50分					
首要考虑	做短线赚差价	长期利得	年现金收益	抗通胀保值	保本息	8
认赔动作	默认停损点	事后停损	部分认赔	持有待回升	加码摊平	4
赔钱心理	学习经验	照常过日子	影响情绪小	影响情绪大	难以成眠	6
最重要特性	获利性	收益兼成长	收益性	流动性	安全性	6
避免工具	无	期货	股票	外汇	不动产	8
总分						52

三、理财假设条件

表6-5　　　　　　　　　　理财假设条件

指标	假设数据
学费增长率	5%
住房公积金贷款利率	3.5%
商业房贷利率	5.5%
住房公积金收益率	1.5%
养老金收益率	5%

续表

指标	假设数据
工资收入增长率	5%
生活支出增长率	5%
当地上年度在岗职工月平均工资	4 000 元
当地上年度在岗职工月平均工资增长率	5%
退休后养老金增长率	5%
基金定投年化收益率	8%

四、家庭投资目标分析

（一）投资目标——子女教育

1. 女儿教育目标

9 年后女儿上大学首年学杂费及生活费为：

$FV = 30\,000 \times (1+5\%)^9 = 46\,540$（元）

9 年后四年大学所需费用现值（期初增长年金，增长率和贴现率均为 5%）为：

$PV = 46\,540 \times 4 = 186\,160$（元）

13 年后女儿留学当年学杂费及生活费为：

$FV = 400\,000 \times (1+5\%)^{13} = 754\,260$（元）

2. 儿子教育目标

15 年后儿子上大学首年学杂费及生活费为：

$FV = 30\,000 \times (1+5\%)^{15} = 62\,368$（元）

15 年后四年大学所需费用现值（期初增长年金，增长率和贴现率均为 5%）：

$PV = 62\,368 \times 4 = 249\,472$（元）

19 年后儿子留学当年学杂费及生活费为：

$FV = 400\,000 \times (1+5\%)^{19} = 1\,010\,780$（元）

（二）投资目标——退休养老

1. 退休养老需求

（1）马先生退休养老需求。

20 年后马先生退休当年的生活支出为：

$FV(5\%, 20, 0, 40\,000, 1) = 106\,132$（元）

马先生 60 岁退休后无忧生活至 80 岁需要准备的退休金为（期初增长年金，增长率和贴现率均为5%）：

$$PV = t \times A = 20 \times 106\,132 = 2\,122\,640 \text{（元）}$$

（2）马太太退休养老需求。

20年后马太太退休当年的生活支出为：

$$FV(5\%, 20, 0, 40\,000, 1) = 106\,132 \text{（元）}$$

马太太55岁退休后无忧生活至85岁需要准备的退休金为（期初增长年金，增长率和贴现率均为5%）：

$$PV = t \times A = 30 \times 106\,132 = 3\,183\,960 \text{（元）}$$

两人养老金需求合计：5 306 600元。

2. 退休养老供给

（1）马先生退休养老金。

20年后马先生退休时个人账户养老金：

$$FV_1(5\%, 20, 0, 150\,000, 0) = 397\,995 \text{（元）}$$

$$FV_2 = t \times A \times (1+r)^{t-1} = 20 \times 12\,800 \times (1+5\%)^{19} = 646\,899 \text{（元）}$$

$$FV = FV_1 + FV_2 = 397\,995 + 646\,899 = 1\,044\,894 \text{（元）}$$

马先生个人账户养老金在20年后退休时累积到1 044 894元。

统筹账户基础养老金（马先生缴费工资超过当地平均工资水平3倍，按照3倍计算本人平均缴费指数，同时假设马太太的工资收入与当地在岗职工月平均工资一直保持同样增速）：

首年基础养老金 = 全市上年度在岗职工月平均工资 × (1 + 本人平均缴费指数) ÷ 2 × 缴费年限 × 1%

$$= 4\,000 \times 12 \times (1+5\%)^{20} \times (1+3) \div 2 \times 38 \times 1\%$$

$$= 96\,792 \text{（元）}$$

20年基础养老金累积现值为（期末增长年金，增长率和贴现率均为5%）：

$$PV = t \times A \div (1+r) = 20 \times 96\,792 \div (1+5\%) = 1\,843\,657 \text{（元）}$$

马先生养老金供给合计：1 044 894 + 1 843 657 = 2 888 551（元）。

（2）马太太退休养老金。

20年后马太太退休时个人账户养老金：

$$FV_1(5\%, 20, 0, 60\,000, 0) = 159\,198 \text{（元）}$$

$$FV_2 = t \times A \times (1+r)^{t-1} = 20 \times 5\,200 \times (1+5\%)^{19} = 262\,803 \text{（元）}$$

$$FV = FV_1 + FV_2 = 159\,198 + 262\,803 = 422\,001 \text{（元）}$$

马太太个人账户养老金在20年后退休时累积到422 001元。

统筹账户基础养老金（假设马太太的工资收入与当地在岗职工月平均工资一直保持同

样增速）：

首年基础养老金＝全市上年度在岗职工月平均工资×（1＋本人平均缴费指数）÷2×缴费年限×1%

$= 4\,000 \times 12 \times (1+5\%)^{20} \times (1+5\,417 \div 4\,000) \div 2 \times 33 \times 1\%$

$= 49\,472$（元）

30年基础养老金累积现值为（期末增长年金，增长率和贴现率均为5%）：

$PV = t \times A \div (1+r) = 30 \times 49\,472 \div (1+5\%) = 1\,413\,486$（元）

马太太养老金供给合计：422 001＋1 413 486＝1 835 487（元）

两人养老金供给合计：4 724 038 元。

养老金缺口：5 306 600－4 724 038＝582 562（元）。

显然，依靠两人退休后的养老金不能满足养老需求。需要在退休前自我储蓄积累养老金。

五、家庭投资策略

（一）家庭还贷计划调整

马先生家庭还贷计划可以改进，因两人公积金账户积累资金达14万元，而公积金存款利率为1.5%，非常低，因此可以考虑以公积金冲还房贷，选择年冲或月冲均可，都可以减少还贷支出，增加结余资金，再将结余资金进行合适的投资。

（二）资产配置调整

首先，马先生家庭的流动资产不足，紧急预备金倍数至少应达到3倍，依此测算，缺口大约1.5万元。因此，银行理财产品到期后应将其中1.5万元配置到活期存款上。

其次，马先生目前的投资为单一的银行理财产品，收益率大约为4%。依据风险属性测试，马先生的风险承受能力和承受态度分别为中高和中，对应的风险矩阵资产配置比例为债券∶股票＝4∶6。虽然债券的收益与银行理财产品大致相当，但债券基金的收益稍高，依据中国银河证券基金研究中心提供的公募基金长期业绩，过去10年（2010—2019年）普通债券型基金年化收益率为5.56%，可将40%的投资资产（154 000元）配置在普通债券型基金上，收益能适当提高，而且流动性增强；而股票的投资风险较高，建议马先生考虑股票型基金或混合型基金，可以考虑将投资资产的60%（231 000元）配置到股票型基金或混合型基金上。过去10年（2010—2019年）偏股型基金和灵活配置型基金的年化收益率分别为6.75%和7.25%，取平均7%。

投资资产12年后增值到：

FV_1 (5.56%, 12, 0, 154 000, 0) = 294 790 （元）

FV_2 (7%, 12, 0, 231 000, 0) = 520 256 （元）

$FV = FV_1 + FV_2 = 815 046$ （元）

不仅可以满足女儿的留学费用，还剩余 60 786 元。

（三）基金定投计划

马先生可以利用年度结余建立基金定投计划。基金定投是很好的长期投资策略，相对于一次性买入基金，风险要低得多。如果每年投资 4 万元，年化收益率为 8%，8 年末将增值到：

FV (8%, 8, 40 000, 0, 0) = 425 465（元）

9 年后女儿四年大学费用可用当年度结余来支付（基金定投暂停扣款），随着马先生公积金冲还贷款的实施，其年度结余会增加，9 年后年度结余能够满足女儿大学费用开支。比如马先生将两人的公积金 14 万元用于公积金贷款年冲，则剩余商业贷款 18 万元、公积金贷款 4 万元，剩余贷款期限 10 年，按照原有等额本息还款计划，每月还贷支出大约节省 1 500 元，每年节约支出 18 000 元。

13 年、14 年中继续追加定投扣款，每年 4 万元，14 年末将增值到：

FV (8%, 2, 40 000, 0, 0) = 83 200 （元）

15 年后儿子四年大学费用同样可用当年度结余来支付（基金定投暂停扣款）。14 年后女儿研究生毕业工作，经济上可能独立，家庭结余将进一步增加，这样就能够用结余满足儿子的大学费用。

到 18 年末，以上两笔定投积累资金将增值到：

FV (8%, 10, 0, 425 465, 0) = 918 547 （元）

FV (8%, 4, 0, 83 200, 0) = 113 193 （元）

合计：1 031 740 元。不仅能够满足儿子的留学费用，还剩余 20 960 元。

六、案例讨论

（1）马先生夫妇养老金缺口的弥补。依据前面测算，马先生夫妇 20 年后退休时养老金缺口达 582 562 元。该缺口可考虑用以下两方面资金弥补：首先，38.5 万元投资组合到 13 年后除满足女儿留学费用外，还剩余 60 786 元，该笔资金如果继续按照原有投资组合投资，到 20 年后马先生夫妇退休时大约可增值到 9 万多元，再加上定投基金满足儿子留学费用后剩余的资金，共约 12 万元。其次，从马先生夫妇的公积金积累来看，目前两人每年合计缴费 22 500 元，考虑到未来两人收入增长率为 5%，20 年缴费将达到 78 万元。

两笔资金合计达到90万元，完全能弥补养老金缺口。如果再考虑到公积金存款利息因素，则资金更加充裕。

（2）考虑到马先生家庭没有购买商业保险，抵御风险能力差，因此，应该尽快配置商业保险。之前分析提到用现有公积金账户余额14万元冲还贷款，家庭年度结余将增加1.8万元，可考虑全家保费预算至少每年度1.5万元，缴费10年，这样能获得基本保障，同时不会对其他理财目标产生影响。如果需要更充分的保障，保费预算可提高到家庭收入的10%，缴费可达20年。但充足的保障使保费必然增加，可能给其他理财目标带来一定影响。

（3）投资组合中的长期投资收益率是基于过去10年的数据，并不代表未来，存在不确定性。同时，基金定投的年化收益率也存在不确定性，并非投资期限越长收益就越高。作为一种长期投资策略，基金定投要取得好的投资收益，一般来说需要达到一定的投资期限。如果期限短了，因为积累筹码少，即便收益率高也没有太大意义，通常投资期限要达到5年以上，另外一定要在牛市时止盈，但是具体在牛市什么位置止盈，对投资者来说也是一项挑战。除此之外，其他一些假设指标也都有不确定性，而且，期限越长，不确定性越大。

（4）本方案是基于一定的假设条件进行的粗略测算，如果需要更精确地判断理财方案的可行性，则需要将家庭收入、支出、理财目标等，基于既定假设，输入生涯仿真表，以展示未来家庭的现金流状况，才能判断理财方案的可行性。同时还可以进行敏感性分析等。当然，即便是通过生涯仿真表来展示家庭未来现金流状况，也是基于各种假设前提，同样存在不确定性。

案例 7

人寿保险保险金额测算

背景知识

人寿保险在家庭保险规划中占有重要地位,尤其是"家庭经济支柱"作为家庭收入的主要贡献者,一旦发生不幸,家庭的财务就会遭受很大的冲击。因此,规划家庭保险方案时,一个很重要的环节就是为"家庭经济支柱"投保人寿保险并测算保险金额。人寿保险(死亡寿险)保险金额测算通常有三种方法。

一、倍数法则

倍数法则是以简单的倍数关系估计寿险保障的经验法则,又称为"十一法则"或"双十法则"。依据倍数法则,家庭寿险保额约为家庭可支配收入的 10 倍(实务中最好加上债务余额比较稳妥),保费支出占家庭可支配收入的 1/10。

(1) $P = I \times 10 + D$

(2) 保费 $= I \div 10$

其中,P 为保险金额;I 为家庭年收入;D 为负债金额。

倍数法则一般适用于人寿保险的总保费测算,实际运用中,保费占家庭可支配收入比例可在 5%~15% 调整。

倍数法则的优点在于简单易行,只要知道家庭可支配收入,即可快速测算出家庭寿险保障额度以及保费预算;可理解性强,倍数法则便于理财师与客户沟通。

倍数法则的缺点体现为适应性较差,未考虑投保人年龄和家庭状况等因素,只能作为家庭整体寿险保障额度的粗略估算,不适用于家庭各个成员。

二、生命价值法

人的生命价值指个人未来收入或服务价值扣除个人生活费后的资本化价值,是个人未来工作期间净收入的资本化价值（收入法）。估算家庭成员的不幸给家庭造成的净收入损失，既是生命价值的损失，也是寿险保障的需求。

生命价值法的基本步骤为：①确定个人的工作或服务年限；②估计被保险人未来工作期间的年收入；③估算被保险人未来的消费支出；④选择合适贴现率计算收支余额的现金价值，即生命价值。

生命价值法的优点表现为：较倍数法则先进，反映出不同个体的预期收入和支出差异，体现出不同生命周期的收入和消费特征，对生命个体的寿险需求具有相对较好的适应性。

生命价值法的缺点表现为：对未来工作收入增长率、通胀率、贴现率的假设要求高，需求测度的参数假设与实际有偏差；不是基于对整个家庭的收入情况进行考虑；未考虑遗产需求、家庭接受捐赠、目前生息资产的资源状况；"无工作收入、无生命价值"，为不合理的假设。表7-1所示为生命价值法的家庭保障需求。

表7-1　　　　　　　　生命价值法的家庭保障需求列表

家庭保障需求	金额
1. 个人未来工作或服务年限	
2. 个人未来工作期间的收入	
个人未来一年的收入	
个人未来工作期间的年收入增长率	
贴现率	
个人未来工作期间的累积收入现值	
3. 个人未来工作期间的消费支出	
个人未来一年的消费支出	
个人未来工作期间的年消费支出增长率	
贴现率	
个人未来工作期间的累积消费支出现值	
4. 个人未来工作期间的收支余额现值	

注：贴现率的选择不宜太高，应偏向保守，一旦风险发生，留给家人的保险金需要确保未来的生活所需和理财目标的实现，根据我国长期债券的收益率，贴现率目前考虑4%左右比较合适。一般只考虑工作期间，退休期如果也被考虑可能更全面。

$$\text{收入或支出现值} = \sum_{t=1}^{n} \frac{p(1+g)^t}{(1+r)^t}$$

其中，p 为当年的收入或支出；g 为收入或支出的增长率；r 为贴现率。

三、遗属需求法

遗属需求法是从需求角度考虑某个家庭成员不幸后会给遗属带来的财务缺口（遗属一生支出现值－已累积生息资产净值），以此估算保险需求。

如表7－2所示，首先，确定家庭保险保障需求的类型和程度。保障需求主要分为四大类：个人丧葬费用、遗属生活费用、子女教育金、各类债务。

其次，估计家庭可预期财务来源：可变现资产、保险给付、其他收入来源等。

人寿保险需求 = 家庭保障需求总额 － 财务来源总额

表7－2　　　　　　　　　遗属需求法的家庭保障需求列表

家庭保障需求	金额（元）
1. 个人丧葬费用	
2. 遗属生活费用	
配偶	
子女	
父母	
遗属生活费用现值	
3. 子女教育金	
子女教育金现值	
4. 债务	
房贷	
车贷	
其他债务	
债务总额	
家庭保障需求（1＋2＋3＋4）	
可预期财务来源	
5. 可变现资产	
6. 保险给付	
社会保险给付	
商业保险给付	
保险给付总额	
7. 其他收入来源	
其他收入来源现值	
可预期财务来源总额（5＋6＋7）	
寿险需求 = 家庭保障需求总额 － 财务来源总额	

案例情景

陈先生40岁,上海某大学教师,月可支配收入12 000元,有养老、医疗、职业年金、住房公积金。陈太太38岁,外企职员,月可支配收入10 000元,有养老、医疗、住房公积金。女儿10岁,公立小学四年级。陈先生一家三口每月生活开销10 000元(陈先生5 000元,陈太太4 000元,女儿1 000元)。女儿每年课外补习费用40 000元。现在公立初中没有学费,公立高中每年学费5 000元,大学每年学费5 000元。陈先生父母65岁,父亲每月有退休金4 000元,母亲没有收入来源,陈先生每月赡养父母支出2 000元。陈先生一家没有购买任何商业保险。资产方面,陈先生有自用住房和20万元金融资产(存款和基金);负债方面,陈先生有房贷50万元未偿还(还有20年到期)。陈先生的个人养老、医疗、职业年金、住房公积金账户金额20万元,陈太太的个人养老、医疗、住房公积金账户金额15万元。依照国家规定,职工如果退休前死亡的,个人社保账户可以由其直系亲属继承,供养的直系亲属享受丧葬补助费和一次性抚恤金。丧葬补助费标准为死亡时当地上年度城镇职工月平均工资的6倍,2019年上海市大约为39 000元,一次性抚恤金为在职职工6个月工资。陈先生和陈太太预测他们的收入增长率分别为3%和5%,所有人的消费支出和赡养费增长率为3%,假设年均通胀率为3%,课外补习费和公立高中学费年增长率为5%,大学学费不增长,贴现率为4%。二人预期寿命为85岁。一旦不幸身故,丧葬费用大约8万元。测算陈先生、陈太太的寿险需求。

案例分析

一、倍数法则测算

(一)保险金额

$P = I \times 10 + D$
$= (144\ 000 + 120\ 000) \times 10 + 500\ 000$
$= 314$(万元)

(二)保费

保费 $= I \div 10$
$= (144\ 000 + 120\ 000) \div 10$
$= 26\ 400$(元)

依据倍数法则,该家庭人寿保险金额为314万元,每年保费支出大致在26 400元。需要注意的是，保费占家庭年可支配收入的比例一般为 5%~15%，如果该比例达到 15%，但保险金额仍然达不到测算的金额，而且已经按照定期寿险测算，那么保险金额需要下降，否则保费占家庭年可支配收入的比例太高，会影响家庭其他开支。

二、生命价值法测算

（一）陈先生的寿险需求测算

陈先生预期工作 20 年，其未来 20 年收入现值为：

$$\sum_{t=1}^{20} \frac{14.4(1+3\%)^t}{(1+4\%)^t} = 260.64 \text{（万元）}$$

其未来 20 年支出现值为：

$$\sum_{t=1}^{20} \frac{6(1+3\%)^t}{(1+4\%)^t} = 108.6 \text{（万元）}$$

则未来 20 年对家庭的净收入贡献为：

260.64 − 108.6 = 152.04（万元）

（二）陈太太的寿险需求测算

陈太太预期工作 22 年，其未来 22 年收入现值为：

$$\sum_{t=1}^{22} \frac{12(1+5\%)^t}{(1+4\%)^t} = 235.68 \text{（万元）}$$

其未来 22 年支出现值为：

$$\sum_{t=1}^{22} \frac{4.8(1+3\%)^t}{(1+4\%)^t} = 94.68 \text{（万元）}$$

则未来 22 年对家庭的净收入贡献为：

235.68 − 94.68 = 141（万元）

依据生命价值法，陈先生的生命价值为 152.04 万元，陈太太的生命价值为 141 万元，即他们投保人寿保险所需的保险金额。

三、遗属需求法测算

假设最低保障至女儿独立（大学毕业一般 22 岁），则保障陈太太生活至 50 岁，陈先生生活至 52 岁，陈先生父母因收入来源不足需保障至 85 岁。遗属需求相关测算值如表 7-3 至表 7-7 所示。

案例 7 人寿保险保险金额测算

表 7-3　　　　　　　　　　　陈先生的生活费和收入估算　　　　　　　　　　单位：元

陈先生年龄	年支出	现值	年收入	现值
40	60 000		144 000	
41	61 800	59 423	148 320	142 615
42	63 654	58 852	152 770	141 244
43	65 564	58 286	157 353	139 886
44	67 531	57 725	162 073	138 541
45	69 556	57 170	166 935	137 208
46	71 643	56 621	171 944	135 890
47	73 792	56 075	177 102	134 583
48	76 006	55 537	182 415	133 289
49	78 286	55 003	187 887	132 007
50	80 635	54 474	193 524	130 738
51	83 054	53 950	199 330	129 481
52	85 546	53 432	205 310	128 236
现值合计（41~52岁）		676 548		1 623 718

注：陈先生年支出和年收入增长率为3%，贴现率为4%。

表 7-4　　　　　　　　　　　陈太太的生活费和收入估算　　　　　　　　　　单位：元

陈太太年龄	年支出	现值	年收入	现值
38	48 000		120 000	
39	49 440	47 538	126 000	121 154
40	50 923	47 081	132 300	122 319
41	52 451	46 629	138 915	123 495
42	54 024	46 180	145 861	124 683
43	55 645	45 736	153 154	125 881
44	57 315	45 297	160 811	127 091
45	59 034	44 861	168 852	128 314
46	60 805	44 430	177 295	129 548
47	62 629	44 002	186 159	130 793
48	64 508	43 579	195 467	132 050
49	66 443	43 160	205 241	133 321
50	68 437	42 746	215 503	134 603
现值合计（39~50岁）		541 239		1 533 252

注：陈太太年支出和年收入增长率分别为3%和5%，贴现率为4%。

表 7-5　女儿的生活费和教育费估算　　　　　　　　　　　　　　　单位：元

女儿年龄	年支出	现值	教育阶段	学费+补习费	现值
10	12 000		四年级	40 000	
11	12 360	11 885	五年级	42 000	40 385
12	12 731	11 770	预初	44 100	40 773
13	13 113	11 657	初一	46 305	41 165
14	13 506	11 545	初二	48 620	41 561
15	13 911	11 434	初三	51 051	41 960
16	14 329	11 324	高一	60 304	47 659
17	14 758	11 215	高二	62 984	47 863
18	15 201	11 107	高三	65 799	48 079
19	15 657	11 001	大一	5 000	3 513
20	16 127	10 895	大二	5 000	3 378
21	16 611	10 790	大三	5 000	3 248
22	17 109	10 686	大四	5 000	3 123
现值合计（11~22 岁）		135 310	现值合计（五年级~大四）		362 707

注：女儿年支出增长率为3%，补习费和高中学费年增长率为5%，贴现率为4%。依据上海市教委规定，每阶段学费以第一年入学为准，不变化。

表 7-6　陈先生父母赡养费估算　　　　　　　　　　　　　　　单位：元

陈先生父母年龄	赡养费年支出	现值
65	24 000	
66	24 720	23 770
67	25 462	23 540
68	26 226	23 314
69	27 012	23 090
70	27 822	22 868
71	28 657	22 648
72	29 517	22 430
73	30 402	22 214
74	31 314	22 001
75	32 254	21 790
76	33 221	21 580
77	34 218	21 372
78	35 245	21 167

案例 7　人寿保险保险金额测算

续表

陈先生父母年龄	赡养费年支出	现值
79	36 302	20 964
80	37 391	20 762
81	38 513	20 562
82	39 668	20 364
83	40 858	20 169
84	42 084	19 974
85	43 346	19 782
现值合计（66～85岁）		434 361

注：陈先生父母赡养费增长率3%，贴现率4%。

表 7－7　　陈先生和陈太太的寿险需求估算

项目	金额（元）	
家庭保障需求	陈先生	陈太太
1. 个人丧葬费用	80 000	80 000
2. 遗属生活费用		
配偶	541 239	676 548
子女	135 310	135 310
父母	434 361	434 361
遗属生活费用现值	1 110 910	1 246 219
3. 子女教育金现值	362 707	362 707
4. 房贷	500 000	500 000
家庭保障需求（1＋2＋3＋4）	2 053 617	2 188 926
可预期财务来源		
5. 可变现资产	200 000	200 000
6. 保险给付		
社会保障给付	311 000	249 000
商业保险给付	0	0
保险给付总额	311 000	249 000
7. 其他收入来源现值	1 533 252	1 623 718
可预期财务来源总额（5＋6＋7）	2 044 252	2 072 718
寿险需求＝家庭保障需求总额－财务来源总额	9 365	116 208

注：遗属生活费用现值等于配偶、子女、父母生活费用现值加总；社会保障给付等于个人社保账户（含养老、医疗、职业年金、住房公积金）金额加上个人去世能获得的丧葬补助费和一次性抚恤金，丧葬补助费目前为39 000元。陈先生和陈太太去世其直系亲属能获得的一次性抚恤金分别为72 000元和60 000元。

依据测算结果，陈先生的寿险需求大约为 1 万元，定期寿险至少 12 年，最好 20 年（保障至父母预期寿命）；陈太太的寿险需求大约为 12 万元，定期寿险至少 12 年。

依据生命价值法和遗属需求法测算的人寿保险金额有很大的差距。一般来说，遗属需求法测算出来的保险金额偏小，甚至可能为负值，因此，其合理性受到质疑。生命价值法的基本思想是估算家庭成员的生命价值，即家庭成员的不幸给家庭造成的净收入损失。按照生命价值投保人寿保险，一旦家庭成员发生不幸，获得的保险金正好等于该家庭成员的生命价值，即该家庭成员未来对家庭的净收入贡献通过保险金来体现，从财务上来说，该家庭成员的去世不会给家庭及其他成员带来任何影响，家庭的生活依然可以保持原有的水准。由此看来，生命价值法有其合理性。

案例 8

中产三口家庭保险配置

背景知识

一、人身风险

人身风险是指个人或家庭成员因为生命或者身体遭受各种损害引致的风险。具体包括以下四种风险。

（一）死亡风险（身故风险）

死亡风险是指个人或家庭成员死亡导致家庭收入减少的风险。家庭主要收入者的死亡将严重影响遗属的正常生活，给家庭带来毁灭性的打击；家庭非主要收入者的死亡将导致家庭收入下降，影响家庭目标的实现。

（二）养老风险（长寿风险）

养老风险是指退休以后不能实现自我财务保障的风险。尤其是，伴随社会发展和科技进步，人均寿命不断提高，我国老龄化趋势加剧，老年人面临更大的养老压力。但与之相应的养老服务体系尚不健全，社会和个人养老保障资金准备不足。

（三）健康风险

健康风险是指个人或家庭成员因为疾病、伤残等遭受各种健康损害的风险。一方面，健康风险引致收入损失；另一方面，健康风险引致医疗费用以及长期护理费用等附加费用产生。这些都将给家庭带来极大的财务压力。

（四）意外风险

意外风险是指个人或家庭成员因为某些意外事件导致伤残或者死亡的风险。

二、人身保险种类

针对个人和家庭面临的不同人身风险，可以采取不同种类的人身保险转移风险。具体来看，人身保险的类型如下（见图8-1）。

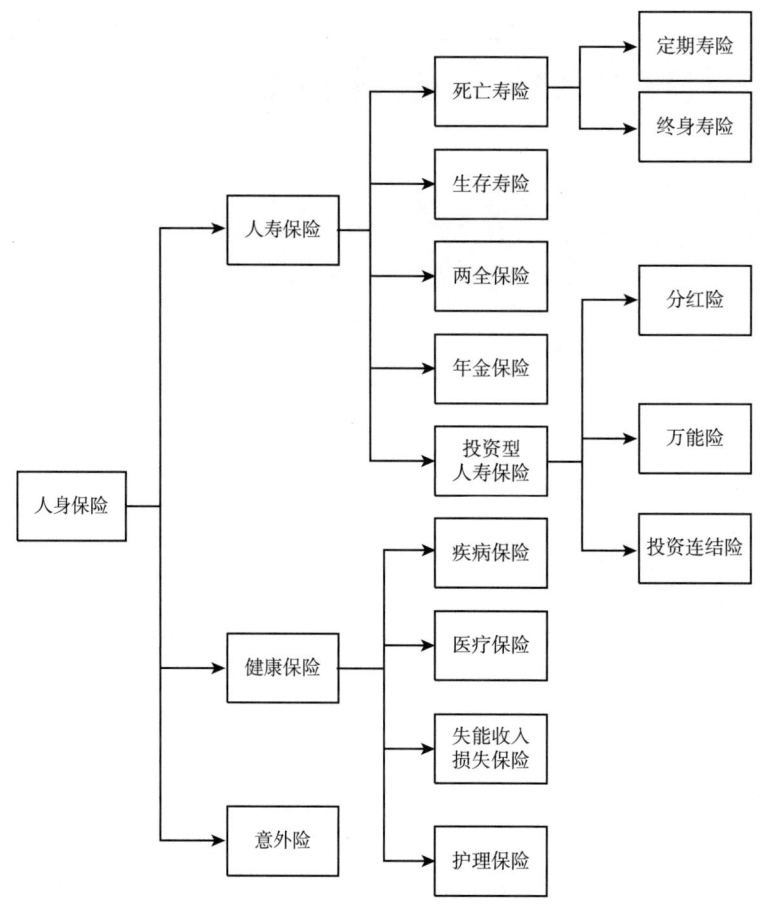

图8-1 人身保险的类型

（一）人寿保险

人寿保险是以寿命为保险标的。具体又包括：一是死亡寿险。以保险期内死亡作为给付保险金的条件。其中，定期寿险的保险期限为固定年限；终身寿险的保险期限为终身。二是生存寿险。以保险期满生存作为给付保险金的条件。三是两全保险。保险期内死亡或者保险期满生存都给付保险金。四是年金保险。按期缴纳保险，按期领取保险金，同时具有死亡给付和期满给付特征。五是投资型人寿保险。包括分红险、万能险、投资连结险三类。

(二) 健康保险

健康保险具体包括：一是疾病保险。当因保险合同约定的疾病发生时，给付保险金。二是医疗保险。当因保险合同约定的医疗费用发生时，给付保险金。三是失能收入损失保险。当因保险合同约定的原因导致工作能力丧失时，给付保险金。四是护理保险。当因保险合同约定的原因导致护理费用支出时，给付保险金。

(三) 意外伤害保险

意外伤害保险即意外险，以保险期内意外伤害作为给付保险金的条件。保险补偿包括因意外伤害导致的死亡给付和残疾给付。

三、人身风险转移的保险选择

一般来说，人寿保险可以转移死亡风险。其中，定期寿险在被保险人死亡后为家庭提供房贷保障、教育金保障、遗属生活费用保障等。年金保险可以转移养老风险，为养老提供财务保障；健康保险可以转移健康风险。其中，疾病保险可以转移因为疾病遭受健康损害的风险，某些重疾险附有寿险功能，亦可转移死亡风险；意外险可以转移意外风险，若是意外风险引致死亡，意外险也可以为死亡者提供风险保障。

四、人身保险规划原则

(一) 保险功能多样，保障功能为先

保险的主要功能是保障功能。个人或家庭因为风险事件导致收入减少、支出增加时，获得经济补偿或给付保险金，以保障家庭正常运行。如图 8-2 所示，在进行保险规划时，首先要满足保障需求，在此基础上再满足储蓄和投资的功能。

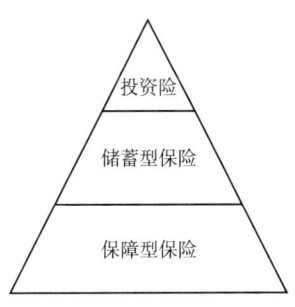

图 8-2 保险理财金字塔

（二）风险保障有先后，高额损失为先

在不同的人身风险中，第一类风险是死亡和残疾风险。此类风险给家庭带来高额损失，使家庭丧失主要收入甚至全部收入，家庭难以运转，是一个家庭首先要保障的风险。第二类风险是重疾和医疗风险。此类风险会导致家庭收入减少、支出增加。在前两类风险得到充足保障的基础上，一个家庭如果仍然有资金，则可以未雨绸缪，为子女教育和夫妻养老进行规划。

（三）保障顺序有先后，家庭主要收入者为先

家庭主要收入者是家庭的经济支柱和核心，一旦家庭主要收入者发生风险事件，将会给这个家庭带来重大影响，因此是保险配置的首要对象。其次是家庭收入次要贡献者。最后是未成年人和老年人，这两类群体一般不承担家庭责任，保障顺序在最后。

（四）家庭有阶段，应符合家庭实际

一是要充分考虑个人或家庭所处的阶段。单身期，家庭责任和压力尚未凸显，预算少，主要转移意外风险。二人世界阶段，家庭责任感逐步建立，面对的风险以意外险为主，重疾、身故风险亦需要防患于未然。三口之家阶段，家庭责任感最强，保险需求也最强，需要对家庭经济责任承担者的死亡风险、残疾风险、重疾风险、意外风险等进行全方位的转移。同时，又要考虑子女抚养责任、父母赡养责任。子女独立阶段，家庭责任期基本度过，投保性价比低，主要考虑转移意外风险，可考虑防癌险。二是充分考虑家庭的收入状况。经济能力不足时，首要满足风险保障；具有一定经济实力时，在满足风险保障的基础上，进一步考虑储蓄型保险和投资型保险；高净值家庭抗风险能力强，除风险保障外，还需要满足资产保全、财富传承的目标。三是根据家庭阶段的变化以及风险缺口的变化，对保险进行动态调整。

五、人身保险规划流程

（一）分析风险缺口

根据个人或家庭所处阶段、个人或家庭基本财务情况等，对个人或家庭风险进行分析，确定个人或家庭的风险缺口以及需要转移的风险。

（二）明确保险需求

根据个人或家庭需要转移的风险，确定保险险种，并计算保险金额。保险金额的主要测算方法有：

1. 人寿保险

（1）倍数法则（十一法则、双十法则）。家庭寿险保额约为家庭可支配收入的10倍，保费支出占家庭可支配收入的1/10。

（2）生命价值法。人的生命价值指个人未来收入或服务价值扣除个人生活费后的资本化价值。估算家庭成员的不幸给家庭造成的净收入损失，既是生命价值的损失，也是寿险保障的需求。

（3）遗属需求法（需求分析法）。从需求角度考虑某个家庭成员不幸后会给遗属带来的财务缺口，以此估算保险需求。需求额度分为家庭长期寿险保障需求和家庭现金需求，在两者中取较大值。其中，长期寿险保障需求＝家庭保障需求总额－财务来源总额，家庭现金需求是风险发生时的现金支出需求。

三种方法估算出的寿险额度可能会有所不同。

2. 重疾险

根据需求分析法，从支出的角度考虑重疾发生时给家庭带来的财务缺口。重疾险是给付型保险，除了考虑治疗费用、康复费用外，还要考虑因重疾产生的收入损失补偿。公式如下：

重疾险保额＝治疗费用＋康复费用＋收入损失补偿（3～5年）

依据理赔数据显示，能够覆盖大部分重疾的平均治疗费用不低于20万元，治疗后还需要一定的休养时间和康复费用。此外，日常开支照旧，需要考虑重疾之后的收入损失。

3. 医疗险

医疗险为门诊费、手术费、住院费等各类医疗费用提供保障，需要考虑社会医疗保险的影响。为确保医疗保障充足，可以高额医疗费用为参照值，设定取值区间：［高额医疗费用均值－标准差，高额医疗费用均值＋标准差］。

4. 失能收入损失险

失能收入损失险需求＝失能前月收入×收入保障比×收入损失比－其他收入

其中，收入损失比＝（失能前月收入－当前月收入）÷失能前月收入

收入保障比一般为65%～85%，既为家庭提供充足的风险保障，又使保险补偿后的收入低于失能前收入水平，从而使被保险人尽早重新工作。

5. 护理险

护理险需求＝月护理费用×护理需求时间

6. 意外险

根据经验，意外险一般定位为寿险保障的2倍。因意外险导致身故时，可以获得意外险和寿险双重赔付，意外险是寿险的有效补充。但除了航空意外，因意外导致残疾的概率更大，此时寿险不一定赔付（目前市场上的寿险只对全残提供赔付），意外险则按照致残

程度进行赔付。如定残为50%，即赔付意外险保额的50%。

7. 养老保险

养老保险有三大支柱：社会基本养老保险、企业年金或职业年金、商业养老保险。

商业养老保障需求 = 退休养老保障总需求 − 社会基本养老给付额度

− 企业年金或职业年金养老给付额度 − 其他可用养老资产

（三）确定保险预算

1. 倍数法则（十一法则、双十法则）

保费支出占家庭可支配收入的1/10。

2. 标准普尔家庭资产象限图

标准普尔家庭资产象限图（见图8−3）认为，一个家庭合理稳健的家庭资产分配方式，应该将20%的家庭可支配收入用于购买保险。

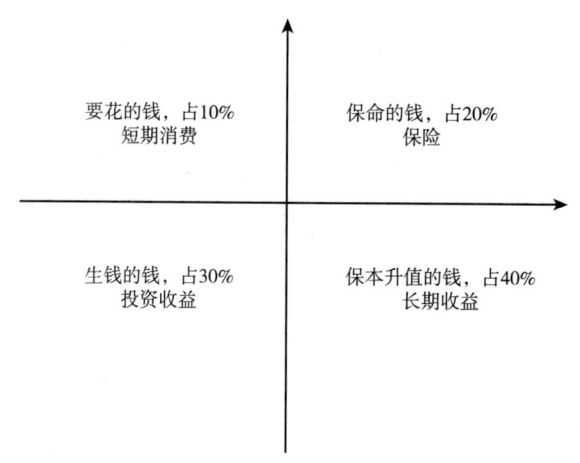

图8−3 标准普尔家庭资产象限图

不同的预算方法提出了不同的保费占比。具体到每个家庭来说，应该综合考虑保障程度和负担能力。在家庭现金流量表、仿真生涯表中对保费负担进行分析，不能让保费成为家庭的负担。一般可以将家庭税后收入的5%~15%用作保险。

案例情景

一、案例基本情况

李先生今年35岁，是上海某大型国企的中层管理人员，年可支配收入80万元。李太太 30 岁，某企业员工，年可支配收入 10 万元。孩子 8 岁，公立小学二年级。

家庭开销包括：每年日常支出 20 万元，其中，李先生支出 8 万元，李太太支出 8 万元，孩子支出 4 万元。孩子独立生活前教育费用的现值为 50 万元。夫妻双方父母已经退休，均有退休金，平时生活不需要李先生一家帮助。

家庭资产负债：李先生一家有自住房产一套，价值 600 万元，房贷余额 200 万元。

李先生和李太太有社会保险，但是尚未购买商业保险。

二、理财目标

李先生一家的人身保险需求及其全面的人身保险规划。

三、李先生一家保险需求的假设条件

（1）年平均投资收益率（贴现率）为 8%。

（2）收入增长率为 7%，支出增长率为 6%。

（3）李先生 60 岁退休，李太太 55 岁退休。为保障二人退休后的生活，对退休金及其他理财产品进行规划。

（4）家庭丧葬费用为 8 万元。

（5）紧急预备金为 6 个月的家庭日常支出。

（6）收入和支出均采用期初年金计算。

案例分析

一、分析风险缺口

该家庭处于三口之家阶段，李先生是家庭主要收入者，李太太是家庭次要收入者。需要对两人死亡风险、残疾风险、重疾风险、医疗风险等进行全方位的转移，而且该家庭具有一定经济实力，可以进行全面的人身保险配置。孩子不承担家庭财务责任，主要对其意外风险、重疾风险进行转移。

二、明确保险需求

（一）人寿保险

假设李先生身故：

遗属生活费用 = 遗属生活支出现值 − 遗属生活收入现值

其中，遗属生活支出现值：$PV(n=25, i=8\%, PMT=12, FV=0, g=6\%) = 241.91$（万元）

遗属生活收入现值：$PV(n=25, i=8\%, PMT=10, FV=0, g=7\%) = 224.10$（万元）

遗属生活费用 $= 241.91 - 224.10 = 17.81$（万元）

家庭长期寿险保障需求 = 家庭保障需求总额 - 财务来源总额 = 遗属生活费用 + 遗属教育金缺口 + 紧急预备金 + 丧葬费用 + 家庭债务余额 $= 17.81 + 50 + 10 + 8 + 200 = 285.81$（万元）。

现金需求 = 紧急预备金 + 个人负债额 + 应承担的家庭负债额① + 最终支出（如丧葬费用）$= 10 + 0 + 200 + 8 = 218$（万元）。

两者取大额者。

假设李太太身故：

遗属生活费用 = 遗属生活支出现值 - 遗属生活收入现值

其中：遗属生活支出现值：$PV(n=25, i=8\%, PMT=12, FV=0, g=6\%) = 241.91$（万元）

遗属生活收入现值：$PV(n=25, i=8\%, PMT=80, FV=0, g=7\%) = 1\,792.78$（万元）

遗属生活费用 $= 241.91 - 1\,792.78 = -1\,550.87$（万元）

家庭长期寿险保障需求 = 遗属生活费用 + 遗属教育金缺口 + 紧急预备金 + 丧葬费用 + 家庭债务余额 $= -1\,550.87 + 50 + 10 + 8 + 200 = -1\,282.87$（万元）。

现金需求 = 紧急预备金 + 个人负债额 + 应承担的家庭负债额 + 最终支出 $= 10 + 0 + 200 \times 0.5 + 8 = 118$（万元）。

两者取大额者。

（二）意外险

因意外险导致身故时，可以获得意外险和寿险双重赔付，意外险是寿险的有效补充。但除了航空意外，因意外导致残疾的概率更大，此时寿险不一定赔付，意外险则按照致残程度进行赔付。如定残为50%，即赔付意外险保额的50%。所以，根据经验可将意外险保额定为寿险保额的2倍。

（三）重疾险

考虑治疗费用、康复费用和因重疾产生的收入损失补偿，李先生的重疾险保额定为100万元，李太太的重疾险保额定为50万元。

---

① 考虑个人收入在家庭收入中的占比，当占比超过一半时，承担家庭全部负债额；当占比小于等于一半时，承担家庭全部负债额的一半（婚后共同债务）；无个人收入时，承担家庭债务能力为0。

(四) 医疗险

李先生一家希望配备百万元医疗险,并拥有直接入住知名医院等权利。根据李先生的需求,为其一家配备百万元医疗险。

三、确定保费预算

一般可以将家庭税后收入的5%~15%用作保费预算。根据表8-1所示,李先生家庭的预估保费是66 288元,占家庭税后收入的7.4%,处于合理区间。

表8-1　　　　　　　　　　李先生家庭保险配置表

险种	被保险人	保额 (元)	缴费期 (年)	预估保费 (元)
寿险	李先生	2 858 100	20	6 831
	李太太	1 180 000	20	850
意外险	李先生	5 716 200	1	4 287
	李太太	2 360 000	1	1 770
	孩子	500 000	1	150
重疾险	李先生	1 000 000	20	29 500
	李太太	500 000	20	11 000
	孩子	500 000	30	4 200
医疗险	全家	1 000 000	1	7 700

案例 9

大学生出国留学教育规划

背景知识

在个人理财规划的项目中,教育规划作为刚性需求在理财规划中占据非常重要的地位。中国大多数父母都希望子女成才,愿意在子女的教育上投入很多。然而随着各种教育费用层出不穷,比如择校费、住宿费、补课费、兴趣班等,家庭教育支出占我国家庭支出的比重越来越大,给家庭带来的负担也越来越重。那么,如何在经济上保障子女的受教育权利,满足家庭对子女受教育程度的期待具有十分重要的意义。

一、子女教育金的特性

子女教育金具有一些独特性。首先,时间和金额相对刚性。一般来说,子女到了一定的年龄就要接受相应的教育,如3岁上幼儿园、6岁上小学、18岁上大学。而且除幼儿园阶段外,其他阶段的学费支出相对固定,不会因为家庭财富的水平高低有所变化。其次,除正常教育支出外,家长在子女课外教育上的支出弹性较大。子女的兴趣和能力差异使不同家庭在兴趣班、补习班甚至陪读上所花费的金钱差异较大,而且不同经济收入水平的家庭对子女的教育费用也有很大影响,富裕家庭可能花费更多。另外家长对教育的观念不同也可能导致教育金的支出不同。最后,由于子女受教育的持续时间较长,且不同阶段的求学目标有所变化,因此子女教育金规划具有可变性。

二、中国学校教育体系

中国的学校教育体系主要分为五个阶段:学前教育(幼儿园)阶段、九年义务教育阶段、高中教育阶段、大学教育阶段以及研究生教育(包括硕士研究生和博士研究生)阶段。除此之外,还有继续教育等成人系列的教育体系,由于不具普遍性,因此,不在本书中做过多描述。每个阶段的学习年限如表9-1所示。

表 9-1　　　　　　　　　　中国学校教育体系及其学习年限

教育阶段		学习年限	说明
学前教育阶段	幼儿园	3 年	
九年义务教育阶段	小学	6 年	上海市略有不同，小学阶段是 5 年，初中阶段是 4 年
	初中	3 年	
高中阶段	普通高中	3 年	
	职业高中	2～4 年	
大学阶段	普通大学	4 年	全日制一般为 4 年，部分特殊院校除外（如医科大学、专升本等）
研究生	硕士研究生	2～3 年	一些情况例外，如硕博连读、在国外就读等
	博士研究生	3～6 年	

三、子女教育成本测算

中国的子女教育成本主要来源于两个部分：一是各学习阶段的学杂费，属于刚性成本；二是选择性成本，包括幼儿园学费、兴趣班、辅导班及出国费用等，这是由每个家庭的收入水平、子女的兴趣以及父母的重视程度所决定的。

（一）刚性成本

1. 公办学校

根据上海市教委 2018 年公布的秋季公办学校教育收费标准（数据来源于上海市教委官方网站），除义务教育阶段的公办学校学费实行免费政策外，其他各阶段公办学校的收费情况如表 9-2 至表 9-4 所示。

表 9-2　　　　　　　　　　公办幼儿园保育教育费

级　别	计费单位	最高收费标准（元）	
		全日制	寄宿制
一级园	月	225	390
二级园	月	175	340
三级园	月	125	290
市级示范园	月	700	800

表 9-3　　　　　　　　　　　　　　　公办基础教育

收费项目	计费单位	收费标准（元）
一、公办普通高中学费		
一般高中	学期	900
区重点高中	学期	1 200
市重点高中	学期	1 500
高级寄宿制高中	学期	2 000
二、公办普通高中住宿费		
一类条件	学期	360
二类条件	学期	270
三类条件	学期	180

注：公办普通高中住宿费，如宿舍配备空调设施，加收200元/学期；卫生间供应热水洗澡，加收40元/学期。

表 9-4　　　　　　　　　　　　　　　公办高等教育

收费项目	计费单位	收费标准（元）
一、全日制普通高校学费		
一般专业和师范院校	学年	5 000
特殊（热门）专业	学年	6 500
艺术类专业	学年	10 000
二、高等职业技术教育学费		
学费	学年	7 500
三、成人高等教育学费		
一般专业	学期	800~1 600
艺术类及特殊专业	学期	1 500~2 400
四、中外合作办学学费		
学费	学年	最高标准原则上为同类学校、同类（或相近）专业学费的3倍，超出3倍的需报经市政府批准后执行
五、示范性软件学院学费		
本科及第二学士	学分	最高 400
工程硕士	学分	最高 1 000
六、网络学院学费		
学费	学年	最高 9 100（艺术类专业的学费标准若超过指导价上限，必须实行报批制度）
七、全日制学术型研究生学费		
硕士生	学年	最高 8 000
博士生	学年	最高 10 000

注：本表没有列出专业硕士的学费，不同高校和专业的专业硕士学费差异非常大。上海某知名高校的热门专业如金融和会计专硕的学费已经超过20万元（两年），而且上涨很快。

2. 民办学校

在公办学校之外,有的家庭还会选择考虑把子女送到民办或者国际学校就读。以上海市的幼儿园为例,民办幼儿园一般月学费支出为 4 000~15 000 元不等,比公办幼儿园要高很多。民办的小学和初中亦是如此。上海的民办小学和初中比较特殊,民办学校的教学质量一般要明显高于公办学校,导致很多家长优先考虑选择民办学校(民办学校对学生要进行选拔,不确定性很大),使上海义务教育阶段的公办教育有边缘化的倾向。不过,民办教育质量好,学费也高,如上海某知名外国语小学的 2019 年学费已经达到 3 万元/学期。但是,在高中阶段,上海的公办教育明显超过民办教育,绝大多数市重点高中都是公办的。

(二)选择性成本

除学杂费等刚性成本之外,越来越多的家庭还会为子女教育金规划考虑一些选择性的成本。比如为培养孩子各方面的兴趣和爱好,家长会选择报一些辅导班和兴趣班,每年这种兴趣班的费用支出甚至高达数万元。

另外,在高等教育阶段,出国留学也逐渐成为很多家庭的选择。不同国家的留学费用不同,其中英国和美国的费用较高,年费用约在 30 万元~50 万元人民币,同一个国家不同学校的学费也有所不同。需要注意的是,近年来有些国家如美国、英国等留学费用上涨很快。

四、子女教育金规划的步骤

第一,明确当前阶段的教育目标、了解当前的费用水平是家庭进行子女教育金规划的首要任务。第二,对各个阶段的教育费用进行预测与估算,预测教育和生活费用年增长率,计算实现该目标所需要的费用。第三,计算当前教育金投资终值是否能够负担届时的费用。第四,不足部分将根据家庭经济状况计算一次性投资所需的资金和分期所需的资金。第五,选择合适的工具进行投资。具体步骤如图 9-1 所示。

五、子女教育金规划原则及注意事项

(一)尽早规划原则

由于子女受教育阶段需花费大量的资金,如果对教育金的准备时间越早,给家庭带来的财务压力就越小。因此,对于子女教育金的规划越早越好。

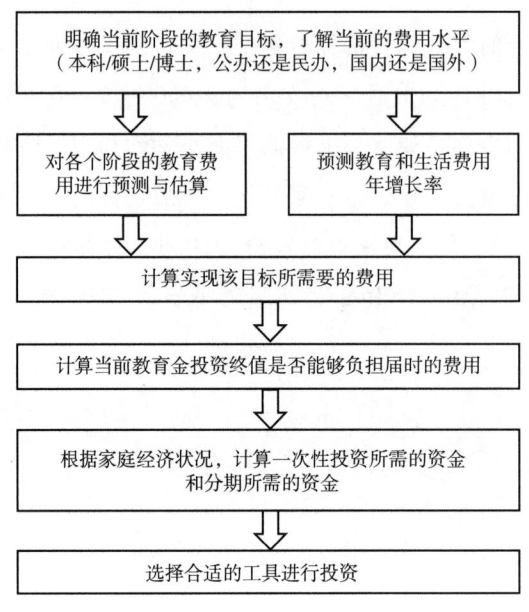

图 9-1 子女教育金规划步骤

(二) 宽松性原则

由于子女受教育的程度最终取决于子女的上学意愿、学习能力以及其他客观因素，因此教育费用难以准确估算。再加上教育支出的时间和金额是相对固定的，因此在对教育成本进行测算时宜采取尽可能宽松的原则，即算多不算少，要留有余地。即使准备的教育金多于实际的支出，届时也可将这部分多余的资金转为他用。

(三) 稳健投资原则

对子女教育金的投资应当采取稳健性原则，因为这部分费用是必需的，因此在投资时不能追求高收益、高风险，而是要以资金稳定增值为主要目的。另外，距离教育资金使用的时间越近，越应采取安全性高的投资工具。

案例情景

韩先生的女儿小韩正在上海立信会计金融学院读大三，由于对金融学很感兴趣，她希望大学毕业后申请去澳大利亚继续攻读金融学硕士学位。目前小韩申请的是澳洲排名前八的大学，学费一年约为4.9万澳币（按现行汇率约为人民币23.4万元），学制两年。此外，小韩在国外求学期间需自己租房，租金约为450元/周，日常开支约为12万元/年（包括每年寒暑假回国的机票费用等）。预计各种费用共计每年需要 40 万元人民币。

韩先生夫妇目前月收入共计 4 万元，月支出约为 1.5 万元。除固定资产外，家里存款有 30 万元，可以作为出国留学的教育金，不足部分打算以基金定投的方式解决，假定投资的平均回报率约为 6%。为实现让小韩顺利出国求学的目标，请为韩先生的家庭做一个教育投资规划。

 案例分析

一、确定实现教育目标所需的当前费用

去澳洲攻读硕士学位的费用为 40 万元/年，假定每年的学费及生活费是在年初一次性支付。

二、预测教育费用增长率

考虑到通货膨胀、澳洲大学学费增长、经济增长、汇率等因素，预计教育费用年均增长率为 5%。

三、估算未来所需教育资金的现值

一年后小韩出国留学的费用：$400\ 000 \times (1 + 5\%) = 420\ 000$（元）

目前已有金额：$300\ 000 \times (1 + 6\%) = 318\ 000$（元）

尚需准备的金额为：$420\ 000 - 318\ 000 = 102\ 000$（元）

每月应提存金额为：$102\ 000 \div (F/A, 0.5\%, 12) = 8\ 227.64$（元）

两年后小韩出国留学的费用：$400\ 000 \times (1 + 5\%)^2 = 441\ 000$（元）

每月应提存的金额为：$441\ 000 \div (F/A, 0.5\%, 24) = 17\ 254.12$（元）

四、制订教育金储蓄及投资计划

因此，韩先生从现在到小韩第一年出国留学期间，每月必须定期提存资金 $8\ 227.64 + 17\ 254.12 = 25\ 481.76$（元）。

从第一年出国到第二年出国期间，每月必须定期提存资金 17 254.12 元。

鉴于韩先生夫妇月收入 4 万元，月支出约为 1.5 万元，为保证小韩能够顺利出国留学，韩先生夫妇在接下来的第一年内应适当削减家庭支出，以保证教育金的储蓄与投资，第二年则不需要。

此外，在为韩先生做教育金规划时，还应考虑外汇汇率的影响。如果预测澳大利亚元兑人民币汇率未来将会上升，则现在可适量买入一些澳大利亚元，以应对汇率波动的风险；如果预测澳大利亚元兑人民币汇率未来将会下降，则不需要。

除此以外，很多银行都有留学贷款业务，可以将留学贷款作为后备选择考虑。

案例 10

上海市中产家庭子女教育规划

背景知识

参照前一案例。

案例情景

黄先生夫妇为上海市普通家庭，2019年初他们迎来了新的家庭成员，黄先生夫妇也成为新晋宝爸宝妈。随着宝宝慢慢长大，夫妇俩既开心又有压力，他们希望为孩子筹划一个美好的未来。名牌大学毕业的黄先生希望孩子能够从幼儿园、小学、初中、高中直至大学都能够接受良好的教育。而在上海，公办和民办学校教学质量的差异决定了不同学校教育费用的巨大差别。此外，为保证孩子能够在各方面都得到良好的教育，还需根据孩子的兴趣和特长为其选择各种兴趣班及辅导班，所涉及的经费更是远超想象。

黄先生目前在一家公司担任销售经理，月收入为3.5万元；黄太太月收入2.5万元。黄先生夫妇在上海有一套住房（非学区房），每月需还房贷1.5万元，家庭每月生活支出约为1.5万元，另有存款20万元，无车贷。夫妇俩希望在现有经济条件的基础上尽可能地为孩子提供最优质的教育。假定夫妇俩年收入增长率为6%，请为黄先生夫妇提供一份全面的教育规划。

案例分析

一、确定实现教育目标所需的当前费用

黄先生的孩子三年后上幼儿园，上海的公立幼儿园免费，而私立幼儿园一般提供双语教学，因而学费比较贵，约为6 500元/月。为了让孩子能够接受双语教学，建议选择私立

幼儿园。兴趣班可以选择1~2个，年支出约为2万元。幼儿园阶段花费总计：[6 500×12+20 000]×3=294 000（元）。

孩子6~14岁上小学和初中，由于小学和初中都是义务教育，因此上海的公办学校都不收学费，仅收取一些校服和活动费等，每年支出约为2 000元。而民办的小学和初中平均教学费用要高一些，约为25 000元/学期（包括所有学杂费）。另外，小学和初中补课费约为10 000元/月。黄先生希望孩子就读民办学校，民办学校义务教育阶段花费总计：[50 000+120 000]×9=1 530 000（元）。

孩子15~18岁上高中，一般上海市重点高中学费约为2 000~3 000元/学期，本着资金充裕的原则，以3 000元/学期计算，则每年学费支出约为6 000元。由于高中阶段需参加的课外辅导班较多，且学费相对较贵，因此预计每年补课费约为20万元。高中阶段花费总计：[6 000+200 000]×3=618 000（元）。

孩子18~22岁上大学，大学学费平均6 000元/年，住宿费约2 400元/年，生活费2万元/年，大学期间一般不需要辅导班支出，考证费用暂不考虑。大学阶段花费总计：[6 000+2 400+20 000]×4=113 600（元）。

表10-1　　　　　　各教育阶段选择的学校类型及所需当前费用　　　　　　单位：元

教育阶段	选择学校类型	年支出	就学年数	合计
幼儿园	民办	98 000	3	294 000
小学和初中	民办	170 000	9	1 530 000
高中	公办（市重点高中）	206 000	3	618 000
大学	重点本科	28 400	4	113 600

二、预测教育费用增长率

考虑到经济增长和通货膨胀等因素，预计教育费用年均增长率为5%。另外，黄先生夫妇的年收入增长率为6%。参照现行金融市场产品投资收益率情况，假定黄先生子女教育金的投资收益率为4%。

三、考虑货币的时间价值，估算未来所需教育资金的现值

为简便计算，假设每阶段的教育费用都于各阶段的期初一起支付，则每阶段当前费用、费用现值、差额、每月需储蓄金额如表10-2所示。

表 10-2   每阶段每月需储蓄教育金金额计算   单位：元

教育阶段	上学年份	当前费用合计	未来所需教育资金	已有金额	差额	每阶段每月需储蓄金额	每月需储蓄金额合计	储蓄年份
幼儿园	2022-2024	294 000	340 341.75	224 972.8	115 368.95	3 007.78	29 948	2019-2021
小学	2025-2029	850 000	1 139 081.29	0	1 139 081.29	13 942.41	26 940	2022-2024
初中	2030-2033	680 000	1 163 030.76	0	1 163 030.76	6 972.10	12 998	2025-2029
高中	2034-2036	618 000	1 284 777.61	0	1 284 777.61	5 169.11	6 026	2030-2033
大学	2037-2040	113 600	273 391.94	0	273 391.94	856.36	856	2034-2036

（一）幼儿园阶段

未来所需费用 = FV($i=5\%$, $n=3$, pmt=0, pv=-294 000) = 340 341.75（元）

已准备金额 = 200 000 × $(1+4\%)^3$ = 224 972.8（元）

尚需准备金额 = 340 341.75 - 224 972.8 = 115 368.95（元）

每月应储蓄金额：PMT($i=0.34\%$, $n=36$, pv=0, fv=115 368.95) = 3 007.78（元）

（二）小学阶段

当前费用现值：FV($i=5\%$, $n=6$, pmt=0, pv=-850 000) = 1 139 081.29（元）

每月应储蓄金额：PMT($i=0.34\%$, $n=72$, pv=0, fv=1 139 081.29) = 13 942.41（元）

（三）初中阶段

当前费用现值：FV($i=5\%$, $n=11$, pmt=0, pv=-680 000) = 1 163 030.76（元）

每月应储蓄金额：PMT($i=0.34\%$, $n=132$, pv=0, fv=1 163 030.76) = 6 972.10（元）

（四）高中阶段

当前费用现值：FV($i=5\%$, $n=15$, pmt=0, pv=-680 000) = 1 284 777.61（元）

每月应储蓄金额：PMT($i=0.34\%$, $n=180$, pv=0, fv=1 284 777.61) = 5 169.11（元）

（五）大学阶段

当前费用现值：FV($i=5\%$, $n=18$, pmt=0, pv=-113 600) = 273 391.94（元）

每月应储蓄金额：PMT($i=0.34\%$, $n=216$, pv=0, fv=273 391.94) = 856.36（元）

由表 10-2 计算可知，从 2019 年初到 2021 年末的 3 年内，每月需储蓄 29 948 元的教育金；从 2022 年初到 2024 年末，每月需储蓄 26 940 元的教育金；以此类推。

四、制定教育金储蓄及投资规划策略

首先，关于大学阶段的教育费用可以通过购买教育年金保险完成，黄先生可以从宝宝 0 岁时开始投保教育险，教育保险金的特点是年龄越小保费越便宜；投资门槛低，虽然投资报酬率不高，但有固定收益。以蚂蚁保险和泰康人寿联合定制的"全民保·教育金"年金产品为例，从宝贝 0 岁开始，每月缴纳 402 元的保费，交至宝贝 13 周岁末，则累计可领教育金 10 万元，其中 18~21 岁每年领取 8%，22 岁领取 68%。这样，孩子大学时期的教育费用就不用操心了。

其次，关于幼儿园阶段的费用可以通过每月提存 3 007.778 元到固定收益类金融产品中完成。以交通银行的"薪金理财"产品为例，参考年化收益率为 3.9%，属于稳健投资，且投资期限短（90 天），流动性高。

再次，关于义务教育阶段和高中阶段的教育费用，由于距离现在比较远，可以把每月需提存的金额分为两个部分，其中 1/3 投资于固定收益类产品，另外 2/3 可以投资于风险较高的金融产品（如股票、基金等）。

最后，黄先生还可以根据 255.56 万元的现值，以孩子为受益人投保寿险，即在保险计划中增加保额 255.56 万元。这样即使收入中断也可继续保证孩子完成原定的教育目标。

案例 11

青年夫妻租房与购房决策

背景知识

房产消费金额巨大，会对家庭资产负债和日常现金流产生较大影响。因此，居住规划是家庭理财的重大决策之一。综合考虑家庭经济实力、居住年限、通胀率、房价上涨预期以及个人偏好等因素，不同人面对同一处房产会做出购房或租房的不同选择。如果单纯从金融理财的角度看，通常使用年成本法和净现值法做比较，用于抉择购房还是租房。

一、年成本法

年成本法是指逐年对居住房屋的成本进行考量，不考虑长期居住时货币时间价值的因素。购房的使用成本包括首付款机会成本、房屋贷款利息和住房维护成本；租房的使用成本包括房租与房租押金的机会成本，比较租房或购房的年成本，成本低的决策更为划算。即：

租房年成本 = 押金 × 机会成本率 + 年租金

购房年成本 = 首付款 × 机会成本率 + 贷款余额 × 贷款利率
　　　　　　+ 年维修费及税金 - 房价每年涨幅

年成本法的优点表现为，计算简单易行，只要知道房租、购房首付款、房屋贷款利息、资金机会成本率和住房维护成本，即可快速测算租房和购房的年成本；易于理解，便于理财师与客户沟通。

年成本法的缺点表现为，只限于静态比较，没有考虑未来房租、房价、利率等因素的变化对购房年成本和租房年成本的影响，缺乏动态测度。

二、净现值法

净现值法是指在一个固定的居住期间，分别计算租房及购房的现金流量的净现值，再比较租房和购房的净现值，净现值高的决策更为划算。

净现值法的优点表现为，这一方法考虑到资金的时间价值，能更准确地比较购房和租房的投资价值。该模型可以将房价预期、通胀率等因素纳入考量范畴，可实现动态测度和比较。

净现值法的缺点表现为，没有考虑租房押金和购房首付款的机会成本，仅考虑实际支出的资金净现值。

三、租房与购房的优缺点比较

租房与购房两种决策的优缺点比较如表 11-1 所示。

表 11-1　　　　　　　　　　租房和购房的优缺点比较

	租房	购房
优点	（1）购房首付款可获得投资收益 （2）避免承受房价下跌的风险 （3）用较低成本获得更大居住空间 （4）有较大的迁徙自由度 （5）家庭资金运用自由，应对财务风险的能力较强	（1）抵御通胀，保值增值 （2）强迫储蓄，累积财富 （3）固定居所保障生活稳定性 （4）按喜好布置房屋，提高生活品质
缺点	（1）承担未来房价上涨的风险 （2）面临经常搬迁的困扰 （3）面临房租上涨的风险 （4）无法按照自己的意愿装修房屋	（1）占用大量家庭资金，缺乏流动性 （2）需承担房屋维护成本 （3）需承担房价下跌风险

四、个人所得税专项附加扣除暂行办法

2018 年 12 月 13 日，国务院印发了关于《个人所得税专项附加扣除暂行办法》的通知，并自 2019 年 1 月 1 日起施行。

该办法共有九章，除了总则、保障措施和附则之外的其他六章，就是专项附加，包括子女教育、继续教育、大病医疗、住房贷款利息、住房租金和赡养老人。其中，住房贷款利息与住房租金两项专项附加扣除也可能在一定程度上影响家庭居住规划决策。

（一）住房贷款利息

纳税人本人或配偶在中国境内发生的首套住房贷款利息支出，在实际发生贷款利息的

年度，按照每月 1 000 元的标准定额扣除，最长期限不超过 240 个月，每人只能享受一次首套住房贷款的利息扣除。

(二) 住房租金

纳税人在主要工作城市没有自有住房而发生的住房租金支出，可以按照纳税人承租住房所在城市不同，按照每月 800 元到 1 500 元标准定额扣除。《个人所得税专项附加扣除操作办法（试行）》（以下简称《办法》）规定，若目标纳税人在直辖市、省会（首府）城市、计划单列市及国务院确定的其他城市，按每月 1 500 元扣除；除上述城市外，市辖区户籍人口超过 100 万的城市，目标纳税人将按每月 1 100 元扣除；市辖区户籍人口不超过 100 万的城市，将按每月 800 元扣除。

从 2019 年 1 月 1 日开始，只要满足以上条件，就可以在纳税前，提供证明，将纳税工资按照国家规定标准进行定额扣除后，再将剩余部分，按工资比例纳税。

应纳税金额 = 月收入 − 起征点（5 000 元）− 专项附加扣除 − 依法确定的其他扣除

先计算出应纳税金额，再按照工资所属范围，进行纳税。

案例情景

陈先生 27 岁，上海市公务员，月可支配收入 12 000 元，有养老、医疗、职业年金、住房公积金，每月住房公积金账户 2 200 元。王小姐 25 岁，大学辅导员老师，月可支配收入 10 000 元，有养老、医疗、住房公积金，每月住房公积金账户 2 000 元。明年，陈先生和王小姐将喜结良缘，两人均为独生子女，双方家庭条件较好，父母都有退休工资，且能为小夫妻提供 200 万元的经济支持。二人每月日常开支 10 000 元，定期储蓄投资 4 000 元，剩余 8 000 元可用于住房开支。

面对结婚前是否要买房的问题，小夫妻存在意见分歧。陈先生认为买房要一步到位，等财力允许时再购买一套宽敞的学区房，暂时先在工作单位附近租房过渡。王小姐则认为可以先在工作单位附近购买一套小房子，等条件成熟再置换。陈先生和王小姐目前租住在单位附近，房屋面积 80 m^2，月租金 4 500 元，以 1 个月房租为押金，每年年初支付整年房租，房租增幅为 300 元/年。楼上同户型的房子正在出售，售价 300 万元。不论租房还是购房，二人决定在这里居住 5 年以上。为减轻还贷压力，首付款计划支付 200 万元。假设房贷利率为 5%，贷款年限 20 年，房屋维护成本为 8 000 元/年，资金的机会成本为 4%，预估房价每年上涨 1 000 元/m^2，从金融理财的角度看，陈先生和王小姐该如何选择？

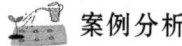 案例分析

一、年成本法

按照年成本法分别计算租房年成本和购房年成本，公式如下：

租房年成本 = 押金 × 机会成本率 + 年租金

购房年成本 = 首付款 × 机会成本率 + 贷款余额 × 贷款利率
　　　　　　+ 年维修费及税金 − 房价每年涨幅

租房与购房的年成本比较如表11−2所示。

表11−2　　　　　　　　　　租房与购房的年成本比较　　　　　　　　　　单位：元

年份	租房年成本	购房年成本
第1年	54 180	58 000
第2年	57 792	58 000
第3年	61 404	58 000
第4年	65 016	58 000
第5年	68 628	58 000

第一年租房与购房的年成本比较如下：

（1）租房年成本：$4\,500 \times 4\% + 4\,500 \times 12 = 54\,180$（元）

（2）购房年成本：$2\,000\,000 \times 4\% + 1\,000\,000 \times 5\% + 8\,000 - 1\,000 \times 80 = 58\,000$（元）

第二年租房与购房的年成本比较如下：

（1）租房年成本：$(4\,500 + 300) \times 4\% + (4\,500 + 300) \times 12 = 57\,792$（元）

（2）购房年成本：$2\,000\,000 \times 4\% + 1\,000\,000 \times 5\% + 8\,000 - 1\,000 \times 80 = 58\,000$（元）

第三年租房与购房的年成本比较如下：

（1）租房年成本：$(4\,800 + 300) \times 4\% + (4\,800 + 300) \times 12 = 61\,404$（元）

（2）购房年成本：$2\,000\,000 \times 4\% + 1\,000\,000 \times 5\% + 8\,000 - 1\,000 \times 80 = 58\,000$（元）

第四年租房与购房的年成本比较如下：

（1）租房年成本：$(5\,100 + 300) \times 4\% + (5\,100 + 300) \times 12 = 65\,016$（元）

（2）购房年成本：$2\,000\,000 \times 4\% + 1\,000\,000 \times 5\% + 8\,000 - 1\,000 \times 80 = 58\,000$（元）

第五年租房与购房的年成本比较如下：

（1）租房年成本：$(5\,400 + 300) \times 4\% + (5\,400 + 300) \times 12 = 68\,628$（元）

（2）购房年成本：$2\,000\,000 \times 4\% + 1\,000\,000 \times 5\% + 8\,000 - 1\,000 \times 80 = 58\,000$（元）

第一年和第二年的购房年成本高于租房年成本，租房比较划算；从第三年开始，租房年成本逐年高于购房年成本，意味着，居住时间超过三年，购房比租房更划算，且居住时间越长，购房的决策越合理。考虑到国务院印发的关于《个人所得税专项附加扣除暂行办法》的通知中规定，住房贷款利息和住房租金都可作为个人所得税专项扣除项，而陈先生和王小姐居住在上海，住房贷款利息按照每月 1 000 元的定额扣除，住房租金按照每月 1 500 元的定额扣除，500 元的定额扣除差额节省的个税十分有限，不能起到决定性影响。

除此之外，影响租购房决策的还有表 11-3 列示的多种因素，遇到不同现实情况还需要具体分析。比如，如果预期 5 年内房价涨幅高于预估的 1 000 元/年，或者 5 年内房租涨幅高于 300 元/年，则买房更划算。

表 11-3　　　　　　　　　　其他影响租购房决策的因素

影响因素	影响机制
房价成长率	成长率越高，购房者获利越大，购房越划算
房租成长率	成长率越高，租房成本越高，购房越划算
居住时间	时间越长，购房越划算
利率水平	利率水平越高，租房越划算
机会成本率	若机会成本率低于房贷利率，则贷款成数越低，购房越划算
房屋的持有成本	持有成本越高，租房越划算
租房押金	押金越高，购房越划算

二、净现值法

（一）租房的现金流计算

CF_0 = 租房押金 + 第 1 年租金 = $-(4\,500 + 4\,500 \times 12)$ = $-58\,500$（元）

CF_1 = 第 2 年租金 = $-[(4\,500 + 300) \times 12]$ = $-57\,600$（元）

CF_2 = 第 3 年租金 = $-[(4\,800 + 300) \times 12]$ = $-61\,200$（元）

CF_3 = 第 4 年租金 = $-[(5\,100 + 300) \times 12]$ = $-64\,800$（元）

CF_4 = 第 5 年租金 = $-[(5\,400 + 300) \times 12]$ = $-68\,400$（元）

CF_5 = 租房押金 = 4 500 元

（二）购房的现金流计算

CF_0 = $-2\,000\,000$ 元

净现值法中房贷计算的是本利平均摊还额 PMT = $-80\,242.59$ 元，5 年后房贷余额为 832 890.62 元。

[可用 excel 财务函数或金融计算器计算本利平均摊还额 PMT（$n=20$，$I=5\%$，$PV=1\,000\,000$，$FV=0$）。]

$CF_1 = CF_2 = CF_3 = CF_4 =$ 年房贷本利摊还额 + 年维护成本
$= -(80\,242.59 + 8\,000)$
$= -88\,242.59$（元）

$CF_5 =$ 第 5 年年底房屋出售额 − 第 5 年房贷本利摊还额 − 第 5 年维护成本
 − 第 5 年年底房贷余额
$= 3\,400\,000 - 80\,242.59 - 8\,000 - 832\,890.62$
$= 2\,478\,866.79$（元）

综上，不同年份下租房和购房的现金流测算如表 11-4 所示。

表 11-4　　　　　　　不同年份下的租房和购房现金流比较　　　　　　　单位：元

年份	租房	购房
期初 CF_0	−58 500	−2 000 000
第 1 年 CF_1	−57 600	−88 242.59
第 2 年 CF_2	−61 200	−88 242.59
第 3 年 CF_3	−64 800	−88 242.59
第 4 年 CF_4	−68 400	−88 242.59
第 5 年 CF_5	4 500	2 478 866.79

（三）针对不同贴现率水平测算租房和购房的净现值（见表 11-5）

表 11-5　　　　　　　不同贴现率水平下的租房和购房的净现值　　　　　　　单位：元

贴现率水平	租房	购房
贴现率 5%	−277 591.01	−370 646.86
贴现率 4%	−282 844.35	−282 863.55
贴现率 3%	−288 301.15	−189 714.12
贴现率 2%	−293 971.84	−90 817.82

由此可见，当贴现率等于 4%、5% 时，购房净现值小于租房净现值，租房更划算；当贴现率等于 2%、3% 时，购房净现值大于租房的净现值，且贴现率越低，两者的差额越大，购房相比租房划算。因此，依据净现值法的比较结果，陈先生和王小姐可基于对未来市场贴现率和利率走势的预判，做出租房或购房的抉择。

需要注意的是，影响租房和购房的因素多，很多因素是基于事前的假设来预测未来的，并以此进行租房和购房决策，但未来充满不确定性，并不一定与预测相符，即事后的结果与事先预测并不一定一致。

案例 12

二胎家庭置换房屋方案

背景知识

二手房按揭贷款是指个人在购买售房人具有房屋产权证、能在市场上流通交易的住房或商业用房时，自己支付一定比例首付款，其余部分以要购买的房产作为抵押，向机构申请的贷款。目前市面上住房贷款方式有：商业贷款、公积金贷款以及组合贷款。个人住房商业贷款是指中国公民因购买商品房面向银行申请的一种贷款，是银行用其信贷资金所发放的自营性贷款。住房公积金贷款是指由各地住房公积金管理中心运用职工以及所在单位所缴纳的住房公积金，委托商业银行向缴存住房公积金的在职职工和在职期间缴存住房公积金的离退休职工发放的房屋抵押贷款。组合贷款是指符合个人住房商业性贷款条件的借款人，同时缴存了住房公积金，在办理个人住房商业贷款的同时，还可以申请个人住房公积金贷款。

一、年收入概算法

年收入概算法是以年收入作为衡量可负担贷款的基础，在这种情况下，假定购房者可以有足够的资金或者渠道获得房子的首付款，则只需要考虑房价与年收入的关系即可。一般地，可以用下面的公式进行概算：

如果房贷前期只偿还利息，则：

最高可负担房价 = [（年收入 × 可负担房贷比率）÷ 房贷利率] ÷ 贷款成数

如果房贷是本利平均摊还，则：

最高可负担房价 = 可负担贷款金额 ÷ 贷款成数

其中，可负担贷款金额是通过将年收入乘以可负担房贷比率作为本利摊还额，用货币时间价值功能计算出来的。意味着在同样的收入下，房贷利率越低，可负担的房价越高；收入中可负担房贷的比率越高，可负担的房价越高。

二、等额本金还款方式

等额本金又称为利随本清、等本不等息还款法。贷款人将本金分摊到每个月内,同时付清上一交易日至本次还款日之间的利息。这种还款方式相对等额本息而言,总的利息支出较低,但是前期支付的本金和利息较多,还款负担呈逐月递减。

计算公式为:

每月还本付息金额 =(本金÷还款月数)+(本金-累计已还本金)×月利率

每月本金 = 总本金÷还款月数

每月利息 =(本金-累计已还本金)×月利率

还款总利息 =(还款月数+1)×贷款额×月利率÷2

还款总额 =(还款月数+1)×贷款额×月利率÷2+贷款额

每月的还款额不同,呈现逐月递减的状态;它是将贷款本金按还款的总月数均分,再加上上期剩余本金的利息,这样就形成月还款额,所以等额本金法早期的还款额较多,然后逐月减少,即越还越少。

三、等额本息还款方式

等额本息又称为定期付息,即借款人每月按相等的金额偿还贷款本息,其中每月贷款利息按月初剩余贷款本金计算并逐月结清。

由于每月的还款额相等,因此,在贷款初期每月的还款中,剔除按月结清的利息后,所还的贷款本金就较少;而在贷款后期因贷款本金不断减少、每月的还款额中贷款利息也不断减少,每月所还的贷款本金就较多。

计算公式为:

$$每月还本付息金额 = \frac{本金 \times 月利率 \times (1+月利率) \times 贷款月数}{(1+月利率) \times 还款月数 - 1}$$

每月利息 = 剩余本金×贷款月利率

$$还款总利息 = \frac{贷款额 \times 贷款月数 \times 月利率 \times (1+月利率) \times 贷款月数}{(1+月利率) \times 还款月数 - 1} - 贷款额$$

$$还款总额 = \frac{还款月数 \times 贷款额 \times 月利率 \times (1+月利率) \times 贷款月数}{(1+月利率) \times 还款月数 - 1}$$

每月的还款额相同,从本质上来说是本金所占比例逐月递增,利息所占比例逐月递减,月还款数不变,即在月供"本金与利息"的分配比例中,前半段时期所还的利息比例大、本金比例小,还款期限过半后逐步转为本金比例大、利息比例小。

四、2019 年南京市购买住宅房产的相关政策规定

（一）限购政策

在六合区、溧水区、高淳区范围内，暂停向已拥有 1 套及以上住房的非本市户籍居民家庭出售住房，包括新建商品住房和二手住房。

在主城区（不含六合区、溧水区、高淳区）范围内，暂停向已拥有 2 套及以上住房的本市户籍居民家庭出售住房，包括新建商品住房和二手住房。

非本市户籍居民家庭申请购买首套住房时，应提供自购房之日起前 3 年内在南京累计缴纳 2 年及以上个人所得税证明或社会保险（城镇社会保险）证明，非本市户籍居民家庭不得通过补缴个人所得税或社会保险购买住房。

（二）二套房的认定规定

由于"认贷不认房"，二套房的界定要简单些。如买家在银行征信系统里已登记有一条贷款买房的信息，贷款尚未结清，又申请贷款买房时，将界定该房为二套房或以上。常见的三种情况：

（1）贷款买过 1 套，商贷尚未还清，再次贷款买房；

（2）个人名下已有 2 套贷款购房，1 套已还清，1 套未还清，再次贷款买房；

（3）夫妻两人，一方婚前商贷购房，另一方婚前公积金贷款购房，婚后以夫妻名义共同贷款并且尚未还清，再次购房。

（三）个人住房商业贷款政策

（1）居民家庭首次购买普通住房（从未购置过住房），最低首付比例不低于 30%，贷款利率为基准利率。

（2）有购房贷款记录，但申请贷款购房时没有住房的居民家庭；有 1 套住房，但没有购房贷款记录的居民家庭或购房贷款已结清的居民家庭，申请个人住房贷款购买普通住房的最低首付款比例不低于 50%，商业贷款利率上浮 10%。

（3）居民家庭拥有 1 套住房且购房贷款未结清，再次申请商业性个人住房贷款购买普通住房的最低首付款比例不低于 80%，对于拥有两套及以上住房的居民家庭，暂停发放商业性个人住房贷款。

（四）个人住房公积金贷款政策

1. 首套住房

（1）复式楼（不分一、二套房）首付50%。

（2）精装修房首付30%。

（3）首次使用公积金贷款，首付款比例不低于20%。

2. 二套房

（1）已使用过一次住房公积金贷款并已结清购房贷款，建筑面积在144m^2以下的首付款比例不低于20%；建筑面积在144m^2以上的首付款比例不低于30%。

（2）已经使用过一次住房公积金贷款并尚未结清购房贷款，第二套房不能使用公积金贷款。

（3）二套房公积金贷款利率上浮10%。

3. 三套房

第三套房使用住房公积金贷款的不予受理。

五、住房公积金的缴存政策

公积金缴存是由职工个人公积金缴存和职工所在单位为职工公积金缴存两部分构成的，属于职工个人所有。个人公积金缴存的月缴存额为职工本人上一年度月平均工资乘以职工的公积金缴存比例；没有工作的人，以各地的低保标准作为缴费基准；单位为职工缴存的公积金的月缴存额为职工本人上一年度月平均工资乘以单位公积金缴存比例。公积金月缴存额上限为上一年度全市职工月平均工资的300%，分别乘以当年单位和职工住房公积金缴存比例。执行期为一个住房公积金年度，公积金缴存额上限每年公布一次。

公积金缴存方式如下：①直接缴存转账支票、现金（须填制《现金送款簿》）方式；②通过银行汇款方式；③委托银行收款方式；④支取住房基金方式。

六、公积金冲还贷款

公积金账户余额既可用于支付贷款首付，也可用于"年冲"或"月冲"。"年冲"是直接用公积金账户上的全部余额来冲抵贷款本金。但"年冲"须优先归还公积金贷款本金，同时，这种方法更适用于公积金账户余额较多，且贷款初期现金支出压力不大的购房者。另外，"年冲"之后，减少了贷款的本金，相应的每月还款额也会有所降低。使用"年冲"还需要满足一些条件：住房贷款必须满一年以后，才能办理冲抵本金的业务；在一般情况下，冲抵的本金额度不低于6个月还款额。

"月冲"又叫逐月还款法,是指银行逐月将公积金账户上的资金支取出来,用于偿付住宅贷款的本息,适用于每月公积金的进账额一般,小于月总还款额的购房者,可减轻贷款月供压力。

案例情景

刘先生今年40岁,担任南京某高科技公司总经理,月薪税后4万元,年终奖30万元,刘太太38岁,在一家民营企业担任部门主管,月薪税后2万元,年终奖10万元,两人每月生活费3万元。大儿子6岁,刚上小学,一年学费、兴趣班费用8万元。小女儿1岁,奶粉等生活用品每年花费4万元。另外,刘太太的父母都是75岁,目前身体情况开始下滑,越来越需要人照顾,每月给父母4 000元赡养费。每年的家庭保险费总额8万元。

二人名下有两室一厅住宅1套,市值600万元,贷款余额60万元,银行短期理财产品100万元。刘先生和刘太太住房公积金账户各有30万元、10万元,刘先生每月公积金账户缴存4 000元,刘太太每月公积金账户缴存3 000元。计划在今年购买一套九年一贯制学区房,目前看中一套价值1 000万元的学区房,房龄5年。如果要卖掉现有房子,可能要先租半年的房子。需要理财师帮助计算,刘先生的家庭收入是否能支撑置换1 000万元的学区房。

案例分析

一、家庭收入与支出的分析

家庭年度收支如表12-1所示。

表12-1 家庭年度收支表 单位:元

家庭收入		家庭支出	
刘先生	780 000	家庭日常开支	360 000
刘太太	340 000	儿子教育费用	80 000
		女儿抚养费	40 000
		父母赡养费	48 000
		保险费	80 000
合计	1 120 000	合计	608 000

从表12-1的数据可见,刘先生家庭每年可结余51.2万元,则每月可负担的房贷最高限额为4.26万元。刘先生家庭的资产负债情况如表12-2所示。

表 12-2　　　　　　　　　　　家庭资产负债表　　　　　　　　　　　单位：元

家庭资产		家庭负债	
住房	6 000 000	房贷	600 000
理财产品	1 000 000		
公积金账户	400 000		
合计	7 400 000	合计	600 000

从表 12-2 中的数据可见，若先将现住房出售，再购买学区房，刘先生家庭最高能支付 680 万元的首付款，其中包括 540 万元售房款，100 万元理财产品和 40 万元公积金账户余额。

二、测算换房能力

（一）先买房再卖房 VS 先卖房再买房

考虑先买房再卖房的顺序，最重要的是解决资金缺口问题，即使只相隔几个月，也需要提前借到一笔资金支付首付款。刘先生家庭有 100 万元短期理财和 40 万元公积金账户余额可用于支付首付款，计划首付款比例为 50%，则需要短期借贷 360 万元，若当前贷款利率为 4.35%，短期借款 6 个月，就需要支付 7.83 万元利息成本。这种方式的有利方面在于避免了短期租房的成本和周折，不利方面在于增加了购房成本。当然，前提是能获得短期借贷资金渠道，否则建议先卖后买。

若先卖后买，首要解决的是短期居住问题，需要支付租金，而且要经历一次搬家的辛劳。当然，如果旧房卖给投资者而非自住者，则可以售后回租的方式，付给旧房买主租金，直到搬入新房后为止。或者卖房时如果能与买方签订协议，将交房时间延长，也可以避免短期租房的麻烦（但是现实中，这种方式买方不一定能接受，或者可能被买方利用来压低出售价格）。

（二）年收入概算法

年收入作为衡量可负担贷款的基础，在这种情况下，假定购房者可以有足够的资金或者渠道获得房子的首付款，只需要考虑房价与年收入的关系即可。

如果在房贷前期只偿还利息的情况下，家庭年收入为 112 万元，可负担的房贷金额为 51.2 万元；商业房贷利率上浮 10%，为 5.39%；贷款成数为 50%，依据公式可得：

最高可负担房价 = [（年收入 × 可负担房贷比率）÷ 房贷利率] ÷ 贷款成数

= [（1 120 000 × 45.71%）÷ 5.39%] ÷ 50% = 18 996 363.64（元）

该家庭的年收入为 112 万元，最高可负担房价大概为年收入的 17 倍，根据房贷负担计算的房价上限，一般为年收入的 5~8 倍。由此可见，这套 1 000 万元的房屋在刘先生家庭的可承受范围内。

如果房贷是本利平均摊还，则：

最高可负担房价 = 可负担贷款金额 ÷ 贷款成数

其中，可负担贷款金额是通过将年收入乘以可负担房贷比率作为本利摊还额，是用货币时间价值功能计算出来的。在同样的收入下，房贷利率越低，可负担的房价越高；收入中可负担房贷的比率越高，可负担的房价越高。依据公式可得：

$I = 5.39\%$，$n = 20$ 年，$PMT = -511\ 952$ 元，$FV = 0$，可求 $PV = -6\ 174\ 247.84$ 元。

可负担房价 = 6 174 247.84 ÷ 50% = 12 348 495.68（元）。由此可见，这套 1 000 万元的房屋在刘先生家庭的可承受范围内。

（三）还款方式的选择

由于是二套住房，首付款 500 万元（首付比例 50%），公积金贷款利率上浮 10%，为 3.575%，商业贷款利率上浮 10%，为 5.39%，贷款期限 20 年，建议使用组合贷款方式，其中公积金贷款 100 万元，商业贷款 400 万元。

公积金可选择年冲和月冲两种，选择哪种方式才是正确的，取决于个人的现金流量以及还贷计划（是否打算提前还贷等），选择月冲并不妨碍提前还贷，购房者可以把每月节省的现金积攒到年底冲抵本金，而且可优先归还商贷本金。选择年冲，还贷初期的现金流压力可能较大，但是，一年过后，随着贷款本金的一次性冲抵，月供负担也将大幅减少。不过，年冲还需考虑冲还公积金贷款后，公积金贷款相对较低的利率将不再享有，而月冲更有利于积累现金，用以提前冲还商业贷款。根据刘先生家庭情况，首付款压力较小，月收入较高，而且年冲只能冲抵公积金贷款，建议选用月冲的方式还款。

1. 等额本息还款方式

根据测算，若选用等额本息还款方式（见表 12-3），每月还款额度为 33 105.79 元，夫妻双方公积金账户可抵扣 7 000 元，另需支付 26 105.79 元，尚在承受范围内。而且公积金账户余额为 40 万元，采用公积金余额月冲的方式，可以抵扣 12 个月月供，可以分担第一年的房贷压力。

表 12-3　　　　　　　　　　　　等额本息还款方式

期次	偿还本息（元）	偿还利息（元）	偿还本金（元）	剩余本金（元）
1	33 105.79	20 945.83	12 159.96	4 987 840.05
2	33 105.79	20 895.54	12 210.25	4 975 629.8
3	33 105.79	20 845.03	12 260.76	4 963 369.05

续表

期次	偿还本息（元）	偿还利息（元）	偿还本金（元）	剩余本金（元）
4	33 105.79	20 794.31	12 311.48	4 951 057.57
5	33 105.79	20 743.37	12 362.42	4 938 695.16
6	33 105.79	20 692.22	12 413.57	4 926 281.6
7	33 105.79	20 640.85	12 464.94	4 913 816.67
8	33 105.79	20 589.27	12 516.52	4 901 300.15
9	33 105.79	20 537.46	12 568.33	4 888 731.83
10	33 105.79	20 485.44	12 620.35	4 876 111.49
……	……	……	……	……
236	33 105.79	690.41	32 415.38	131 036.39
237	33 105.79	553.51	32 552.28	98 484.12
238	33 105.79	416.02	32 689.77	65 794.36
239	33 105.79	277.94	32 827.85	32 966.51
240	33 105.79	139.27	32 966.52	0

2. 等额本金还款方式

根据测算，若选用等额本金还款方式（见表12-4），第一个月还款额度为41 779.16元，每月递减87.27元。夫妻双方公积金账户可抵扣7 000元，另需支付34 779.16元，也在承受范围内。同样的，选用公积金余额月冲的方式，可以抵扣9个月月供，可以缓解前期的还款压力。

表12-4　　　　　　　　等额本金还款方式

期次	偿还本息（元）	偿还利息（元）	偿还本金（元）	剩余本金（元）
1	41 779.16	20 945.83	20 833.33	4 979 166.67
2	41 691.89	20 858.56	20 833.33	4 958 333.33
3	41 604.61	20 771.28	20 833.33	4 937 500
4	41 517.34	20 684.01	20 833.33	4 916 666.67
5	41 430.07	20 596.74	20 833.33	4 895 833.33
6	41 342.79	20 509.46	20 833.33	4 875 000
7	41 255.52	20 422.19	20 833.33	4 854 166.67
8	41 168.24	20 334.91	20 833.33	4 833 333.33
9	41 080.97	20 247.64	20 833.33	4 812 500
10	40 993.69	20 160.36	20 833.33	4 791 666.67
……	……	……	……	……
236	21 269.7	436.37	20 833.33	83 333.33

续表

期次	偿还本息（元）	偿还利息（元）	偿还本金（元）	剩余本金（元）
237	21 182.43	349.1	20 833.33	62 500
238	21 095.15	261.82	20 833.33	41 666.67
239	21 007.88	174.55	20 833.33	20 833.33
240	20 920.6	87.27	20 833.33	0

从等额本息还款方式与等额本金还款方式的比较来看（见表12-5），等额本息还款方式的每月还款金额相同，等额本金还款方式的首次还款金额最高，往后每月递减；等额本息还款方式的还款总额高于等额本金还款方式。因此，等额本金还款方式既适合月还款能力较强的家庭（相比等额本息还款方式，可节省贷款利息的支出），也适合计划提前还贷的家庭。

表12-5　　　　　　等额本息还款方式和等额本金还款方式的比较

类型	等额本息还款	等额本金还款
月供	33 105.79 元	41 779.16 元（每月递减87.27元）
公积金余额	100 万元	100 万元
公积金年限	20 年	20 年
商贷金额	400 万元	400 万元
商贷年限	20 年	20 年
利息总额	294.54 万元	252.4 万元
还款总额	794.54 万元	752.4 万元

需要注意的是，基于新税法，刘先生首套住房的房贷属于个税的专项附加扣除项目，可减少个税缴纳额度。置换房产后，则不再享受个税抵扣，家庭个人缴纳额度增加。另外，由于购置了高价房产，每月还款压力增大，家庭抗击风险的能力减弱，因此家庭保险配置需重新调整，应适当增加保额（重点可考虑定期寿险），以提高家庭保障力度。

案例 13

单亲离异家庭退休规划

背景知识

退休养老规划是指为保证个人在将来有一个自立、尊严、高品质的退休生活，而从现在开始积极实施的规划方案。中国目前处于人口老龄化加速阶段。据有关数据统计，截至 2018 年底我国 60 岁以上老年人口数量已近 2.5 亿人，占总人口的 17.9%，已经进入深度老龄社会，而到 2034 年这个比例将上升到 22.8%，进入超级老龄社会。养老的任务日益艰巨，仅靠社会养老保险和企业年金远远不能胜任。而中国的独生子女政策又使家庭面临"4-2-1"现象，即两对祖父母和一对父母必须由一个子女赡养。因此，养老将更多地增加个人负担。

一、退休养老规划的原则与要求

（一）尽早开始计划，建立专项账户

退休养老规划应尽早做出安排、避免起步太晚，一般应至少提前 20 年进行准备，才能比较轻松地应对。并应建立专项的养老投资基金账户，至少应将年收入的 10%～20% 拨入退休投资基金中。

（二）投资讲究安全，但要保持一定的收益率

用来养老的资金在进行投资选择时，应特别注意投资的安全性，尽量规避投资风险，绝对不能出现亏损。但同时也应保持一定的收益率，能够抵御通货膨胀所带来的风险。

（三）满足不同的养老需求，应有一定的弹性

个人退休规划实践跨度比较长，贯穿生命中的多个阶段。因此，理财师需要考虑客户退休规划中可能面临的各种风险，如实际余寿高于客户的预期而导致养老金的不足、职业

生涯的不确定性、家庭养老方式的转变、消费升级、疾病导致的健康损失和医疗费用、通货膨胀、利率汇率波动、投资风险等风险因素,因此,理财师在为客户制定退休规划时,应多方位综合考虑,保持一定的弹性,并根据客户实际情况的变化动态适时地调整退休规划方案。

二、退休养老规划需要考虑的因素

(一)退休年龄及退休后的生活时间

理财师应根据客户的年龄、工作性质及预期寿命来确定其退休后的生活时间,并应考虑提早退休和预期寿命增加等个性化风险与不确定性因素。

(二)退休期间需要的生活水平

理财师应了解客户目前家庭的财务现状与收支状况以及客户对退休后生活质量的预期与要求,从而来确定客户退休期间所需要的生活水平及所需费用。

(三)利率与通货膨胀的长期走势

利率和通货膨胀的变动都将极大地影响到客户家庭的当期与未来支出水平,进而影响到养老需求的评估与计算。因此,理财师应对这些经济变量的长期走势有一个基本的预期与估测。

(四)其他不确定性因素

其他不确定性因素包括但不限于职业生涯的不确定性、经济衰退的可能性、养老方式的转变、消费升级等风险因素。

三、退休养老规划的主要内容与步骤

作为一名理财师,退休规划的实施主要涉及以下工作:建立和界定客户关系、估算养老需求、确定退休规划目标、测算养老资产供给和缺口、制定理财策略。其中,应重点涉及四大问题:一是客户的养老需求分析与测算;二是客户的养老供给分析与测算;三是对养老金缺口的分析;四是设计符合客户投资偏好的投资组合计划。

图 13-1 所示为退休养老规划的基本程序。

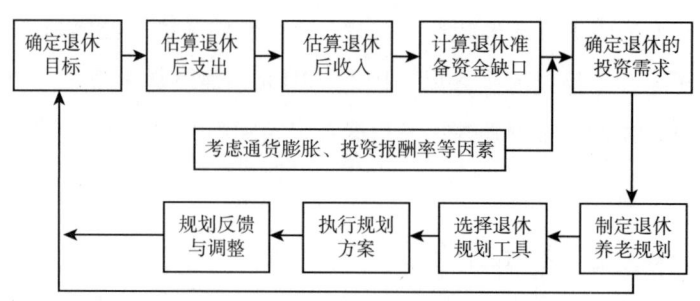

图 13-1 退休养老规划的基本程序

（一）养老需求分析与测算

1. 养老需求分析——养老保障的四大要素

养老需求是指老年生活全部财务需求在当前或退休时点的现值。退休规划首先需满足四项基本需求，即养老保障的四大要素：养老现金、医疗保健、老年住房、养老服务的购买等（见表 13-1）。

表 13-1　　　　　　　　　　　　养老保障的四项基本需求

要素序列	要素名称	要素的主要功能	评价指标
第一要素	养老现金	保障老年人的日常开支	替代率为 60%~80%
第二要素	医疗保健	分担老年人的医疗费用	分担率为大于 90%
第三要素	老年住房	保障老年人的住房需求	人均 30m²，具备老年生活设施
第四要素	养老服务	保障老年人购买服务的能力	形成基本老年服务需求购买力（家政及护理等）

其中，养老现金主要是为满足客户退休后的日常生活支出需求，主要包括食品烟酒、衣着、居住、交通通信、生活用品及服务、文教娱乐、医疗保健、其他等八大类支出，其应达到社会平均工资的 60%~80% 的替代率水平；医疗保健费用与年龄增长水平正相关，主要包括疾病诊治、病发期的保健护理、心理健康疾病疏导和人文关怀等，其分担率应达到 90% 以上；养老住房需求主要是为保障老年人住有所居的需求，通常是通过住房公积金计划、购房计划、养老机构或养老公寓等方式，按照人均 30m²、并具备老年生活设施的标准来进行设定；养老服务需求主要是为了保障老年人购买养老服务的能力，主要包括家政服务、保健护理、旅游娱乐、法律援助等服务产品和家居用品、日用品等物质产品，以及权益保护、家庭关爱、文化艺术等精神产品方面的需求。

2. 养老需求测算

（1）养老基本数据要求。①客户的基本家庭情况，主要包括：家庭成员、年龄、职业、收支基本情况、健康状况、保障情况等基础信息；②财务信息：客户家庭的资产负债、收支储蓄和风险偏好等；③宏观信息：工资增长率、通胀率、GDP和投资收益率、利率等宏观经济信息、社会保障政策信息、金融产品信息等；（一般通过相关权威数据而进行合理假设）④目标信息：主要包括客户的四大养老需求信息和客户的其他退休规划目标和预期寿命等。

（2）日常生活支出需求测算。在上述基本数据和宏观经济数据被合理假设的基础上，进一步计算出客户退休所需的日常生活支出需求。测算一般分以下几步：①计算客户退休前一年的日常生活开支；②计算客户退休第一年所需的日常生活开支；③计算客户退休后保持同样生活水准的日常生活总费用。

（3）医疗保健需求测算。主要是根据客户的健康状况、遗传病况、老年人的患病概率、主要病种、持续时间、疾病费用和生存概率（生命表）等因素简单地计算出客户退休后每年需要的医疗费用开支在当年的现值。

老年医疗费用计算公式为：

$$M_j = \sum_{i=1}^{n} P_j P_{ji} m_i$$

其中，M_j 为 j 岁的老人在该年度的总医疗费用；P_j 为 j 岁时老人的生存概率；P_{ji} 为 j 岁的老人患有 i 疾病的概率；m_i 为治疗该疾病的平均医疗费用，数值可参考表13-2。

表13-2　　中国人身保险业养老类业务经验生命表（2010—2013年）

年龄（岁）	男性生存概率	女性生存概率	年龄（岁）	男性生存率	女性生存率	年龄（岁）	男性生存率	女性生存率
55	0.996 779	0.99 855	70	0.989 112	0.99 334	85	0.917 777	0.948 384
56	0.996 531	0.998 415	71	0.987 92	0.99 254	86	0.908 761	0.942 354
57	0.996 269	0.998 264	72	0.986 45	0.991 631	87	0.899 100	0.935 916
58	0.995 986	0.998 095	73	0.984 613	0.990 564	88	0.888 679	0.929 058
59	0.995 677	0.997 903	74	0.982 314	0.98 927	89	0.877 392	0.921 759
60	0.995 34	0.997 685	75	0.979 461	0.987 668	90	0.865 130	0.913 997
61	0.994 966	0.997 439	76	0.975 983	0.985 685	91	0.851 788	0.905 751
62	0.994 552	0.997 164	77	0.971 838	0.983 266	92	0.837 258	0.896 998
63	0.994 091	0.996 863	78	0.967 022	0.980 381	93	0.821 434	0.887 719
64	0.993 578	0.996 532	79	0.961 563	0.977 029	94	0.804 207	0.877 891
65	0.993 012	0.996 165	80	0.955 508	0.97 323	95	0.785 501	0.867 460
66	0.992 39	0.995 746	81	0.948 914	0.969 011	96	0.765 350	0.856 243
67	0.991 708	0.995 260	82	0.941 827	0.964 402	97	0.743 820	0.844 021
68	0.990 954	0.994 698	83	0.934 278	0.959 424	98	0.720 975	0.830 579
69	0.990 103	0.994 057	84	0.926 271	0.954 085	99	0.696 880	0.815 699

资料来源：中国保监会官网。

（4）居住需求测算。以退休时点为界，可分为有房需求和无房需求两种情况来进行测算。这点可参考住房规划中有关租房或购房成本、购房规划、换房规划中的知识来进行测算。

（5）养老服务需求测算。这点主要需根据客户的养老服务需求、预期寿命和相关费用等测算出客户在退休时点的现值。

（6）其他养老需求测算。主要是结合客户的某些特殊养老需求，如：旅游、娱乐、交友、兴趣爱好，按照期初年金模式计算出相应项目费用在退休时点的现值。

（二）养老供给的分析与测算

1. 基准点的设定

对养老需求的测算一般是以退休时点为基准点，按照期初年金计算养老需求在退休时点的现值 PV，相应地，养老供给的测算一般是以退休时点为基准点，按照期末年金来计算养老供给在退休时点的终值 FV。

2. 养老供给的主要内容

（1）规划起点所趸交的养老资产；

（2）客户在养老资产积累期间形成的自有储蓄；

（3）权益资产：包括社会基本养老保险、企业年金等补充养老保险、商业养老保险、公司期权、股票资产等，以及住房公积金、国家基本医疗保险等个人账户余额；

（4）投资收益：全部资产的投资增值收益；

（5）其他供给：遗产继承、退休后的兼职收入、偶然获得等。

3. 养老供给的测算

（1）养老金供给测算。

①社会基本养老保险。基本养老保险是国家根据法律、法规的规定，强制建立和实施的一种社会保险制度。按照这一制度，城镇职工只要有正常工作，并按时足额缴纳社会保险费满 15 年，当男性年满 60 岁，女性干部年满 55 岁（工人年满 50 岁）退休时，都可以享受按月计发基本养老金的待遇。按照最新的养老金计算办法，职工退休时的养老金由两部分组成，它们之间的关系是：

社会基本养老金 = 社会统筹账户养老金 + 个人账户养老金

参保单位（指各类企业）的单位缴费费率确定为 20%，个人缴费费率确定为 8%，个体工商户及其雇工，灵活就业人员及以个人形式参保的其他各类人员，根据缴费年限实行差别费率。参加基本养老保险的个体劳动者，缴费基数在规定范围内可高可低，多交多受益。

目前，我国城镇企业职工基本养老金的计发办法采取"新人新制度、老人老办法、中人逐步过渡"的方式。1997年，国务院发布了《关于建立统一的企业职工基本养老保险制度的决定》（国发〔1997〕26号）（以下简称《决定》），从而确立了社会统筹与个人账户相结合的基本养老保险制度。在该文件中提出了"老人老办法，新人新办法，中人中办法"。

其中，所谓"老人老办法"是指在统一制度实施前（1997年12月31日）已经退休的人员，其基本养老金的支付仍按照当地规定的标准发放，并享受养老金正常调整时增发的补贴。

所谓"中人中办法"是指在统一制度实施前参加工作，实施后退休的职工，其退休待遇具有一定特殊性，其基本养老金计算方法为：

"中人"养老金 = 基础养老金 + 个人账户养老金 + 过渡性养老金

其中：基础养老金 = 退休前一年全市职工月平均工资 × 20%（缴费年限不满15年的按15%）

个人账户养老金 = 个人账户本息和 ÷ 120

过渡性养老金 = 指数化月平均缴费工资 × 1997年底前缴费年限 × 1.4%

所谓"新人新办法"是指在《决定》实施后（1998年1月1日）参加工作的参保人员，其缴费年限累计满15年的，退休后将按月发放基本养老金，其基本养老金由基础养老金和个人账户养老金组成。其基本养老金计算公式为：

基本养老金 = 基础养老金 + 个人账户养老金

按照国家2005年发布的《国务院关于完善企业职工基本养老保险制度的决定》（国发〔2005〕38号），自2006年1月1日起，个人账户的规模统一由本人缴费工资的11%调整为8%，全部由个人缴费形成，单位缴费不再划入个人账户。同时，相应调整了基本养老金计发办法。根据目前最新的基本养老金计算方法，其中：

基础养老金 = 〔本市上年度在岗职工月平均工资 × (1 + 本人平均工资指数)〕÷ 2
× 本人全部缴费年限（工龄）× 1%

（其中，全部缴费年限 = 视同缴费年限 + 个人账户年限 = 退休时间 − 参加工作时间 − 扣减年限）

个人账户养老金 = 个人账户累计储存额 ÷ 计发月数

其中，计发月数的计算方法为：

$$M = 12 \times \frac{1 - (1+i)^{-(Y_d - Y_r)}}{i} \times (1+i)$$

其中：M 为计发月数；Y_d 为城镇人口平均预测寿命；Y_r 为退休年龄；i 为未来年记账

利率或投资收益率。

表 13-3 所示为个人账户养老金计发月数表。

表 13-3　　　　　　　　　　个人账户养老金计发月数表

退休年龄	计发月数	退休年龄	计发月数	退休年龄	计发月数	退休年龄	计发月数
40	233	48	204	56	164	64	109
41	230	49	199	57	158	65	101
42	226	50	195	58	152	66	93
43	223	51	190	59	145	67	84
44	220	52	185	60	139	68	75
45	216	53	180	61	132	69	65
46	212	54	175	62	125	70	56
47	208	55	170	63	117		

资料来源：国发〔2005〕38号的附件。

以 60 岁为例，全国第五次人口普查 0 岁的预期寿命为 75.21 岁，按照利率 4% 来计算，将相关参数带入后 $M = 138.76$，四舍五入后为 139。

机关事业单位的养老金制度改革是从 2015 年开始的。2015 年 1 月 14 日，国务院印发《关于机关事业单位工作人员养老保险制度改革的决定》（以下简称《决定》），《决定》自 2014 年 10 月 1 日起，对现行机关事业单位工作人员退休保障制度进行改革，实行社会统筹与个人账户相结合的基本养老保险制度，由单位和个人共同缴费，同时改革退休金计发办法，从制度和机制上化解"双轨制"矛盾。《决定》规定，基本养老保险费由单位和个人共同负担。单位缴纳基本养老保险费（以下简称单位缴费）的比例为本单位工资总额的 20%，个人缴纳基本养老保险费（以下简称个人缴费）的比例为本人缴费工资的 8%，由单位代扣。按本人缴费工资 8% 的数额建立基本养老保险个人账户，全部由个人缴费形成。个人工资超过当地上年度在岗职工平均工资 300% 以上的部分，不计入个人缴费工资基数；低于当地上年度在岗职工平均工资 60% 的，按当地在岗职工平均工资的 60% 计算个人缴费工资基数。《决定》要求，个人账户储存额只用于工作人员养老，不得提前支取，每年按照国家统一公布的记账利率计算利息，免征利息税。参保人员死亡的，个人账户余额可以依法继承。

同时，要求机关事业单位在参加基本养老保险的基础上建立职业年金制度。职业年金由两部分构成：一是单位按本单位工资总额的 8% 缴费，二是个人按本人缴费工资的 4% 缴费。工作人员退休后，按月领取职业年金待遇。

退休待遇的计发办法也是采用"老人老办法，新人新办法，中人中办法"。"老人"即本次改革前已经退休的人员，继续按国家和本地区规定的原待遇项目（标准）发放基本养老金，今后参加待遇调整；"新人"即改革后参加工作的人员，基本养老金由基础养老金和个人账户养老金组成；"中人"即改革前参加工作、改革后退休的人员，基本养老金由基础养老金、个人账户养老金、过渡性养老金组成，并设立10年过渡期，过渡期内实行新老待遇计发办法对比。

其中，"中人"养老金的计发比较复杂。一般采取"保低限高"的原则计发："保低"，即新办法计发待遇（含职业年金待遇）低于老办法待遇标准的，按老办法待遇标准发放，保持待遇不降低；"限高"，即新办法计发待遇（含职业年金待遇）高于老办法待遇标准的，超出的部分根据退休时间按比例加发。

"中人"待遇计发标准 = 基本养老金 + 职业年金 = 基础养老金 + 过渡性养老金
   + 个人账户养老金 + 职业年金

其中：

基础养老金 = 退休时本省市地区上年度在岗职工月平均工资
   × (1 + 本人平均缴费工资指数) ÷ 2 × 缴费年限 × 1%

本人平均缴费工资指数 = (视同缴费指数 × 视同缴费年限 + 实际平均缴费指数
   × 实际缴费年限) ÷ 缴费年限

过渡性养老金 = 退休时全省上年度在岗职工月平均工资 × 本人视同缴费指数
   × 视同缴费年限 × 过渡系数(1.2%)

个人账户养老金 = 退休时本人基本养老保险个人账户累计储存额 ÷ 计发月数

职业年金 = 本单位工资总额 × 8% + 本人缴费工资 × 4%

在目前的大数据时代，我们可以在国家社会保险公共服务平台门户网查询个人的社会保险账户情况，并有非常方便的养老金测算工具，可以自行测算自己在未来退休时点的养老金水平。

②企业年金。企业年金即企业补充养老保险，是指企业及其雇员在依法参加基本养老保险的基础上，依据国家政策和本企业经济状况建立的，旨在提高雇员退休后的生活水平，对社会基本养老保险进行重要补充的一种养老保险形式，是我国正在完善的城镇职工养老保险体系的"第二支柱"。

企业年金所需费用由企业和职工个人共同缴纳，建立个人账户，与企业资产实行分账管理。雇主和雇员分担缴费义务的比例，有的是1:1，但总体上雇主多缴、雇员少缴或不缴的情况比较常见。企业缴费每年不超过本企业上年度职工工资总额的1/12（相当于工资总额的8.33%）。企业缴费和职工个人缴费合计一般不超过本企业上年度职工工资总额的 1/6（相当于工资总额的 16.7%）。

我国现行的企业年金模式为缴费确定型企业年金（DC 计划）。通过建立个人账户的方式，由企业和职工定期按一定比例缴纳保险费（其中职工个人少缴或不缴费），职工退休时的企业年金水平取决于企业的资金积累规模及其投资收益。

③个人商业养老保险和养老储蓄。该项供给主要是根据客户所购买的商业养老保险与养老储蓄的情况来进行确定。

（2）医疗保健供给测算。现有的医疗保障主要包括城镇职工基本医疗保险及补充医疗保险、城乡居民基本医疗保险、商业医疗保险等。一般而言，老龄人口的医疗费用是青年人口的 3~4 倍，因此，退休规划中，医疗保健计划显得非常重要，一般建议客户应当积极参加基本医疗保险和补充类型的医疗保险计划，以分担年度医疗费用的 70%~80%，再通过购买商业健康险分担医疗费用的 10%~20%，这样就可以将个人所需要承担的医疗费用降至 10% 以下。

基本医疗保险是目前中国社会保险制度中覆盖范围最广的险种之一。我国从 1999 年开始在全国范围内建立了职工基本医疗保险制度。基本医疗保险费由用人单位和个人共同缴纳，用人单位缴费率为职工工资总额的 6% 左右，职工缴费率一般为本人工资收入的 2%。基本医疗保险基金由社会统筹使用的统筹基金和个人专项使用的个人账户基金组成。个人缴费全部划入个人账户，单位缴费按 30% 左右划入个人账户，其余部分建立统筹基金。个人账户专项用于本人医疗费用的支出，可以结转使用和继承，个人账户的本金和利息归个人所有。

只有当所发生的医疗费用符合基本医疗保险药品目录、诊疗项目、医疗服务设施标准的范围和给付标准时，才能由基本医疗保险基金按规定予以支付。超出部分，基本医疗保险基金将按规定不予支付。属于统筹基金支付范围的医疗费用，超过起付标准以上的由统筹基金按比例支付，最高支付到"封顶额"为止，"封顶额"以上的费用则全部由个人支付或通过参加补充医疗保险、商业医疗保险等途径解决。起付标准以下的医疗费用由个人账户解决或由个人自付。

不同地区的经济发展情况有所不同，医疗费用的报销比例也有所差异。例如，上海市的城镇职工医疗保险水平虽然在全国处于前列，但一旦不幸患上重疾，2018 年的最高限额也仅为 51 万元，很多自费药、ICU 费用均不在报销的范围之内，因此，必须通过购买商业医疗保险来进一步弥补社会基本医疗保险的"短板"。否则，以目前的医疗费用水平来看，一旦患上重疾，个人家庭所承受的医疗费用负担将比较重。上海市 2018 年的城镇职工医疗报销比例情况如表 13-4 和表 13-5 所示。

表 13 - 4　　　　　　　　　2018 年上海城镇职工医保门诊报销比例

类别	年龄	免赔额	报销比例		
			一级医院	二级医院	三级医院
在职职工	44 周岁以下	1 500 元	65%	60%	50%
	45 周岁以上	1 500 元	75%	70%	60%
退休人员	69 周岁以下	700 元	80%	75%	70%
	70 周岁以上	700 元	85%	80%	75%
	原退休老人	300 元	90%	85%	80%

表 13 - 5　　　　　　　　　2018 年上海城镇职工医保住院报销比例

类别	年龄	起付标准	报销比例	限额
在职职工	44 周岁以下	1 500 元	85%	51 万元
	45 周岁以上	1 500 元	85%	
退休人员	69 周岁以下	1 200 元	92%	
	70 周岁以上	1 200 元	92%	
	原退休老人	700 元	92%	

(3) 居住供给测算。改善老年人居住条件的主要经济来源有：一是利用住房公积金账户累计额；二是将已有住房变现置换为新房；三是有养老现金结余的，也可以用于满足居住需求。

(4) 养老服务供给测算。一般满足养老服务需求的主要来源有：一是前期专门为养老进行的储蓄；二是参加养老护理保险；三是利用社区提供的养老服务。

(三) 养老金缺口的分析

通过上述对养老金需求与供给的测算后，接下来可以计算养老费用的缺口，即需靠退休储备来解决的部分资金缺口。

养老金缺口 = 退休时点的养老金需求价值 - 退休时点的养老金供给价值

(四) 设计符合客户投资偏好的投资组合计划

根据客户的风险偏好、资产与储蓄水平及养老金缺口，为客户设计合理的投资组合计划，帮助客户积蓄退休所需的储备基金。

案例情景

王女士是一名企业会计,现年40岁,本科学历,离异;女儿15岁,目前正在上高一。目前家庭资产状况是:一套60m²,价值80万元的自住房产;积蓄3万元。目前收支状况是:本人月薪5 000元,年收入6万元,孩子的父亲每年支付抚养费1.2万元;王女士及女儿每年基本生活费约为5.5万元。女儿学费及补课费每年1.1万元,每年给父母的生活赡养费4 000元。王女士是2004年参加工作的,没买过商业保险,只是按国家规定缴纳了各种社会保险费和住房公积金,中间没有中断过,无企业年金。

王女士目前健康状况良好,准备55岁退休,期望可以活到80岁。打算将自己的全部积蓄都留给女儿用作大学的教育开支,家中唯一的这套房产打算留给自己养老。希望退休后至少能过上与现在品质相同的生活,也非常希望退休后每年能有1万元的费用出去旅游,直至70岁。由于王女士对理财知识懂得较少,因此投资比较保守,一般有点钱就存银行,没有什么投资经验。王女士对女儿没有太高的要求,只希望女儿以后能有好的工作、好的家庭,能照顾好自己,不再需要她操心就好了,也不想给女儿压力,因此,王女士想靠自己的积蓄和社保养老,就不用女儿赡养了。当然,如果将来女儿有能力资助一些,自己也能改善一下生活,至于退休的全部费用则完全立足于自己准备。

案例分析

一、客户的基本信息与假设

(一) 客户家庭的基础信息

王女士家庭的基础信息一如表13-6所示。

表13-6 王女士的家庭基础信息一

姓名	王女士	年龄	40	健康状况	良好
学历	大学本科,会计师				
职业	白领,规范用工,会计,收入比较稳定				
专长	财务管理				
家庭人数	离异,母女2人				
薪酬	年薪6万元,孩子父亲抚养费1.2万元,无其他收入				
资产	自住房60m²,价值80万元,积蓄3万元,无负债				
支出	日常生活支出每年5.5万元,女儿学费及补课费每年1.1万元,父母生活赡养费0.4万元/年				
保障情况	社会保险:养老保险、医疗保险、失业保险、住房公积金				

经过对王女士家庭的进一步家计调查，结合对法定福利和单位福利相关政策和部分假设数据，形成用于测算王女士既得养老资产状况的基础信息二，如表 13-7 所示。

表 13-7　　　　　　　　　　　王女士的家庭基础信息二

项目	数据	项目	数据
年薪增长率	3%	社保缴费基数（月）	5 000 元
养老保险已缴费年限	15 年	养老保险账户累积额	35 000 元
医疗保险已缴费年限	15 年	医疗保险账户累积额	12 000 元
公积金已缴费年限	15 年	公积金账户累积额	125 000 元
退休年龄	55 岁	预期余寿	25 年

（二）客户家庭的财务信息

根据王女士的家庭负债表和收支储蓄情况，制定客户的资产负债表和收入支出表，依次如表 13-8 和表 13-9 所示。

表 13-8　　　　　　　　　　　王女士家庭的资产负债表

科目	金额（万元）
资产	
投资性资产	3
自用性资产	80
资产合计	83
负债	
负债合计	0
净值	83

表 13-9　　　　　　　　　　　王女士家庭的年度收入支出表

科目	金额（万元）
收入	
工作收入	6
女儿的赡养费	1.2
收入合计	7.2
支出	
日常生活支出	5.5
女儿补课费	1.1
父母赡养费	0.4
支出合计	7
储蓄	0.2

(三) 宏观信息及相关假设 (见表 13-10)

表 13-10　　　　　　　　　宏观信息及相关假设

项目	增长率/额	项目	增长率/额
通货膨胀率	3%	房价增长率	3%
上年本地区社会平均工资（月）	3 500 元	社保缴费基数（月）	5 000 元
社会平均工资增长率	3%	养老保险个人缴费比例	8%
月平均缴费工资指数	1.43（5 000÷3 500）	社保基金投资收益率	2%
基本养老金发放水平	每期不变	医疗保险个人缴费比例	2%
公积金账户投资报酬率	2%	公积金个人缴费比例	12%
一年期储蓄存款年利率	1.8%	货币基金年均回报率	3%
债券基金年均回报率	4%	指数基金年均回报率	6%

(四) 客户的退休规划目标信息 (见表 13-11)

表 13-11　　　　　　　　　王女士的退休规划目标

项目	内容
日常支出需求	替代率 80%
医疗需求	可以负担各种医疗费用
居住需求	退休时将房子简单装修，预计费用 10 万元
养老服务需求	预计 70 岁开始需要家政及护理服务
其他养老需求	退休后（55~70 岁）每年能有 1 万元费用用来旅游

二、养老需求测算

(一) 日常生活需求支出测算

根据前面有关王女士的相关数据信息：王女士现年 40 岁，当前的年日常生活支出费用为 5.5 万元，退休前后支出增长率为 3%，预计 55 岁退休，退休后日常生活支出替代率为 80%，预期寿命 80 岁，预期余寿为 25 年。由此，可以测算出王女士几项主要时间点的日常生活支出需求：

1. 退休前一年的日常生活支出为：

$55\ 000 \times (1 + 3\%)^{14} = 83\ 192.43$（元）

2. 退休第一年的日常生活支出为：

$83\ 192.43 \times 80\% = 66\ 553.95$（元）

3. 退休后日常生活支出在退休时点的现值为:

PV = $A \times t$ = 1 663 848.75(元),即约为 166.38 万元,这是一笔增长年金(期初),年金 A = 66 553.95,t = 25。

(二) 医疗保健需求支出测算

老年医疗费用计算公式为:

$$M_j = \sum_{i=1}^{n} P_j P_{ji} m_i$$

其中,M_j 为 j 岁的老人在该年度的总医疗费用;P_j 为 j 岁时老人的生存概率;P_{ji} 为 j 岁的老人患有 i 疾病的概率;m_i 为治疗该疾病的平均医疗费用。

表 13-12 所示为我国老人的糖尿病和高血压患病率。

表 13-12　　　　　　　　我国老人的糖尿病和高血压患病率

年龄	50~59 岁	60~69 岁	70 岁以上
糖尿病	4.5%	10%	15%
高血压	23.72%	39.22%	48.13%

案例中王女士目前 40 岁,身体健康状况良好,假设其未来可能患有糖尿病和高血压等常见的老年人疾病。根据目前的医疗费用调查数据来看,糖尿病和高血压等老年疾病年均医疗费用开支为 4 000~10 000 元(以下取上限计算)。那么,其退休后每年预计需要的医疗费用为:

50~59 岁每年预期医疗费用 = 100% × (4.5% + 23.72%) × 10 000 = 2 822(元)

60~69 岁每年预期医疗费用 = 100% × (10% + 39.22%) × 10 000 = 4 922(元)

70~80 岁每年预期医疗费用 = 100% × (15% + 48.13%) × 10 000 = 6 313(元)

假设王女士 55 岁退休后只可能患上糖尿病和高血压等常见的老年人疾病,退休后的生存概率符合现有的生命表。假设年利率 r 为 5%,按照预期寿命 80 岁计算,则王女士退休后每年医疗费用开支折算到退休第一年的现值为:

$$M_{55} = \frac{\sum_{i=1}^{n} P_j P_{ji} m_i}{(1 + 5\%)^{j-55}} = 70\ 094.62\ (元),即该项费用约为 7.01 万元。$$

(三) 居住需求测算

案例中王女士有一套自住房,也无换房计划,只是退休后需要简单装修一下,装修费用为 10 万元,因此,折算到退休时点的现值就是 10 万元。

（四）养老服务需求测算

案例中假设王女士从70岁开始需要养老服务机构提供家政、护理等服务项目，按照目前家政服务行情及未来人力资本价格上升趋势，保守估计每月需要的费用为6 000元，满足预期寿命80岁，需要服务10年，贴现率为3%。那么，届时王女士需要的养老服务费用为：

1. 按照期初年金模式计算该项费用在70岁时的现值为：

PV（3%，10，-72 000，0，1）=632 599.84，即该项费用约为63.24万元。

2. 再将其折算到退休时点的现值为：

PV（3%，15，0，-632 599.84，1）=406 041.77（元），即该项费用在退休时点的现值约为40.60万元。

（五）其他养老需求测算

案例中王女士希望退休后（55~70岁）每年能有1万元费用用来旅游，持续时间15年，折现率为3%，按照期初年金模式进行计算，可得到其在退休时点的现值为：

PV（3%，15，-10 000，0，1）=122 960.73（元），即该项费用约为12.30万元。

根据以上计算结果，可以得出满足王女士退休规划目标的养老需求总费用为：

日常生活需求支出（166.38）+医疗保健需求支出（7.01）+居住需求费用（10）+养老服务需求（40.60）+其他养老需求（旅游）（12.30）=236.29（万元）

三、客户的养老供给测算

养老需求的测算一般是以退休时点为基准点，按照期初年金计算养老需求在退休时点的现值PV。相应地，养老供给的测算一般是以退休时点为基准点，按照期末年金来计算养老供给在退休时点的终值FV。

（一）社会基本养老保险测算

案例中王女士是2004年参加工作的，故属于"新人"，养老金采取新办法。根据目前最新的基本养老金计算方法：

1. 基础养老金计算

基础养老金=〔本市上年度在岗职工月平均工资×（1+本人平均工资指数）〕

÷2×本人全部缴费年限（工龄）×1%

退休前一年度当地社会月平均工资为3 500×（1+3%）[15]=5 452.89（元），因此，统筹账户的基础养老金为=（5 452.89+5 452.89×5 000÷3 500）÷2×30%=1 986.41（元）

2. 个人账户养老金计算

按照王女士当前月工资 5 000 元，其 40 岁当期年缴费 = 5 000 × 8% × 12 = 4 800 元。同时，根据 $n=15$ 年，社保基金投资收益率 $i=2\%$，养老个人账户已累积额 PV = −35 000 元，PMT = −4 800 元，工资增长率 $g=3\%$，则王女士退休时点养老金个人账户累计额为 148 912.95 元，按照最新的养老金发放标准与计发月数来计算，即王女士退休后个人账户养老金为：148 912.95 ÷ 170 = 875.96（元）。

因此，王女士 55 岁退休时的国家基本养老金月待遇支付水平为：

1 986.41 + 875.96 = 2 862.37（元）

因此，王女士退休后 25 年，在贴现率为 3% 的条件下，按照期初年金计算模式，可以计算得到：PV(3%, 25, −2 862.37 × 12, 0, 1) = 616 057.89 元，即王女士的基本养老金在退休时点的现值约为 61.61 万元。

（二）个人养老储蓄测算

案例中王女士既没有企业年金，也没有购买商业养老保险和进行专门的退休养老储蓄，因此，该项目供给为零。

（三）医疗及保健供给测算

由于王女士既没有补充医疗保险，也没有购买商业医疗保险，只是王女士单位及其个人每年都正常缴纳了医疗保险，按照当地社会平均工资水平为 3 500 元/月，社会平均工资按年长率 3% 来进行计算，至王女士退休时点的当地社会平均工资为：FV(3%, 15, 0, 3 500, 0) = 5 452.89 元，即约为 5 453 元，社保封顶线为 5 453 × 12 × 4 = 26.2（万元），社保统筹报销比例为 80%。因此，预计最高医疗报销额为：26.2 × 80% = 20.96（万元）。

（四）居住供给预测

案例中王女士现有公积金账户余额 125 000 元，公积金个人缴费比例为 12%。因此，其当年累计额为：5 000 × 12 × 12% × 2 = 14 400（元），根据 $n=15$，$i=2\%$，PV = −125 000 元，PMT = −14 400 元，工资增长率 $g=3\%$ 来进行计算，则可计算出王女士退休时点所积累的公积金账户总额：FV = 473 656.22 元，即王女士退休时点公积金账户累计额约为 47.37 万元。

案例中王女士有一套 60 m², 价值 80 万元的自住房，没有购房与换房计划。因此，王女士在退休时可以一次性提取这笔住房公积金，并将其作为其养老金的一部分。

因此，王女士在退休时点的养老金供给总额为：基本养老金（61.61）+ 个人养老储蓄累计额（0）+ 最高医疗报销额（20.96）+ 住房公积金账户累计额（47.37）= 129.94（万元）。

四、客户养老金缺口的测算

根据以上有关王女士养老需求与养老供给的测算结果，满足王女士退休规划目标，在退休时点的养老需求总费用为236.29万元，养老金供给总额为129.94万元。因此，王女士在退休时点的养老金缺口为：236.29 – 129.94 = 106.35（万元）。

五、客户的养老金缺口解决方案与投资组合计划设计

案例中的王女士没有投资经验，家庭承受风险的能力也比较弱，投资偏于保守型，养老金缺口比较大，达到106.35万元，退休后的养老金替代率仅50%左右，因此，其所面临的财务风险与养老风险都比较大。需要采取多种方案来防范风险和解决其养老金缺口问题。

（一）定额储蓄与保险规划

按照王女士家庭目前情况，女儿正在上高一，离大学本科毕业至少还需要6年时间，其所有储蓄都用来支付女儿的学费与生活费。因此，这6年中基本没有积蓄。但从其女儿大学毕业后（即王女士46岁后）开始可以每年储蓄0.2万元（此时女儿的抚养费与学费及补课费两者可基本抵销）。鉴于王女士家庭抗风险能力比较弱，因此，建议王女士从47岁开始将每年所积蓄的0.2万元给自己购买1份兼备医疗保障和意外的医疗意外险，如人保的好医保，每年缴纳保费865元左右，则一般疾病及意外医疗保险金最高额可达到200万元，100种重大疾病医疗保险金可达到400万元。同时，建议王女士给自己和女儿购买一份家庭意外险。如，众安保险的无忧综合意外险、人寿保险的人保百万综合意外险等，每年缴纳的保费在200～300元，但意外险保额可达到100万元。如此，每年缴费额在1 200元左右，意外险与重大疾病医疗保险的保额可达到300万元～400万元，从而可以防范该家庭可能面临的各种医疗与意外风险。剩余的资金800元作为家里的应急准备金。

（二）以房养老，采取住房反向抵押贷款模式

王女士有一套60m²，价值80万元的自住房，可在其60岁时将该房子向银行申请住房反向抵押贷款以补充养老金供给，采取一次性支取方式，相关数据如下：

王女士60岁该房产的价值为：$H_0 = FV(3\%, 20, 0, -800\,000, 0) = 1\,444\,888.99$（元），按照经验生命表中最大岁数105岁来进行估算，申请人王女士的最大平均余寿为：$T = 105 - 60 = 45$（岁），住房反向抵押贷款的费用率 $a = 5\%$，住房价格的年均净增长率 $g = 3\%$，住房反向抵押贷款的年利率 $r = 7\%$，假设 $0 \leq t \leq 45$，$t \mid q_x$ 恒为0.021 7，按照以房养老的一次性支付模型，则有：

$$LS_{60} = H_0 \times (1 - \alpha) \times \sum_{t=0}^{T} \left(\frac{1+g}{1+r}\right)^{t+1} \times 0.021\ 7$$

其中，LS_{60} 表示申请人在年龄为 60 岁时的房产反向抵押所能得到的一次性支付总额。相当于求一个 46 期的期末增长型年金现值：

$$\begin{aligned}C &= H_0 \times (1-a) \times 0.021\ 7 \times (1+g) \\ &= 1\ 444\ 888.99 \times (1-5\%) \times 0.021\ 7 \times (1+3\%) \\ &= 30\ 679.98\ (元)\end{aligned}$$

根据 $n = 46$，$r = 7\%$，$PMT = 30\ 679.98$，$FV = 0$，$g = 3\%$，可以计算得到 $PV = 634\ 060.12$ 元，即王女士能从银行取得的最大贷款限额约为 63.41 万元。

（三）延长工作年限

王女士是一名会计师，具有大学本科学历，身体健康状况良好。因此，建议其可以延迟退休到 60 岁。即便原来单位要求 55 岁准时退休，其也可以退休后继续选择到其他单位供职 5 年。假定其 55～60 岁的月工资水平为 6 000 元，则其多工作 5 年所增加的收入为：$6\ 000 \times 12 \times 5 = 360\ 000$（元）。

（四）投资组合计划设计

鉴于王女士的养老金缺口达到 106.35 万元，建议王女士将其 55 岁退休时所一次性领取的住房公积金 47.37 万元和 60 岁所获得的住房反向抵押贷款 63.41 万元以及多工作 5 年所增加的 36 万元收入进行组合投资，购买货币基金和债券基金。因为货币基金兼具银行活期储蓄的功能，安全性比较强而且存取比较灵活方便，收益率一般要远高于银行的活期利率水平，通常为 2.5%～3%。债券基金的安全性也比较高，但收益略高于货币基金，通常为 3%～4%。具体而言，王女士可将其 55 岁退休时所一次性领取的住房公积金 47.37 万元购买货币基金，按照投资收益率 3% 进行计算，至其 80 岁时该项资金额为：$FV = 47.37 \times (1+3\%)^{25} = 99.18$（万元），其中投资收益为：$99.18 - 47.37 = 51.81$（万元）。

同时，王女士可将其 60 岁所获得的住房反向抵押贷款 63.41 万元和多工作 5 年所增加的 36 万元收入购买债券基金，按照投资收益率 4% 进行计算，至其 80 岁时该项资金额为：$FV = 99.41 \times (1+4\%)^{20} = 217.82$（万元）。再按照 3% 的折现率将以上两项累计额 269.63 万元（217.82 + 51.81）折现到其退休时点 55 岁的现值为：$PV(3\%, 25, 0, 269.63, 1) = 128.78$（万元）。

因此，通过以上 4 项组合方案，王女士在其退休时点的养老金缺口 106.35 万元可以得到弥补，并有一定的结余，其退休养老规划比较好地得以达成。

案例 14

中产家庭退休规划

背景知识

同前一案例。

案例情景

上海的陈先生是一名律师,今年54岁,太太49岁,他们有一个20岁的儿子,今年刚上大学。陈先生年薪约50万元,以现在的职位及未来发展前景来看,陈先生觉得在退休前的时间里基本上应该可以保持这个收入水平,不会有什么变动。陈太太是一名公职人员,月薪约1万元。儿子进入大学后,陈先生觉得再过6年就该退休了,现在儿子长大了,自己的主要任务完成了,也该为自己的退休养老生活作打算了。但是,他并不知道自己如果想过幸福的退休生活需要准备多少钱,现在应如何准备。

陈先生夫妇目前拥有一套150m²的自住房和两套各120m²左右的公房用来出租,目前累计市值共约2 500万元,每年房租收入18万元,家庭存款约8万元,金融资产约200万元,金融产品今年收入20万元,汽车市值约80万元,收藏品价值约10万元,其他固定资产120万元。目前仍有房贷约220万元,每年需还贷款21.5万元,家庭每年的日常生活开支约为12万元。家庭每年的保费支出为2.5万元,赡养老人为1.5万元,旅游支出为3.5万元。

理财师经过与陈先生夫妇的交流沟通,了解到以下一些情况:

陈先生的儿子目前刚上大一,每年学费、生活费等需要5.5万元,预计大学毕业后需出国留学读研究生,预计两年需要费用100万元(四五年后)。同时,还需要给儿子准备婚嫁金200万元左右(预计6年后)。陈先生夫妇都是1997年前参加工作的,目前所在单位按规定缴纳社保,并有企业年金,只要陈先生不离职,今后将缴存到陈先生60岁退休时为止,预计退休后每年大概能领到10万元左右的退休金;而陈太太工作非常稳定,预计其55岁退休后每年大概能领到7.5万元左右的退休金。陈先生夫妇打算等儿子成家后将其中的一套出租房送给儿子作为婚房,另一套公房继续出租,以供养老,租金约 7 万元/年。由于陈先生与太太的身体状况良好,他们期望可以活到 85 岁。陈先生与太太希望退休后能维持目前的生活品质,并非常希望退休后的前 15 年间每年能有 5 万元的费用出去旅游。同时,陈先生喜欢喝茶,希望退休后能经常与朋友喝茶聚会,月支出约为 500 元;同时,每年希望能做一点慈善事业,每年捐赠额约为 10 000 元。陈先生夫妇想退休后的全部养老费用由自己准备,主要靠自己的积蓄和社保养老。

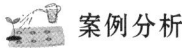
案例分析

一、客户家庭的基础信息(见表 14-1 至表 14-4)

表 14-1　　　　　　　　　　　陈先生的家庭基础信息

家庭成员	陈先生	陈太太	儿子
年龄	54	49	20
学历	研究生	本科	本科
职业	律师	机关公职	学生
健康状况	良好	良好	良好

表 14-2　　　　　　　　　　陈先生的家庭保险状况表　　　　　　　　　　单位:万元

家庭成员	寿险保额	医疗险保额	意外险保额
本人	25	100	100
配偶	35	100	100
儿子	2	100	100
其他	0	0	0

表 14-3　　　　　　　　　　陈先生的家庭资产负债表　　　　　　　　　　单位:万元

资产		负债	
现金及活期存款	8	房屋贷款	220
货币市场基金	60	其他负债	0
其他金融资产	140		
私人借贷	20		
自住性房产	1 000		
投资性房产	1 500		
度假房产	120		
保单现金价值	25		
其他	90		
资产合计	2 963	负债合计	220
净资产		2 743	

表 14-4　　　　　　　　　陈先生的家庭收支储蓄表　　　　　　　　万元/年

收入	金额	支出	金额
工作收入	62	日常生活支出	12
房租	18	房贷	21.5
金融产品收入	20	保险费用	2.5
其他	0	父母赡养费	1.5
		儿子学费、生活费等	5.5
		旅游费	3.5
收入合计	100	支出合计	46.5
储蓄		53.5	

二、宏观信息及相关假设（见表 14-5）

表 14-5　　　　　　　　　宏观信息及相关假设表

项目	增长率	项目	增长率
通货膨胀率	3%	房租增长率	3%
支出增长率	3%	医疗保险个人缴费比例	2%
当地社会平均工资水平	8 500 元/月	社会平均工资年增长率	3%
货币基金投资收益率	3%	金融产品投资收益率	5%
债券型基金年均回报率	4%	指数型（或股票型）基金年均回报率	6%

三、客户的退休规划目标信息

表 14-6　　　　　　　　　陈先生夫妇的退休规划目标

项目	内容
日常支出需求	替代率 80%
医疗需求	可以负担夫妇二人的各种医疗费用
居住需求	退休将房子简单装修，预计费用 10 万元
儿子读书与婚嫁金需求	儿子剩余 3 年大学学费、生活费等需要 16.5 万元，大学毕业后出国留学读研费用需要 120 万元，给儿子准备婚嫁金 200 万元左右
养老服务需求	夫妇二人预计从 70 岁开始需要家政及护理服务
其他养老需求	1. 退休后（到 75 岁）每年能有 5 万元费用用来旅游 2. 个人爱好：喝茶聚友 0.6 万元/年 3. 慈善捐赠 1 万元/年

四、养老需求测算

(一) 日常生活需求支出测算

根据前面有关陈先生夫妇的相关数据信息:陈先生夫妇当前的年日常生活支出费用为 12 万元,退休后投资收益率为 3%,通胀率为 3%,退休后日常生活支出替代率为 80%,陈先生今年 54 岁,太太 49 岁,两人距离退休时间都还有 6 年,两人预期寿命 85 岁,陈先生退休后预期余寿为 25 年,陈太太退休后预期余寿为 30 年。由此,可以测算出陈先生夫妇的几项主要时间点的日常生活支出需求:

(1) 退休前一年的日常生活支出为:

$12 \times (1 + 3\%)^5 = 13.91$(万元)

(2) 退休第一年的日常生活支出为:

$13.91 \times 80\% = 11.13$(万元)

(3) 退休后日常生活总支出在退休时点的现值为:

$PV(0\%, 25, -11.13, 0, 1) + PV(0\%, 5, -11.13 \div 2, 0, 1) = 306.08$(万元)

(注:投资收益率 3% 与通胀率 3% 两者相抵,故 $r = 0$;陈太太比陈先生小 5 岁,如果按照预期寿命 85 岁,其退休后预期余寿比陈先生多 5 年,该 5 年相应的日常生活总支出可按原年均总支出的 50% 来计算。)

(二) 医疗保健需求支出测算

按照老年医疗费用计算公式:$M_j = \sum_{i=1}^{n} P_j P_{ji} m_i$

其中,M_j 为 j 岁的老人在该年度的总医疗费用;P_j 为 j 岁时老人的生存概率;P_{ji} 为 j 岁的老人患有 i 疾病的概率;m_i 为治疗该疾病的平均医疗费用。

案例中陈先生夫妇分别为 54 岁和 49 岁,身体健康状况良好,假设其未来可能患有糖尿病和高血压等常见的老年人疾病。根据目前的医疗费用调查数据来看,糖尿病和高血压等老年疾病年均医疗费用开支为 4 000 ~ 10 000 元(宜取上限计算),患病率如表 14-7 所示。

表 14-7　　　　　　　　我国老人的糖尿病和高血压患病率

年龄	50~59 岁	60~69 岁	70 岁以上
糖尿病	4.5%	10%	15%
高血压	23.72%	39.22%	48.13%

那么,陈先生夫妇退休后每年预计需要的医疗费用为:

50~59岁每年预期医疗费用 = 100% × (4.5% + 23.72%) × 10 000 = 2 822(元)

60~69岁每年预期医疗费用 = 100% × (10% + 39.22%) × 10 000 = 4 922(元)

70~85岁每年预期医疗费用 = 100% × (15% + 48.13%) × 10 000 = 6 313(元)

假设陈先生夫妇退休后只可能患上糖尿病和高血压等常见的老年人疾病,退休后的生存概率符合现有的经验生命表(见表13-2)。忽略医疗费用上涨因素,假设年利率 r 为 5%,预期寿命85岁,则陈先生夫妇退休后的医疗费用开支折算到退休第一年的现值分别为:

陈太太:$PV = \dfrac{\sum_{i=1}^{n} P_j P_{ji} m_i}{(1+5\%)^{j-55}} = 77\,839.46$(元)

陈先生:$PV = \dfrac{\sum_{i=1}^{n} P_j P_{ji} m_i}{(1+5\%)^{j-60}} = 64\,506.58$(元)

即该项费用累计为14.23万元。其中,陈太太的医疗费用从55岁到85岁,陈先生的医疗费用从60岁到85岁。

(三)居住需求支出测算

案例中陈先生夫妇有一套自住房,两套投资房,且无换房计划,只是在儿子结婚时需要将房子简单装修一下,预计为6年后,即陈先生夫妇退休时,其总装修费用预计为10万元。

预计在退休前每年需还贷款21.5万元,需要还贷到陈先生65岁,即剩余期限11年,按照期初年金模式计算,均折算到退休时点的价值为:

PV(3%,11,-21.5,0,1) × (F/P,3%,6) = 244.66(万元)

因此,居住需求在退休时点的总费用为:10 + 244.66 = 254.66(万元)。

(四)儿子读书及婚嫁金需求

案例中陈先生的儿子目前刚上大一,每年学费、生活费等需要5.5万元,预计大学毕业后需出国留学读研究生,预计需要费用每年60万元,两年共120万元(四五年后的预计值)。同时,还需要给儿子准备婚嫁金200万元左右(6年后的预计值)。按照 $r = 3\%$ 进行计算,其中:

大学学费和生活费:FV(3%,3,-5.5,0,0) × (F/P,3%,3) = 18.58(万元)

研究生费用:FV(3%,2,-60,0,1) = 125.45(万元)

婚嫁金：200 万元

则该项费用在陈先生夫妇退休时点的值为以上 3 项累计约为 344.03 万元。

(五) 养老服务需求测算

案例中假设陈先生从 70 岁开始需要养老服务机构提供家政、护理等服务项目，按照目前家政服务行情及未来人力资本价格上升趋势，保守估计每月需要费用为 6 000 元。之后家政服务费年增长率为 3%，满足预期寿命 85 岁，需要服务 15 年，贴现率为 3%。那么，届时陈先生夫妇需要的养老服务费用为：

按照期初增长年金模式计算该项费用在 70 岁时的现值为：

陈先生：$PV = A \times t = 108$（万元）

陈太太：$PV = A \times t = 144$（万元）

即陈先生夫妇该项费用约为：252 万元。再将其折算到退休时点的现值为：$PV(3\%, 10, 0, -252, 1) = 187.51$（万元），即该项费用在退休时点的现值约为 187.51 万元。

同时，陈先生夫妇每年还需缴纳保费 2.5 万元，尚需缴纳 15 年左右，折现率为 3%，按照期初年金模式计算，可得到其在退休时点的该项现值为：$PV(3\%, 15, -2.5, 0, 1) \times (F/P, 3\%, 6) = 36.71$（万元），即该项费用约为 36.71 万元。

因此，陈先生夫妇的养老服务需求在退休时点的费用约为 224.22 万元。

(六) 其他养老需求测算

(1) 旅游规划：案例中陈先生夫妇希望退休后每年能有 5 万元费用用来旅游，持续时间 20 年，折现率为 3%，按照期初年金模式进行计算，可得到其在退休时点的现值为：$PV(3\%, 20, -50\ 000, 0, 1) = 766\ 189.96$（元），即该项费用约为 76.62 万元。

(2) 娱乐爱好规划：喝茶聚友 0.6 万元/年，持续时间 20 年，折现率为 3%，按照期初年金模式进行计算，可得到其在退休时点的现值为：

$PV(3\%, 20, -0.6, 0, 1) = 9.19$（万元）

(3) 慈善规划：捐赠 1 万元/年，持续时间 25 年，折现率为 3%，按照期初年金模式进行计算，可得到其在退休时点的现值为：

$PV(3\%, 25, -1, 0, 1) = 17.94$（万元）

以上 3 个项目需求总费用为：103.75 万元

根据以上计算结果，六项累加可以得到：满足陈先生夫妇退休规划目标的养老需求总费用为 1 246.97 万元。

五、养老供给测算

预测养老供给时主要是考虑退休时点的养老金来源。具体包括：社会基本养老金、住房公积金、医疗保险、企业年金、职业年金、商业保险、个人储蓄性养老保险、银行储蓄、投资收益、子女馈赠、其他收入等。

（一）养老金供给测算

1. 社会基本养老保险测算

本案例中，陈先生夫妇都是1997年前参加工作的，故都属于"中人"，养老金采取"中办法"计算。陈先生目前所在单位在按规定缴纳社保，其预计退休后每年大概能领到10万元左右的退休金；而陈太太预计55岁退休后每年大概能领到7.5万元左右的退休金。

因此，陈先生60岁退休后25年、陈太太55岁退休后30年，在贴现率为3%的条件下，为谨慎起见，按照期末年金计算模式，可以计算得到陈先生夫妇的基本养老金在退休时点的现值分别为：

陈先生：PV(3%,25,10,0,0) = 174.13（万元）

陈太太：PV(3%,30,7.5,0,0) = 147（万元）

两人在退休时点的基本养老金现值合计约为：321.13万元。

2. 个人养老储蓄测算

案例中陈先生一家目前有现金及活期存款和私人借贷总计28万元，货币市场基金60万元，其他金融资产140万元，几项资产累计额为：228万元。这些均可作为陈先生夫妇的养老储蓄。按照 $r=3\%$，$n=6$ 年来进行计算，则在退休时点的终值为：FV(3%,6,0,-228,0) = 272.24（万元）。

同时，由于陈先生一家每年可结余42.5万元，按照 $r=3\%$，$n=6$ 年来进行计算，则在退休时点的终值为：FV(3%,6,42.5,0,0) = 274.91（万元）。

两项累计为547.15万元。

3. 医疗及保健供给测算

陈先生夫妇单位及个人每年都正常缴纳了医疗保险，按照当地社会平均工资水平为8 500元/月、社会平均工资年增长率3%来进行计算，至陈先生夫妇退休时点的当地社会月平均工资为：FV(3%,6,0,-8 500×12,0) = 121 793.33（元），社保封顶线为121 793.33 × 4 = 487 173.34（元），社保统筹报销比例为80%。因此，预计陈先生夫妇的最高医疗报销额为487 173.32 × 80% × 2 = 77.95（万元）。

此外，由于陈先生夫妇购买了寿险和商业医疗保险，保单现金价值为25万元（不考虑以后 15 年缴纳保费新增的保单现金价值），按照 $r=3\%$，$n=6$ 年来进行计算，则在退休时点的终值为：

FV(3%,6,0,25,1) = 29.85（万元）

因此，陈先生夫妇的医疗及保健供给额约为：107.80 万元。当然陈先生夫妇所购买的商业医疗险和意外险最高保额均有 100 万元，在遇到重大疾病或意外事故时，赔付额最高可达到 200 万元，其家庭还是具有一定的抗风险能力。

4. 居住供给预测

案例中陈先生夫妇现有 1 套价值 1 000 万元的自住房和 2 套价值 1 500 万元的投资房。根据陈先生的规划，打算等儿子成家（假定基本与陈先生夫妇退休同步）时将其中的一套投资房送给儿子作为婚房，另一套公房继续出租，以供养老。假定该房屋年租金为 7 万元不变，用 $r=3\%$，$n=25$ 来进行计算，则该房屋租金在其退休时点的现值为：

PV(3%,25,-7,0,0) = 121.89（万元）

同时，由于陈先生夫妇一直在利用公积金还房贷，因此，该项结余基本为零。

因此，四项累加可以得到：陈先生夫妇在退休时点的养老金供给总额为 1 097.97 万元。

（二）养老金缺口的测算

根据以上有关陈先生夫妇养老需求与养老供给的测算结果，满足陈先生夫妇退休规划目标的养老需求总费用为 1 246.97 万元，养老金供给总额：1 097.97 万元，因此，陈先生夫妇在退休时点的养老金缺口为 149 万元。

（三）养老金缺口解决方案与投资组合计划设计

案例中的陈先生夫妇养老金缺口不大，仅为 149 万元，退休后的养老金替代率达到 88.05%。因此，其所面临的财务风险与养老风险都不大，可以采取比较简单的方案来防范风险和解决其养老金缺口，有两种方案可供陈先生夫妇选择：

方案一：适当调整居住规划。

案例中的陈先生夫妇一家的房产占比较高，占整个家庭资产近 96%，在未来房价上涨空间不大的情况下，建议陈先生夫妇可将其中准备用来出租的投资房适时出售。假定该房产在其退休时点的售价净值约为 500 万元，则比其租金现值 121.89 万元高出 378.11 万元，足够弥补陈先生夫妇的养老金缺口。

方案二：调整投资组合，提高金融资产收益水平。

案例中的陈先生夫妇具有较为丰富的投资经验，家庭承受风险的能力也比较强，投资偏好为中性。陈先生一家目前有现金及活期存款 8 万元，货币市场基金 60 万元，其他金融资产 140 万元，几项资产累计额为：208 万元。建议其现金及活期存款可以保持，货币市场基金大幅减少到 10 万元，三者合计 18 万元，大致保持在月支出的 3~6 倍，三种金融工具流动性好，可以作为家庭的紧急预备金。货币市场基金减少的 50 万元投资用于债券基金，年均收益率约为 4%，其他金融资产的 40 万元购买股票型基金或指数型基金，年均收益率约为 6%，100 万元投资股票，年均投资收益率约为 12%。

根据此种投资组合，则至陈先生夫妇退休时点的投资组合本利和为：

货币市场基金投资部分：FV(3%,6,0,-10,0) = 11.94（万元）

债券基金投资部分：FV(4%,6,0,-50,0) = 63.27（万元）

股票型基金或指数型基金投资部分：FV(6%,6,0,-40,0) = 56.74（万元）

股票投资部分：FV(12%,6,0,-100,0) = 197.38（万元）

四项合计为 329.33 万元。

原有投资本利和：FV(3%,6,0,-200,0) = 238.81（万元）

投资组合调整后，到陈先生夫妇退休时点本利和增加：329.33 - 238.81 = 90.52（万元）。另外，陈先生退休后还将领取企业年金，按照其很高的工资水平，缴费也不少，加上目前平均大约 7% 的企业年金基金投资收益率，到其退休时应该是一笔非常可观的资金。两部分资金加总应该可以弥补其养老金缺口 149 万元。不过，该投资组合调整方案中，股票型基金或指数型基金和股票占比较高，风险偏大，是以假定陈先生的家庭风险属性能满足该投资方案的条件为前提，否则方案不具有可行性。当然，本案例中没有考虑未来 15 年家庭保单新增现金价值，否则养老金供给还有一定增加，养老金缺口会减小，则投资组合的调整不用基金，也能弥补养老金缺口。

同时，鉴于目前陈先生一家的保险额度与其家庭的资产净值不够匹配，保险额度仍然偏低。因此，未来不管陈先生夫妇选择上述哪一种方案，都需建议陈先生将多余资金的一部分用于多购买一些医疗险和意外险，尽量让其家庭三人的医疗险和意外险分别均达到 600 万元以上，以防范家庭的意外风险和重大疾病风险。

案例 15

股票投资税务筹划

背景知识

伴随着改革开放 40 多年来中国经济的持续稳定高速发展，老百姓的可支配收入迅速增长，在满足日常生活所需开销之余，越来越多的人开始把眼光投向金融市场，不约而同地加大了投资的力度。目前，中国的个人投资主要集中在以下几类产品上：第一类是风险低，收益也低的现金等价类产品，主要包括银行理财产品、货币市场基金、国债逆回购、大额定期存单等；第二类是风险较高，收益也较高的固定收益类产品，主要包括债券、优先股、债券型基金、终身寿险、企业年金等；第三类是风险高，收益也高的权益类产品，主要包括股票、可转债、股票型基金、混合型投资基金等；第四类是风险极高，收益也极高的衍生类产品，主要包括融资融券、期货、期权等衍生金融工具；此外还有贵金属、房地产、收藏品等另类投资等。近年来，随着国家大力提倡创新创业，也有不少个人投资者进行创业投资和非上市公司股权投资。这些投资品不仅收益与风险属性各不相同，其涉税处理也有很大区别，因此，个人投资者在进行投资决策时，必须充分考虑税务筹划。

本案例主要介绍股票、股权投资中个人所得税的涉税处理，根据个人投资对象的不同，分别对上市公司股票、未上市公司股权等主要投资工具的个人所得税涉税环节做介绍和税务筹划。对于债券投资，基金投资等所涉及的个人所得税，以及其他税种，比如增值税等，不做赘述。

一、上市公司股票投资涉及的个人所得税

个人投资上市公司股票，一般涉及三个环节——买入、持有和卖出转让。其中，持有环节可长可短，而且可能涉及不同属性的分红收益。而在卖出转让环节，根据现行政策，税务部门又会根据持股时间的长短对应不同的征收税率。

（一）正常流转股票的个人所得税处理

1. 买入环节

股票买入环节不涉及个人所得税。

2. 持有环节

个人投资者持有股票期间，企业可能发放现金股利或股票股利，其中股票股利又分为派发红股和转增股本两种形式。总体来说，个人投资者持有股票期间获得的上述分红收益，均应按照"利息、股息、红利所得"项目计征个人所得税。当然，因企业分红的方式不同，投资者的个人所得税计征标准和金额也会有所差异。

（1）现金股利。个人所得的上市公司股息、现金红利，根据持有股票的期限不同，实施差别化的税收政策。具体来说，根据《关于实施上市公司股息红利差别化个人所得税政策有关问题的通知》，个人从公开市场取得的上市公司股票，持股时间在1个月以内（含1个月）的，股息、现金红利所得应全额计入应纳税所得额；持股时间在1个月以上至1年（含1年）的，暂减按50%计入应纳税所得额；持股期限超过1年的，股息、现金红利所得暂免征收个人所得税。

（2）股票股利——派发红股。企业发放的股票股利如涉及个人所得税的部分，可以参照《关于印发〈征收个人所得税若干问题的规定〉的通知》的规定：股份制企业在分配股息、红利时，以股票形式向股东个人支付应得的股息、红利（即派发红股），应以派发红股的股票票面金额为收入额，按"利息、股息、红利所得"项目计征个人所得税。

（3）股票股利——转增股本。转增股本是指上市公司将公司的资本公积转化为股本后，将新增股本赠送给股东的一种分配方式。《关于股权奖励和转增股本个人所得税征管问题的公告》规定：个人股东获得转增的股本，应按照"利息、股息、红利所得"项目，适用20%税率征收个人所得税。具体又可分为两种情形：

一是股份制企业用资本公积金转增的股本不属于股息、红利性质的分配，对个人取得的转增股本数额，不作为个人所得，不征收个人所得税。

二是上市公司或在全国中小企业股份转让系统挂牌的企业转增股本（不含以股票发行溢价形成的资本公积金转增股本），持股时间在1个月以内（含1个月）的，其股息、红利所得全额计入应纳税所得额；持股时间在1个月以上至1年（含1年）的，暂减按50%计入应纳税所得额；持股时间超过1年的，股息、红利所得暂免征收个人所得税。

需要注意的是，目前上市公司在派发股息、红利时，对个人仍在持股，但持股时间在1年以内（含1年）的，都是暂不扣缴个人所得税，等到该投资者实际卖出股票时，证券登记结算公司将根据其实际持股时间计算应补缴的纳税额，再由证券公司等股票托管机构直接从该投资者的个人资金账户扣缴并划转给证券登记结算公司，证券登记结算公司在规定时间内再划付给上市公司，上市公司应在收到税款当月的法定申报期内向主管税务机关申报缴纳。

3. 卖出转让环节

根据相关文件，自 1994 年起，个人转让中国境内上市公司股票取得的所得，暂免征收个人所得税。但是，对中国境内个人转让中国境外上市公司股票取得的所得，应依法缴纳个人所得税。

2018 年 11 月 1 日（含）起，个人投资者转让新三板挂牌公司后取得的非原始股（包括由上述股票滋生的送、转股）所取得的所得，暂免征收个人所得税。

（二）限售股的个人所得税处理

对于那些对交易流转有特殊限制的股票，如限售股，在处理个人所得税时有另行规定。

1. 限售股的概念与范围

限售股的起因和来源很多，个人投资者持有的限售股主要包括：

股改限售股，即上市公司完成股权分置改革后，在股票复牌日前，股东所持原非流通股股份，以及股票复牌日至解禁日期间由上述股份滋生的送股或转股；

新股限售股，即上市公司股权分置改革新老划断后，首次公开发行股票并上市的公司所形成的限售股，以及自上市首日至解禁日期间由其滋生的送股或转股；

个人从机构或其他个人处受让的未解禁限售股；

个人依法继承或家庭财产依法分割取得的限售股；

个人持有的从代办股份转让系统转到主板市场（含中小板）、创业板市场的限售股；

在上市公司吸收合并过程中，个人持有的原被合并方公司限售股所转换得来的合并方公司股份；

在上市公司分立过程中，个人持有的被分立方公司限售股所转换得来的分立后公司股份；

其他限售股。

2. 限售股个人所得税的涉税处理

（1）持有环节限售股的个人所得税涉税处理。持股时间应自该股解禁日起计算。对个人持有的上市公司限售股，解禁后取得的股息红利，持股时间在 1 个月以内（含 1 个月）的，所得股息、红利应全额计入应纳税所得额；持股时间在 1 个月以上至 1 年（含 1 年）的，暂减按 50% 计入应纳税所得额；持股时间超过 1 年的，股息、红利所得暂免征收个人所得税。

对个人持有的上市公司限售股，在股票解禁前取得的股息、红利继续按暂减50%计入应纳税所得额，适用20%税率计征个人所得税。

（2）转让环节限售股的个人所得税涉税处理。自2010年1月1日起，对个人转让限售股所得，按照"财产转让所得"项目，适用20%税率计征个人所得税。

个人转让限售股，以每次限售股转让收入减去限售股原值和合理税费后的余额为应纳税所得额，即：

应纳税所得额 = 限售股转让收入 − （限售股原值 + 合理税费）

应纳税额 = 应纳税所得额 × 20%

个人所持限售股所取得的成本不同的，应以所持限售股每次取得股份数量为权重，进行成本加权平均，计算出平均每股持股成本。

分次取得限售股的加权平均成本 = （第1次取得限售股的每股成本原值 × 当次取得股份数量 + ⋯ + 第n次取得限售股的每股成本原值 × 当次取得股份数量）÷ 累计取得的限售股总量

如果纳税人未能提供完整、真实的限售股原值凭证，以致不能准确计算限售股原值的，则主管税务机关一律按限售股转让收入的15%核定限售股原值及合理税费。

需要注意的是，《关于全国中小企业股份转让系统有关问题的决定》规定，虽然新三板挂牌公司被依法纳入非上市公众公司监管，但是自2018年11月1日（含）起，个人转让新三板挂牌公司挂牌前取得的原始股（包括由其滋生的送股或转股）所取得的所得，应按照财产转让所得，适用20%税率征收个人所得税。因此，我们可以将个人投资者在新三板公司挂牌前取得的原始股在纳税时视同限售股对待。

为了界定限售股转让的形式，明确征免范围，国家税务总局又通过《关于个人转让上市公司限售股所得征收个人所得税有关问题的补充通知》规定，对具有以下情形的，应按规定征收个人所得税：①个人通过证券交易所集中交易系统或大宗交易系统转让限售股；②个人用限售股认购或申购交易型开放式指数基金（ETF）份额；③个人用限售股接受要约收购；④个人行使现金选择权，将限售股转让给提供现金选择权的第三方；⑤个人协议转让限售股；⑥个人持有的限售股被司法划扣；⑦个人因依法继承或家庭财产分割让渡限售股所有权；⑧个人用限售股偿还上市公司股权分置改革中由大股东代其向流通股股东支付的对价；⑨其他具有转让实质的情形。

二、非上市公司股权投资涉及的个人所得税处理

（一）取得环节

个人取得股权时，不缴纳个人所得税。

（二）持有环节

股份制企业用税后利润向投资者个人分派的股息、红利，应按照"利息、股息、红利所得"项目计征个人所得税。

股份制企业用盈余公积金派发的红股属于股息、红利性质的分配，对个人取得的红股数额，应征收个人所得税。

个人投资者收购企业股权后，企业原盈余积累转增股本。个人投资者以低于净资产价格收购股权的，企业原盈余积累中，对于股权收购价格减去原股本的差额部分已经计入股权交易价格，个人投资者取得原盈余积累转增股本的部分，不征收个人所得税。对于股权收购价格低于原股本的差额部分未计入股权交易价格，个人投资者取得原盈余积累转增股本的部分，应按照"利息、股息、红利所得"项目征收个人所得税。

（三）转让环节

根据《关于发布〈股权转让所得个人所得税管理办法（试行）〉的公告》，个人将其投资于境内企业或组织的股权转让给其他个人或法人的，以股权转让收入减除股权原值和合理费用后的余额为应纳税所得额，按财产转让所得缴纳个人所得税。

股权转让收入是指转让方因股权转让而获得的现金、实物、有价证券和其他形式的经济利益，包括违约金、补偿金，以及其他名目的款项、资产、权益和满足约定条件后取得的后续收入等。合理费用是指股权转让时按照规定支付的有关税费。

股权转让收入应当按照公平交易原则确定。股权转让收入明显偏低且无正当理由的，主管税务机关可以参照每股净资产或个人股东享有的股权比例所对应的净资产份额核定股权转让收入。

符合下列情形之一的，视为股权转让收入明显偏低。

申报的股权转让收入低于股权对应的净资产份额；

申报的股权转让收入低于初始投资成本或低于取得该股权所支付的价款及相关税费；

申报的股权转让收入低于相同或类似条件下同一企业同一股东或其他股东股权转让收入；

申报的股权转让收入低于相同或类似条件下同类企业的企业股权转让收入；

不具备合理性的无偿让渡股权或股份；

主管税务机关认定的其他情形。

符合下列条件之一的股权转让收入明显偏低，视为有正当理由。

能出具有效文件，证明被投资企业因国家政策调整，生产经营受到重大影响，导致低价转让股权；

继承或将股权转让给其能提供具有法律效力身份关系证明的配偶、父母、子女、祖父母、外祖父母、孙子女、外孙子女、兄弟姐妹以及对转让人承担直接抚养或者赡养义务的抚养人或者赡养人；

相关法律、政府文件或企业章程规定，并有相关资料充分证明转让价格合理且真实的本企业员工持有的不能对外转让股权的内部转让；

股权转让双方能够提供有效证据证明其合理性的其他合理情形。

三、股权激励的个人所得税处理

（一）股权激励的个人所得税优惠政策

1. 符合条件的非上市公司股票期权、股权期权、限制性股票和股权奖励试行递延纳税政策

根据《关于完善股权激励和技术入股有关所得税政策的通知》规定，非上市公司授予本公司员工的股票期权、股权期权、限制性股票和股权奖励，符合规定条件的，经向主管税务机关备案，可实行递延纳税政策。即员工在取得股权激励时可暂不纳税，递延至转让该股权时纳税；股权转让时，按照股权转让收入减除股权取得成本以及合理税费后的差额，适用"财产转让所得"项目，按照20%的税率计算并缴纳个人所得税。

股权转让时，股票期权、股权期权取得成本按行权价确定，限制性股票取得成本按实际出资额确定，股权奖励取得成本为零。

2. 对上市公司股票期权、限制性股票和股权奖励适当延长纳税期限

根据《关于完善股权激励和技术入股有关所得税政策的通知》规定，上市公司授予个人的股票期权、限制性股票和股权奖励，经向主管税务机关备案，个人可自股票期权行权、限制性股票解禁或取得股权奖励之日起，在不超过12个月的期限内缴纳个人所得税。

（二）技术入股的个人所得税政策

技术入股是技术成果投资入股的简称，它是指自然人将技术成果所有权让渡给被投资企业、取得该企业股票、股权的行为。技术成果主要包括专利技术（含国防专利）、计算机软件著作权，集成电路布图设计专有权，植物新品种权，生物医药新品种等。

《关于完善股权激励和技术入股有关所得税政策的通知》规定：

企业或个人以技术成果投资入股境内居民企业，被投资企业支付的对价全部为股票、股权的，企业或个人可选择继续按《关于个人非货币性资产投资有关个人所得税政策的通知》执行，也可选择使用递延纳税优惠政策。

选择按照《关于个人非货币性资产投资有关个人所得税政策的通知》执行的，应将评估后的公允价值减除该技术成果原值及合理税费后的余额作为应纳税所得额，按照"财产转让所得"项目计算并缴纳个人所得税。纳税人一次性缴纳有困难的，可合理确定分期缴纳计划并报主管税务机关备案后，自发生技术成果投资入股之日起不超过5个公历年度内（含）分期缴纳个人所得税。

选择技术成果投资入股递延纳税政策的，经向主管税务机关备案，投资入股当期可暂不纳税；允许递延至转让股权时，按股权转让收入减去技术成果原值和合理税费后的差额计算并缴纳个人所得税。

案例情景

程先生热衷于股票投资，且充分理解分散投资的重要性，他的资产组合及相应操作如下，请帮助程先生制定相应的税务筹划。

（1）程先生于2017年8月18日购入A上市公司股票10 000股，2018年7月6日又买入3 000股，2019年6月4日又买入7 000股，共计持有A公司股票20 000股。2019年6月25日，A公司分配现金股利，每股0.5元。若次日，程先生卖出全部股票。请问程先生要缴纳多少个人所得税？

（2）程先生是B公司的高管，持有B公司限售股30万股，每股持股成本为1元。限售股解禁日为2018年9月30日。2019年10月1日，B公司股价为每股10元，程先生卖出了所持有的30万股限售股。请问程先生应如何缴纳个人所得税（暂不考虑证券交易印花税和佣金）？

（3）2016年5月6日，程先生投资给未上市的C公司200万元，持有C公司100%股权。两年后，程先生将股权转让给好友万先生，转让价格仍为200万元，转让时，C公司的净资产为300万元。请问程先生要缴纳多少个人所得税？

（4）程先生于2017年5月以其某项专利技术的所有权投资作价200万元入股D公司，因此持有D公司10%的股权。程先生发明该项专利技术的成本为40万元，入股时发生评估费及其他合理税费共20万元。假设2019年7月，程先生将该部分股权以400万元卖掉，转让时发生合理税费20万元。请问程先生要缴纳多少个人所得税？

案例分析

一、关于A公司股票交易涉及的个人所得税

截至2019年6月25日：

(1) 程先生于 2017 年 8 月 18 日买入的股票，持有时间超过 1 年，所分配的现金股利：（10 000 × 0.5）= 5 000（元）可全额免征个人所得税。

(2) 程先生于 2018 年 7 月 6 日购入的股票，持有时间超过 1 个月但不足 1 年，分配的现金股利：（3 000 × 0.5）= 1 500（元）；需减半按照 10% 的税率征收个人所得税：（1 500 × 10%）= 150（元）。

(3) 程先生于 2019 年 6 月 4 日购入的股票，持有时间不足 1 个月，分配的现金股利：（7 000 × 0.5）= 3 500（元）；需全额征收个人所得税：（3 500 × 20%）= 700（元）。

因此，A 上市公司要为程先生代扣代缴个人所得税：（150 + 700）= 850（元）。

本例中需要留意的是，上市公司派发股息、红利时，对个人持股 1 年以内（含 1 年）的，暂不代扣代缴个人所得税；待个人转让股票时，证券登记结算公司根据其持股期限计算应纳税额，由证券公司等股份托管机构从个人资金账户中划扣并划付给证券登记结算公司，证券登记结算公司在规定时间内划付给上市公司，上市公司在收到税款当月的法定申报期内向主管税务机关申报缴纳。

二、关于 B 公司限售股交易涉及的个人所得税

(1) 如果程先生能够提供真实的限售股原值凭证，则程先生需要缴纳的个人所得税为：[（10 − 1）× 30 × 20%] = 54（万元）。

(2) 如果程先生不能提供真实的限售股原值凭证，则程先生需要缴纳的个人所得税为：[10 ×（100% − 15%）× 30 × 20%] = 51（万元）。

三、关于 C 公司股权转让涉及的个人所得税

程先生转让股权时，C 公司的净资产为 300 万元，超过股权转让价格 200 万元，如果没有正当理由，税务部门可参照 C 公司的净资产核定转让价格，即程先生应缴纳的个人所得税为：[（300 − 200）× 20%] = 20（万元）。

这里要注意的是，如果万先生以 200 万元取得 C 企业 100% 的股权后，以留存收益转增股本或者向自己分配股利 100 万元，但是因其股权收购价格 200 万元低于 C 公司的净资产 300 万元，因此万先生仍要按"利息、股息、红利所得"缴纳个人所得税：（100 × 20%）= 20（万元），不会因为税务局核定征收程先生个人所得税而减免万先生的个人所得税。所以，建议程先生的股权转让价格应不低于公司净资产 300 万元。

四、关于技术入股涉及的个人所得税

程先生以专利技术投资入股，有两种税收处理方式：一是在入股当期，对专利技术转

让收入扣除专利技术财产原值和相关税费的差额计缴个人所得税，并在当期或分期5年缴纳；二是专利技术投资入股时先不计税，等到转让这部分股权时，直接以股权转让收入扣除专利技术的财产原值和合理税费的差额计缴个人所得税。

如果程先生选择第一种纳税方式，且选择在投资入股当期纳税，则程先生在将专利技术作价入股时应缴纳个人所得税：[（200－40－20）×20%] ＝ 28（万元）。程先生在2019年7月转让股权时，还需要缴纳个人所得税：[（400－200－20）×20%] ＝ 36（万元）。第一种纳税方式合计应缴纳个人所得税：（28＋36）＝64（万元）。

如果程先生选择第二种纳税方式，则在专利技术作价入股时不缴纳个人所得税，而在2019年7月转让股权时一次性缴纳个人所得税：[（400－40－20－20）×20%] ＝64（万元）。

虽然两种方式下程先生的纳税总额是一样的，但如果选择第二种纳税方式（即递延纳税），则在入股当期不需要缴税，资金压力会大大减小，还可以利用货币的时间价值，使28万元的第一笔税款在接下来的2年多时间里产生投资收益，所以推荐第二种纳税方式。

案例 16

企业高管家庭税务筹划

背景知识

随着中国整体经济的持续高速发展,全社会对收入分配制度改革的期待日渐强烈,个税改革的呼声也随之高涨。2018 年 8 月 31 日,第十三届全国人大常委会第五次会议表决通过了《关于修改〈中华人民共和国个人所得税法〉的决定》。该决定自 2019 年 1 月 1 日起正式施行。但个税免征额由每月 3 500 元提高至每月 5 000 元等部分减税政策,自 2018 年 10 月 1 日起先行实施。

经表决后,备受关注的新个人所得税法终于被修改通过,从"分类所得"向"综合所得与分类所得相结合"转变。

一、多项所得归为个人所得税综合所得

工资薪金所得、劳务报酬所得、稿酬所得和特许权使用费所得在旧个税法中分别计税,在新个税法中合并计算,共用免征额。

二、免征额由每月 3 500 元上调至每月 5 000 元

新个税法第六条规定:居民个人取得综合所得,以每一纳税年度的收入额减除费用 6 万元以及专项扣除、专项附加扣除和依法确定的其他扣除后的余额,为全年应纳税所得额。年度 6 万元折合月度即为 5 000 元。

与此同时,个人所得税沿用了免征额的概念,与增值税的起征点概念不同。免征额每月 5 000 元是指个人每月综合所得超过 5 000 元的部分,根据相应规则与对应税率缴纳个人所得税。而起征点是指对应收入超过起征点金额后,将全额作为应税所得依法纳税。

三、引入个人所得税汇算清缴机制

根据以前的个人所得税法，发放工资薪金、劳务报酬等的企业需为劳动者代扣代缴相关税费；而新个税法下，由于综合所得合并计征，劳动者所在企业无法完整、准确、及时获得劳动者全部综合所得收入数据以及各专项附加扣除数据，所以新规下企业被要求采用预扣预缴的方式，且根据既得数据由税务系统完成应预缴税款的自动计算与扣缴，并由劳动者在次年3月1日至6月30日对上一年度收入进行汇算清缴，计算实际应缴纳税款，对预扣预缴的税费进行多退少补。2020年3月因疫情的关系，改革后的首次个税汇算清缴的开始时间被延后，相信未来会严格按照"次年3月1日至6月30日"的时间来进行汇算清缴的操作。

四、减税向中低收入倾斜

新个税法中部分税率级距进一步优化调整，扩大3%、10%、20%三档低税率的级距，缩小25%税率的级距，30%、35%、45%三档较高税率级距保持不变。产生的效果使低收入人群拥有更多免征额的同时，免征额以上的部分可以更多享受3%~10%的边际税率，而高收入人群则面对最高不超过45%的边际税率。与此同时，全年一次性奖金收入也将并入综合所得。考虑到全年一次性奖金收入可能较高，会在一定程度上影响全年综合所得应纳税所得额对应的税率，导致税务压力不降反增，所以2019年1月1日至2021年12月31日被定义为过渡期。过渡期中，纳税人可以自行选择全年一次性奖金按照新办法或者老办法计税。过渡期后即2022年1月1日起，全年一次性奖金收入将不再单独计税。从而在最近3年中，全年一次性奖金金额的应税决策依旧存在一定的税务筹划空间。

五、专项附加扣除成亮点

新个税法在沿用基本扣除费用标准（即免征额）和"三险一金"或"五险一金"等专项扣除外，还增加了专项附加扣除项目，具体包括子女教育、继续教育、大病医疗、房贷利息、住房租金、赡养老人等6项可选项目。而这6项专项附加扣除的具体内容与扣除方法都已经明确，并且已经在各个相应部门中严格执行。次年汇算清缴时也会对这6项专项附加扣除的内容进行一一核实与计算，从而确定最终退税或是补税的额度。这6项专项附加扣除也为税务筹划提供了更多的手段与空间。

以个人所得税的综合所得为例，我们已经可以立足于很多细节来进行税务筹划，不逃税、不漏税、合规纳税、合理纳税、不交冤枉税。后续我们以空间较大，也最灵活的个人所得税税务筹划手段为例，展开对于税务筹划原理的实际应用。

案例情景

王先生40岁,是上海某企业A的高管,月税前工资40 000元(假设已扣除五险一金),另有全年一次性奖金税前200 000元。同时王先生作为另外一家企业B的专业顾问,每月收取顾问费税前20 000元。王太太37岁,公司文员,月税前工资8 000元(假设已扣除五险一金),另有全年一次性奖金税前10 000元。大女儿10岁,公立小学四年级;小女儿6岁,幼儿园大班,明年9月升小学一年级。王先生和王太太都是独生子女,王先生父母已经去世;王太太的父母都是65岁已退休,其父母除了每月各5 200元养老金收入外,王先生每月赡养岳父岳母支出4 000元。王先生多年前购置了自有房产一套,有房贷75万元未偿还(还有14年到期)。由上述背景条件出发,我们来分析一下王先生及其家庭收入的税务筹划问题(适用相关所得税率见表16-1至表16-3)。

表16-1 个人所得税税率(综合所得适用)

级数	全年应纳税所得额	税率	速算扣除数
1	不超过36 000元的	3%	0
2	超过36 000元至144 000元的部分	10%	2 520
3	超过144 000元至300 000元的部分	20%	16 920
4	超过300 000元至420 000元的部分	25%	31 920
5	超过420 000元至660 000元的部分	30%	52 920
6	超过660 000元至960 000元的部分	35%	85 920
7	超过960 000元的部分	45%	181 920

表16-2 个人所得税税率(全年一次性奖金适用)

级数	全年一次性奖金收入应纳税所得额	税率	速算扣除数
1	不超过36 000元的	3%	0
2	超过36 000元至144 000元的部分	10%	210
3	超过144 000元至300 000元的部分	20%	1 410
4	超过300 000元至420 000元的部分	25%	2 660
5	超过420 000元至660 000元的部分	30%	4 410
6	超过660 000元至960 000元的部分	35%	7 160
7	超过960 000元的部分	45%	15 160

表 16-3　　　　　　　　个人所得税税率（劳务报酬所得预扣预缴适用）

级数	每次预扣预缴应纳税所得额	税率	速算扣除数
1	不超过 20 000 元的	20%	0
2	超过 20 000 元至 50 000 元的部分	30%	2 000
3	超过 50 000 元的部分	40%	7 000

注：每次劳务报酬收入额小于 800 元的，不预缴税款；每次劳务报酬收入额大于等于 800 元，小于 4 000 元的，扣除 800 元费用后作为应纳税所得额，按 20% 税率预缴税款；每次劳务报酬收入额大于等于 4 000 元的，扣除 20% 费用后作为应纳税所得额。

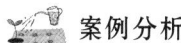 案例分析

一、王先生全年一次性奖金是否应该并入个人综合所得共同计税（暂不考虑专项附加扣除的影响）

（一）不并入综合所得的情况

工资薪金全年所得：40 000 × 12 = 480 000（元）；

劳务报酬计入全年综合所得部分：20 000 × (1 − 20%) × 12 = 192 000（元）；

全年综合所得应纳税额为：(480 000 + 192 000 − 60 000) × 30% − 52 920 = 130 680（元）；

全年一次性奖金应纳税额为：200 000 × 20% − 1 410 = 38 590（元）；

合计税款为 130 680 + 38 590 = 169 270（元）。

（二）并入综合所得的情况

工资薪金全年所得：40 000 × 12 = 480 000（元）；

劳务报酬计入全年综合所得部分：20 000 × (1 − 20%) × 12 = 192 000（元）；

全年一次性奖金所得：200 000（元）；

全年综合所得应纳税额为：

(480 000 + 192 000 + 200 000 − 60 000) × 35% − 85 920 = 198 280（元）。

根据上述计算结果，王先生较好的选择是不将全年一次奖金并入综合所得共同计税。上例中，将综合所得（含工资薪金与劳务报酬）与全年一次性奖金所得分列计税，边际税率分别为 30% 和 20%；而合并计税的情况下，税率为 35%，所以分列计税的实际税负成本更低。但是上例中并没有考虑该家庭的专项附加扣除的情况，且只考虑了王先生一人的综合所得税负问题。在实务中，夫妻两个人共同配合，规划好专项附加扣除额在夫妻二人

之间的分配，以及赡养老人专项附加扣除额在兄弟姐妹之间的分配，可以为家庭起到更好的节税效果。

二、专项附加扣除的灵活运用

（一）概念普及：边际税率

边际税率（Marginal Tax Rate，MTR），就是征税对象数额的增量中税额所占的比率。以超额累进的个人所得举例：免征额为5 000元，那么5 000元以下的收入免税，边际税率就为0。当一个人月收入达到5 700元的时候，相比起5 000元增量为700元，按照适用税率应缴纳21元的税。此时边际税率就是21÷700＝3%。

在专项附加扣除的选择上，会多次使用边际税率的概念来决定专项附加扣除额的具体分配情况。

（二）子女教育专项附加扣除在家庭中的税务决策

子女教育专项附加扣除对于有子女的家庭来说，是一项非常有利的政策。一个孩子可以提供给家庭的免征额为1 000元/月，由夫妻二人来决定具体的分配情况，可以夫妻双方其中一人占用1 000元额度，另一人为0；也可以夫妻双方每人500元/月的免税额度。而上述案例中王先生家庭有所不同，他们有两个孩子，且目前这两个孩子都处在学前教育与学历教育阶段，故都可以进行专项附加扣除的申报和抵扣。考虑到王先生的收入高于王太太，如果王太太也选择全年一次性奖金单独计税，那么王先生的边际税率已经达到了30%，高于王太太的3%，所以这部分的专项附加扣除额共2 000元，用于王先生将会获得最大收益。

该专项附加扣除额全部用于王先生，可少交税2 000×30%＝600（元）；

该专项附加扣除额全部用于王太太，可少交税2 000×3%＝60（元）；

该专项附加扣除额平均用于王夫妇，可少交税1 000×30%＋1 000×3%＝330（元）。

综上比较，相关专项附加扣除额应运用于边际税率较高的家庭成员中。

（三）住房贷款利息专项附加扣除在家庭中的税务决策

个人所得税专项附加扣除中关于纳税人本人或者配偶单独或者共同使用商业银行或者住房公积金个人住房贷款为本人或者其配偶购买中国境内住房，发生的首套住房贷款利息支出，在实际发生贷款利息的年度，按照每月1 000元的标准定额扣除，扣除期限最长不超过240个月。纳税人只能享受一次首套住房贷款的利息扣除。

上述案例中，王先生的首套房贷还剩余14年，所以在允许的情况下应该尽可能不要提前还款。与此同时，只要当月实际发生了贷款利息，那么该条专项附加扣除就会给予王先生家庭定额的1 000元/月的免征额。这里除了考虑1 000元免征额要使用在边际税率较高的家庭成员（上述案例为王先生）时，还要考虑如何可以进一步降低享受税务优惠的成本。

如果为了享受税务优惠，而维持高额贷款不偿还，节税金额可能远远小于所支付的贷款利息，那就会得不偿失。但是如果为了偿还贷款而将首套房贷提前结清，那可能在未来发生既无法再次享受首套房贷的优惠利率，也无法享受这项专项附加扣除的节税效果。所以在合理利用"定额"1 000元/月扣除的基础上，可以向银行申请部分房贷提前还款，并要求"期限不变，月供减少"的提前还款方式，而不是"月供不变，期限减少"的提前还款方式，这样既可以保留极低的利息支出额度，又可以充分享受首套房贷专项附加扣除所带来的税务优惠结果。同时，首套房贷利率往往都比较低，日后还会和商业银行贷款基础利率（LPR）挂钩，所以如果王先生家庭自身的投资管理能力比较强，投资收益率可以长期稳定超越贷款利率，那么我们可能会进一步建议王先生预估投资的预期收益水平，并配合首套房贷利息支出额、首套房贷专项附加扣除引致的减税金额来做出一个符合自身需求，且综合税负成本最低的判断。

这是一个金融业务操作与税务筹划目的相结合的实践经验。

（四）赡养老人专项附加扣除在家庭中的税务决策

纳税人存在赡养年满60岁以上父母以及子女均已去世的祖父母、外祖父母的赡养支出的，可以按最高2 000元/月"定额"税前扣除。根据《个人所得税专项附加扣除暂行办法》规定，只要父母其中一位达到60岁就可以享受扣除，不按照老人人数计算。纳税人为独生子女的，按照每月2 000元的标准定额扣除；纳税人为非独生子女的，应当与其兄弟姐妹分摊每月2 000元的扣除额度。采用赡养人均摊方式的，每一位纳税人的扣除额为2 000÷赡养人人数；采用指定分摊或者约定分摊方式的，每一纳税人分摊的扣除额最高不得超过每月1 000元，并签订书面分摊协议。指定分摊与约定分摊不一致的，以指定分摊为准。

因上述案例中，王先生和王太太都是独生子女，所以相应的纳税人可以享有2 000元/月的标准进行定额扣除。但是赡养老人的专项附加扣除不适用"夫妻二人谁边际税率较高，谁享受该专项附加扣除"项目。根据《国务院关于印发个人所得税专项附加扣除暂行办法的通知》（国发〔2018〕41号）第二十三条规定，"本办法所称被赡养人是指年满60岁的父母，以及子女均已去世的年满60岁的祖父母、外祖父母。"第二十九条规定，"本办法所称父母，是指生父母、继父母、养父母。"不包括岳父岳母或者公公婆婆。所以该

2 000 元/月的赡养老人专项附加扣除额，仅可以被王太太所运用，也由此王太太的税负进一步降低了。

综上所述，常规的税务筹划手段需要依托特别的税务优惠扶持政策，对相关政策的深入认识和理解，并灵活运用税务筹划手段与非税筹划手段，在合法合规的大前提下，不投机取巧，不偷税漏税，方能形成经得起考验的税务筹划模式。同时，税务筹划一定是具备前瞻性的，往往事前就需要开始介入参与运作，而并非已经出现不可逆转的税务结果时，再对既定的税务结果进行盲目而仓促的操作，那样很有可能会弄巧成拙、得不偿失。我们希望学生可以更全面地学习和理解税务知识，并运用到自身日常生活中以及自己父母的生活工作中去，从而使相关政策有更多的人可以受益并严格遵守，享受优惠的同时，又成为一名遵纪守法的好公民。

案例 17

失能失智子女家庭遗产规划

背景知识

遗产规划涉及多个法律法规，且每种遗产规划的工具均具有不同的特点和风险。在遗产规划中需要准确识别理财规划的目的和客户特定的风险，精确使用遗产规划工具，完成个性化的遗产规划目标。世界通用的遗产规划工具或者财富传承工具主要有遗嘱、保险、信托和基金会等。下面分别对每种工具的特点、使用范围和相关风险做出总结。

一、遗产规划工具

（一）遗嘱

遗嘱的形式有 5 种，分别是：公证遗嘱、自书遗嘱、代书遗嘱、口头遗嘱、录音遗嘱。

遗嘱要想生效，必须同时具备以下条件：

（1）遗嘱人立遗嘱时神志清醒，不存在被强迫或者欺骗的情形。

（2）如果继承人之中有人缺乏劳动能力、生活极度困难，遗嘱中必须要给这样的继承人保留一定的遗产份额。

（3）病危时的口头遗嘱必须要有两个以上的人做见证，而且这两个人本身不能与继承人或与继承人有利害关系。如果遗嘱人先后立了多份遗嘱，则以最后所立的为准，但任何遗嘱都不能和已经公证过的遗嘱相抵触。比如说，一个人生前立了多份遗嘱，而每份遗嘱的内容都不太一样，其中第一份遗嘱是经过公证机关公证的，那么这种情况下就应该以公证遗嘱所立的内容为准进行遗产继承，而不是以最后立的那份遗嘱为准。能够用书面或者录音形式立遗嘱的，所立的口头遗嘱无效。

遗嘱具有形式灵活方便的特点，在我国法律下可以处置几乎所有形式的财产。但是遗嘱在实际使用中具有风险，因为遗嘱的制定需要很高的法律专业知识和财务相关知识。事实上，日常生活中，遗嘱纠纷比较常见，而且诉讼成本较高，对家庭成员的感情也有较大伤害。很多情况下，即便是合法有效的遗嘱，也未必能够解决遗产传承和分配问题。

（二）保险

在遗产规划中使用的保险产品主要是寿险产品，其中，以终身寿险为主要工具。保险可以解决遗产传承中的几个典型问题。

1. 保密性

保险可以在保密的情况下指定受益人和受益人获得的遗产额度。遗产规划中保密性是一个很重要的问题。如果遗嘱内容提前被泄露，则有可能会在家人中产生不和与内斗。因此，利用保险的特征和法律架构，遗产规划人可以按照自己的意愿，指定受益人，并根据资产情况灵活购买寿险产品或者年金类产品进行财富传承。同时，因为终身寿险还具有杠杆的作用，所以保险通常在遗产规划中占有重要的地位。

2. 合理避税和避债

人身保险理赔金不计入遗产税总额，但未来遗产税的出台，保险将起到合理避税作用。通过终身寿险的杠杆作用，还可以提前为继承人准备一笔现金缴纳遗产税，从而减轻继承人的负担。在债务方面，一旦被继承人所投保的保险指定了受益人，被继承人死亡后，保险理赔金由受益人领取，受法律保护，但理赔金将不列入被继承人的遗产范围，不会用于被继承人的债务清偿或者赔偿。

3. 隔离企业和家庭资产

研究报告显示，国内私人银行客户70%以上都是企业主，其中又以中小企业主为主。这些企业普遍存在一个现象就是公司治理不健全，财务制度不规范，公司财产和家族财产没有严格的界限。因此，一旦企业经营出现问题，很容易波及企业主家庭财富。通过人寿保单的财产转移功能和人身依附属性来进行提前安排，可以大大降低这部分资产被追偿的风险，相当于在企业资产和家族资产之间建立一道防火墙，以增强其财富的安全性和稳健性。

4. 婚姻资产保全

人寿保单还可以用来防止家族资产因婚姻问题导致的流失。人寿保单具有财产转移的功能，保单上也载明了保单利益的归属，可以用来界定和保护婚姻中的个人资产部分。例如，在没有婚内财产协议或财产公证的前提下，婚前的现金类资产在婚后极易发生混淆而转化为共同财产。但如果提前通过投保人寿保单，则可以界定清楚这部分财产的属性，从而避免被分割。另外，父母对子女一方的赠予，如果是现金，也极易混为子女的婚内财产，如果通过投保人寿保单，则可以很容易界定清楚，进而可以对这部分财产进行保护。

5. 财富定期给付代替一次性给付

如果是普通继承，相当于后代一次性拿到所有的资产。对于遗产比较巨大的情况，突然掌控巨额财富的年轻人，难免在漫长的人生中遇到风险或挥霍无度。而通过保险产品完成财富传承，可以选择由保险公司分期、分批给付受益金，以保证财富能够长期安全。

(三) 信托

家族信托"是一种有效的财富传承方式，是高净值人士首选的一种管理家族资产的载体"，是"以家族财富的管理、传承和保护为目的的信托，在内容上包括以资产管理、投资组合等理财服务事项对家族资产负债的全面管理，更重要的是提供财富保全、遗产规划、税务策划、子女教育、家族治理、慈善事业等多方面的服务"[①]。

家族信托中的委托人一般为拥有家族企业或者家族财富的个人或家庭。信托受益人可以是委托人本身，也可由委托人指定，一般情况下，受益人是该家族的成员。目前国内的家族信托受托人以信托公司为主。

信托制度解决了不同受益人的利益保障问题。委托人健在时，可以采取家族企业内部授权或者外部代理的方式来解决家族财产的短期管理问题，但当委托人丧失民事行为能力或者辞世的时候，需要通过信托这种方式确立家族财产由受托人或家族治理机构进行长期管理的方式和方法的问题，使家族财产管理具有稳定性与有效性。

信托财产独立性将为家族信托财产构筑一道安全的防火墙。《中华人民共和国信托法》（以下简称《信托法》）规定："信托财产与委托人未设立信托的其他财产相区别""信托财产与属于受托人所有的财产（简称固有财产）相区别，不得归入受托人的固有财产或者成为固有财产的一部分""受托人管理、运用、处分不同委托人的信托财产所产生的债权债务，不得相互抵消"。以上规定明确了信托财产的独立性，且会产生以下法律后果：第一，受托人在管理过程中，必须将信托财产与固有财产相区别；第二，委托人、受托人与受益人三者任何一方的债权人都无法主张以信托财产偿债；第三，因处理信托事务所生的损益，原则上都归属于信托财产本身。根据以上规定，家族财产一旦设立信托，就与委托人未设立信托的其他财产相区别，家族信托财产就取得了特殊的法律地位，即自行封闭与外界隔绝。除非符合《信托法》第十七条规定的四种情形，即设立信托前债权人已对该信托财产享有优先受偿的权利，并依法行使该权利的；受托人处理信托事务所产生债务，债权人要求清偿该债务的，信托财产本身应担负的税款，法律规定的其他情形。否则财产不得强制执行。《信托法》确立的信托财产的独立性为家族信托财产构筑一道安全的防火墙，

---

① 中国信托业协会，2014 信托业专题研究报告。

保障了家族信托财产的安全与传承。

保险金信托是另一种常见的财富传承工具。通常一些实力和专业能力比较雄厚的保险公司，会对达到一定资金数额的寿险保单提供保险金信托的服务。所谓保险金信托，是一项结合保险与信托的金融服务产品，以保险金给付为信托财产，由保险投保人和信托机构签订保险金信托合同书，当被保险人身故发生理赔或满期保险金给付时，由保险公司将保险金交付受托人（即信托机构），由受托人依信托合同的约定管理、运用，并按信托合同约定方式，将信托财产分配给受益人，并于信托终止或到期时，交付剩余资产给信托受益人。

（四）基金会

基金会（慈善基金会），是指利用自然人、法人或者其他组织捐赠的财产，以从事公益事业为目的，按照本条例的规定成立的非营利性法人。

基金会分为面向公众募捐的基金会和不得面向公众募捐的基金会。公募基金会按照募捐的地域范围，分为全国性公募基金会和地方性公募基金会。根据《基金会管理条例》规定，基金会必须在民政部门登记方能合法运作，就其性质而言是一种民间非营利组织。

基金会避免了遗产税、收入所得税、赠予税等。基金会对外投资增值还可以免除资本利得税。基金会每年仅需要贡献出总资产的5%来进行慈善事业。以财产的所有权置换控制权，不仅实现了避税功能，还可实现财富大幅增值。基金会表面上是属于代持机构，即金融机构和资产管理公司，由职业经理人运作，但实际管理人和资产的使用权仍牢牢地控制在捐赠者手中。捐赠者及后人对基金会拥有关键一票的否决权。

由于国内慈善"抵税"力度偏低，我们以美国为例。在美国的税收制度中，个人或企业向非营利组织捐赠后，在纳税时可以享受一定的抵扣乃至免除全额所得税，自然人税前扣除的比例为50%~70%，企业税前扣除比例为10%~50%，有些州甚至达到100%。再细化到基金会来看。美国《国内税收法》规定了可以享受税收减免待遇的慈善机构的范围，基金会就是属于享受税收减免待遇的机构。

此外，由信托财产收益衍生出的其他收益，如投资收益或由信托财产产生收益进行的其他投资行为，只要该衍生出的收益使用对象也是慈善目的的公益事业时，对该收益可免除全额所得税。

顶级富豪们通过设立家族基金会等方式积极投身慈善事业还有着一层隐性需求，那就是有生之年自主把控善款去向。比尔·盖茨曾说，决定裸捐的原因之一，是希望把个人财富"运用到自己想用的地方"。

(五) 意定监护

在我国，无民事行为能力以及限制民事行为能力人都是需要监护人的保护、照顾与教导。例如，未成年人、失智失能的老人、智力障碍人士、精神疾病患者等。

法定监护是由法律直接规定监护人范围和顺序的监护。法定监护人可以由一人或多人担任。《中华人民共和国民法通则》第十六条第一款规定，"未成年人的父母是未成年人的监护人。"父母对子女享有亲权，是当然的第一顺位监护人。未成年人的父母死亡，依次由祖父母和外祖父母、兄、姐、关系密切的亲属或朋友、父母单位或未成年人住所地的居委会或村委会、民政部门担任监护人。成年精神病人的法定监护人的范围顺序是：配偶、父母、成年子女、其他近亲属、关系密切的亲属或朋友、精神病人所在单位或住所地的居委会或村委会、民政部门。

法定监护人有顺序在前者优先于在后者担任监护人的效力。但法定顺序可以依监护人的协议而改变，前一顺序监护人无监护能力或对监护人明显不利的，人民法院有权从后一顺序中择优确定监护人。

在遗产规划中，法定监护人在监护中可能存在问题和风险。因为财产分配等安排会导致家人内斗、反目成仇，所以可能会危害限制民事行为能力人的生命安全和财产安全。

2016年6月，全国人大常委会审议的《中华人民共和国民法总则（草案）》第三十一条规定，"具有完全民事行为能力的成年人，可以与近亲属、其他愿意承担监护责任的个人或者有关组织事先协商，以书面形式确定自己的监护人。监护人在该成年人丧失或者部分丧失民事行为能力时，承担监护责任。"

意定监护中的委托监护是由合同设立的监护人，委托监护属意定监护，既可以是全权委任，也可以是限权委任。前者如父母将子女委托祖父母照料或配偶将精神病人委托精神病院照料；后者如将子女委托给寄宿制学校、幼儿园等。广义的意定监护安排，不仅包括自己给自己做的安排，还包括为他人所做的监护安排，比如委托监护、遗嘱监护、协议监护安排等。

在我国，绝大部分的意定监护协议都是经过公证的（虽然法律并无强制公证的要求），监护协议生效时，可以由公证处出具监护证书。很多时候，考虑到相关部门认知度和接受度的问题，监护人可能更倾向于获得一份法院出具的判决书。因为根据法律规定，意定监护人也可以直接向法院提起特别程序，通过法院判决指定监护人。所以在法院程序中，当事人之前已经完成的意定监护公证安排，将会成为法院判决的依据。

《民法总则》第三十一条规定："对监护人的确定有争议的，由被监护人住所地的居民委员会、村民委员会或者民政部门指定监护人，有关当事人对指定不服的，可以向人民法院申请指定监护人;有关当事人也可以直接向人民法院申请指定监护人。"

二、与遗产规划相关的法律法规及其解读

(一) 与遗产规划相关的《中华人民共和国继承法》的内容

第二条　继承的开始

继承从被继承人死亡时开始。

解读:该条款表明,遗产规划必须提前制定,如果一旦被继承人死亡,则继承自动开始,再做规划已经来不及,可能发生的家产旁落、税收问题等都将会发生。

第十条　继承人范围及继承顺序

遗产按照下列顺序继承:第一顺序:配偶、子女、父母。第二顺序:兄弟姐妹、祖父母、外祖父母。继承开始后,由第一顺序继承人继承,第二顺序继承人不继承。没有第一顺序继承人继承的,由第二顺序继承人继承。本法所说的子女,包括婚生子女、非婚生子女、养子女和有扶养关系的继子女。本法所说的父母,包括生父母、养父母和有扶养关系的继父母。本法所说的兄弟姐妹,包括同父母的兄弟姐妹、同父异母或者同母异父的兄弟姐妹、养兄弟姐妹、有扶养关系的继兄弟姐妹。

解读:该条款表明了继承的方向,值得仔细研讨。对于父母健在,兄弟姐妹多人的个人来说,遗产规划是必需的。因为,即便对财产本身的归属没有争议,但是在遗产继承时需要所有有继承权利的人同时到场公证,可能会带来很大的麻烦。如果被继承人的父母健在,则遗产由其父母继承,转而由其兄弟姐妹继承,继而由其子女继承。如果不早做安排,这种传承将会无穷尽,随着时间的推移,会带来越来越多的问题和隐患。另外还需注意的是,该条法律对于非婚生子女、养子女和有抚养关系的继子女同样适用。所以,对于有非婚生子女家庭,再婚家庭,再婚有继子女的家庭更需要根据被继承人的财产状况和意愿进行提前的传承规划。

第十一条　代位继承

被继承人的子女先于被继承人死亡的,由被继承人的子女的晚辈直系血亲代位继承。代位继承人一般只能继承他的父亲或者母亲有权继承的遗产份额。

第十二条　丧偶儿媳、女婿的继承权

丧偶儿媳对公、婆,丧偶女婿对岳父、岳母,尽了主要赡养义务的,作为第一顺序继承人。

第二十条　遗嘱的撤销、变更

遗嘱人可以撤销、变更自己所立的遗嘱。立有数份遗嘱,内容相抵触的,以最后的遗嘱为准。自书、代书、录音、口头遗嘱,不得撤销、变更公证遗嘱。

第二十二条 遗嘱的无效

无行为能力人或者限制行为能力人所立的遗嘱无效。遗嘱必须表示遗嘱人的真实意思,受胁迫、欺骗所立的遗嘱无效。伪造的遗嘱无效。遗嘱被篡改的,篡改的内容无效。

解读:该条款是遗嘱受到挑战的主要依据,包括许多著名的案例,例如,香港女富豪龚如心在继承丈夫的遗产时,出现了遗嘱的真假问题和本人遗产被继承时的遗嘱真假之争。这些纠纷无论对富豪还是对普通人来说均会耗费巨大财力和时间成本,令人难以承受。因为一般的遗嘱程序很难充分证明该遗嘱是在被继承人神志清醒、没有受到其他人的诱导、胁迫的情况下订立的。而通常遗嘱是在被继承人出现了某种身体状况或者突发事件的时候订立的。很多情况下,遗嘱内容与当事人的预期并不相符甚至相差很大,所以这也是遗嘱比较容易且易受到挑战的原因。

第二十六条 遗产的认定

夫妻在婚姻关系存续期间所得的共同所有的财产,除有约定的以外,如果分割遗产,应当先将共同所有的财产的一半分出为配偶所有,其余的为被继承人的遗产。遗产在家庭共有财产之中的,遗产分割时,应当先分出他人的财产。

第二十七条 法定继承的适用范围

有下列情形之一的,遗产中的有关部分按照法定继承办理:(一)遗嘱继承人放弃继承或者受遗赠人放弃受遗赠的;(二)遗嘱继承人丧失继承权的;(三)遗嘱继承人、受遗赠人先于遗嘱人死亡的;(四)遗嘱无效部分所涉及的遗产;(五)遗嘱未处分的遗产。

第二十八条 胎儿预留份

遗产分割时,应当保留胎儿的继承份额。胎儿出生时是死体的,保留的份额按照法定继承办理。

第三十条 再婚时对所继承遗产的处分权

夫妻一方死亡后另一方再婚的,有权处分所继承的财产,任何人不得干涉。

解读:该条款是很多家庭在遗产规划时需要考虑的,自己的遗产是否愿意给配偶做未来的婚嫁金和他人子女的抚养费。如果不愿意,则应考虑如何设计才能为自己子女或者其他继承人使用。

第三十一条 遗赠扶养协议

公民可以与扶养人签订遗赠扶养协议。按照协议,扶养人承担该公民生养死葬的义务,享有受遗赠的权利。公民可以与集体所有制组织签订遗赠扶养协议。按照协议,集体所有制组织承担该公民生养死葬的义务,享有受遗赠的权利。

第三十三条 继承遗产与清偿债务

继承遗产应当清偿被继承人依法应当缴纳的税款和债务,缴纳税款和清偿债务以他的遗产实际价值为限。超过遗产实际价值部分，继承人自愿偿还的不在此限。继承人放弃继承的，对被继承人依法应当缴纳的税款和债务可以不负偿还责任。

解读：联合下面保险条款中寿险部分的内容，结合《中华人民共和国合同法》第七十三条规定："因债务人怠于行使其到期债权，对债权人造成损害的，债权人可以向人民法院请求以自己的名义代位行使债务人的债权，但该债权专属于债务人自身的除外。"最高人民法院关于适用《中华人民共和国合同法》若干问题的解释（一）第十二条："债务人自身的债权是指基于扶养、抚养、赡养关系、继承关系产生的给付请求权和劳动报酬、退休金、养老金、抚恤金、安置费、人身保险、人身伤害赔偿请求权等。"故而通过寿险进行财富传承的，继承人拿到的保险金不用于清偿被保险人的债务。但是，根据现有法律和判例，如果是恶意转移财产的，在未出险之前，法院可以裁定以保单的现金价值来偿还被保险人的债务。

（二）与遗产规划有关的《中华人民共和国保险法》的内容

第十六条

订立保险合同，保险人就保险标的或者被保险人的有关情况提出询问的，投保人应当如实告知。投保人故意或者因重大过失未履行前款规定的如实告知义务，足以影响保险人决定是否同意承保或者提高保险费率的，保险人有权解除合同。前款规定的合同解除权，自保险人知道有解除事由之日起，超过三十日不行使而消灭。自合同成立之日起超过二年的，保险人不得解除合同；发生保险事故的，保险人应当承担赔偿或者给付保险金的责任。投保人故意不履行如实告知义务的，保险人对于合同解除前发生的保险事故，不承担赔偿或者给付保险金的责任，并不退还保险费。投保人因重大过失未履行如实告知义务，对保险事故的发生有严重影响的，保险人对于合同解除前发生的保险事故，不承担赔偿或者给付保险金的责任，但应当退还保险费。保险人在合同订立时已经知道投保人未如实告知的情况的，保险人不得解除合同；发生保险事故的，保险人应当承担赔偿或者给付保险金的责任。保险事故是指保险合同约定的保险责任范围内的事故。

解读：2009年10月1日，新修订的《保险法》正式生效。这次《保险法》的修改，重要一条便是加入"两年不可抗辩"条款。

买保险前要如实告知身体健康情况。未如实告知的，如果是无意的，保险公司可以解除合同，不予以赔偿，并退回已缴保费；如果是蓄意隐瞒，保险公司除了有权解除合同，拒绝赔偿以外，还可以拒绝退回保费。从保险合同成立开始计算，由于投保人故意或过失，合同成立2年内，保险公司有权解除合同和拒赔。但是合同超过2年后，保险公司不能再解除合同，发生了保险事故的，保险公司也要理赔。但是需要注意的是，2年不可抗辩仅仅是指保险公司在合同成立超过2年后不得因不如实告知解除合同。但能不能理赔的关键是有否在合同中所保障的范围内发生保险事故。最终的赔付还是依赖于保险合同的表述。

第三十一条

投保人对下列人员具有保险利益：（一）本人；（二）配偶、子女、父母；（三）前项以外与投保人有抚养、赡养或者扶养关系的家庭其他成员、近亲属；（四）与投保人有劳动关系的劳动者。除前款规定外，被保险人同意投保人为其订立合同的，视为投保人对被保险人具有保险利益。订立合同时，投保人对被保险人不具有保险利益的，合同无效。

第四十二条

被保险人死亡后，有下列情形之一的，保险金作为被保险人的遗产，由保险人依照《中华人民共和国继承法》的规定履行给付保险金的义务：（一）没有指定受益人，或者受益人指定不明无法确定的；（二）受益人先于被保险人死亡，没有其他受益人的；（三）受益人依法丧失受益权或者放弃受益权，没有其他受益人的。受益人与被保险人在同一事件中死亡，且不能确定死亡先后顺序的，推定受益人死亡在先。

第八十九条

经营有人寿保险业务的保险公司，除因分立、合并或者被依法撤销外，不得解散。

第九十条

保险公司有《中华人民共和国企业破产法》第二条规定情形的，经国务院保险监督管理机构同意，保险公司或者其债权人可以依法向人民法院申请重整、和解或者破产清算；国务院保险监督管理机构也可以依法向人民法院申请对该保险公司进行重整或者破产清算。

第九十一条

破产财产在优先清偿破产费用和共益债务后，按照下列顺序清偿：（一）所欠职工工资和医疗、伤残补助、抚恤费用，所欠应当划入职工个人账户的基本养老保险、基本医疗保险费用，以及法律、行政法规规定应当支付给职工的补偿金；（二）赔偿或者给付保险金；（三）保险公司欠缴的除第（一）项规定以外的社会保险费用和所欠税款；（四）普通破产债权。破产财产不足以清偿同一顺序的清偿要求的，按照比例分配。破产保险公司的董事、监事和高级管理人员的工资，按照该公司职工的平均工资计算。

第九十二条

经营有人寿保险业务的保险公司被依法撤销或者被依法宣告破产的，其持有的人寿保险合同及责任准备金，必须转让给其他经营有人寿保险业务的保险公司；不能同其他保险公司达成转让协议的，由国务院保险监督管理机构指定经营有人寿保险业务的保险公司接受转让。转让或者由国务院保险监督管理机构指定接受转让前款规定的人寿保险合同及责任准备金的，应当维护被保险人、受益人的合法权益。

解读：以上条款说明，人寿保险受到国家法律保护，相应的保险权益不因公司的经营状况受到影响，解决了普通人对保险公司破产的顾虑。所以，购买人寿保险应该看清保险条款和保障权益，而不能只是仅仅因为品牌有名就买其产品，有可能会因此多付出了品牌溢价，或者未必是适合自己的最优选择。

（三）与遗产规划相关的《中华人民共和国信托法》的内容

第九条

设立信托，其书面文件应当载明下列事项：（一）信托目的；（二）委托人、受托人的姓名或者名称、住所；（三）受益人或者受益人范围；（四）信托财产的范围、种类及状况；（五）受益人取得信托利益的形式、方法。除前款所列事项外，可以载明信托期限、信托财产的管理方法、受托人的报酬、新受托人的选任方式、信托终止事由等事项。

第十条

设立信托，对于信托财产，有关法律、行政法规规定应当办理登记手续的，应当依法办理信托登记。未依照前款规定办理信托登记的，应当补办登记手续；不补办的，该信托不产生效力。

解读：该条款对信托的有效性至关重要。信托有效的关键在于信托财产的转移。如果只是签署信托合同，但是并没有做相应的财产转移，则信托是无效的。

第十一条

有下列情形之一的，信托无效：（一）信托目的违反法律、行政法规或者损害社会公共利益；（二）信托财产不能确定；（三）委托人以非法财产或者本法规定不得设立信托的财产设立信托；（四）专以诉讼或者讨债为目的设立信托；（五）受益人或者受益人范围不能确定；（六）法律、行政法规规定的其他情形。

第十二条

委托人设立信托损害其债权人利益的，债权人有权申请人民法院撤销该信托。人民法院依照前款规定撤销信托的，不影响善意受益人已经取得的信托利益。本条第一款规定的申请权，自债权人知道或者应当知道撤销原因之日起一年内不行使的，归于消灭。

第十三条

设立遗嘱信托，应当遵守继承法关于遗嘱的规定。遗嘱指定的人拒绝或者无能力担任受托人的，由受益人另行选任受托人；受益人为无民事行为能力人或者限制民事行为能力人的，依法由其监护人代行选任。遗嘱对选任受托人另有规定的，从其规定。

解读：通过遗嘱设立信托是可行的，但是根据前文我们了解到遗嘱本身容易受到挑战，且遗嘱信托的成立还需要牵涉多个当事人，如遗嘱制定的受托人、受益人的监护人，这些环节增加了遗嘱执行的不确定性。

第十四条

受托人因承诺信托而取得的财产是信托财产。受托人因信托财产的管理运用、处分或者其他情形而取得的财产，也归入信托财产。法律、行政法规禁止流通的财产，不得作为信托财产。法律、行政法规限制流通的财产，依法经有关主管部门批准后，可以作为信托财产。

第十五条

信托财产与委托人未设立信托的其他财产相区别。设立信托后，委托人死亡或者依法解散、被依法撤销、被宣告破产时，委托人是唯一受益人的，信托终止，信托财产作为其遗产或者清算财产；委托人不是唯一受益人的，信托存续，信托财产不作为其遗产或者清算财产；但作为共同受益人的委托人死亡或者依法解散、被依法撤销、被宣告破产时，其信托受益权作为其遗产或者清算财产。

第十六条

信托财产与属于受托人所有的财产（以下简称固有财产）相区别，不得归入受托人的固有财产或者成为固有财产的一部分。受托人死亡或者依法解散、被依法撤销、被宣告破产而终止，信托财产不属于其遗产或者清算财产。

第十七条

除因下列情形之一外，对信托财产不得强制执行：（一）设立信托前债权人已对该信托财产享有优先受偿的权利，并依法行使该权利的；（二）受托人处理信托事务所产生债务，债权人要求清偿该债务的；（三）信托财产本身应担负的税款；（四）法律规定的其他情形。对于违反前款规定而强制执行信托财产，委托人、受托人或者受益人有权向人民法院提出异议。

第十八条

受托人管理运用、处分信托财产所产生的债权，不得与其固有财产产生的债务相抵销。受托人管理运用、处分不同委托人的信托财产所产生的债权债务，不得相互抵销。

解读：通过第十四条至十八条条款内容，我们了解到信托财产具有独立性，信托财产产生的收益属于信托财产，独立于委托人和受托人的财产、债务；信托财产独立于委托人的其他财产，当受益人不是委托人时，还独立于委托人后续产生的债务；信托财产独立于受托人的财产、债务。

案例情景

冯先生，今年63岁，已经退休。冯太太今年62岁，也已经退休。他们有一个独生女儿，今年34岁，已婚，育有一个女儿，3岁。冯氏夫妇二人除一个女儿外，没有其他直系亲属。冯先生一家三口居于中国二线城市，冯先生夫妇二人退休之前的单位均为事业单位，退休工资颇高，理财有道，家境殷实。现有房产一套，市值100万元，商铺一套，市值120万元，汽车一辆，市值20万元，存款30万元。冯先生女儿女婿的婚房为女婿婚前购买，有贷款。自从女儿生了孩子以后，冯先生夫妇二人便把全部的精力用在了带孩子上，而且在女儿生活中贴补许多，生活充实而美满。但是天有不测风云，人有旦夕祸福。一日，冯先生女儿突发重病，经过一段时间治疗后虽然康复，但是身体健康程度受到较大影响。而且，在此过程中，女婿因为工作繁忙也没有太多时间照顾妻子，夫妻二人渐生龃龉。冯氏夫妇渐感自己年龄已大，且女儿的未来也充满各种不确定性，二人准备为自己的财产提前做出规划。（在本案例中，为了使风险情况更有真实性，故而假定女儿生病。事实上，如果运用保险的思维，即便女儿身体健康，也仍然存在以下几种可能。同样也需要防范以下几种风险。）

案例分析

一、家庭财富传承中可能出现的风险

（一）情况1：父母去世后，女儿面临的婚姻风险

在父母去世后，由于女儿是唯一继承人，则女儿继承了父母的房产和存款，在继承发生的同时该财产成为女儿和女婿的夫妻共同财产。如果女儿女婿离婚，则女婿有权分得遗产的一半，即价值135万元的房产和存款等。这是在没有计算财产分割、市场价格波动、诉讼纠纷等的费用情况下的数值。

（二）情况2：父母去世后，女儿女婿婚姻关系良好但女儿早逝

在这种情况下，女儿继承父母的遗产，首先成为夫妻共同财产，丈夫有1/2的产权。其次，女儿持有的1/2父母的遗产成为自己的遗产，其中的一半也就是原父母财产的1/4为丈夫继承，剩下的1/4为女儿继承。由于外孙女年幼，所以监护人有财产的控制权。故而，冯氏夫妇的财产旁落，绝大部分被女婿所控制。女婿年轻，再婚的可能性很大。则再婚后，该财产的使用很有可能会受到再婚妻子的干预，则能够用于外孙女生活学业的部分存疑。

（三）情况3：父母去世后，女儿女婿婚姻存续

这种情况下，女儿继承父母的遗产，同时遗产也为夫妻共同财产。由于是不动产，因

此夫妻任何一方不能单独处置。但是由于女儿身体健康状况恶化，最终女儿失去行为能力，成为无民事行为能力或限制民事行为能力人。简单理解为植物人、神志不清等失能状态。此时，丈夫成为妻子的法定监护人。则财产的控制权掌握在女婿手中。更进一步，女婿是否对目前的生活重担不堪忍受？女婿也有权利追求幸福生活，提出离婚。则女儿和外孙女的生活得不到保障。

（四）情况4：父母先后去世，且女儿在父母去世之间去世

根据继承法可知，父母其中一人去世之后，其中一方的财产由配偶、父母和子女继承。假定冯先生先去世，则老两口财产的一半为其遗产，其中的1/4由老伴继承，另外1/4由女儿继承。但是，在继承的同时，这1/4财产成为女儿女婿的夫妻共同财产。女儿去世后，这部分财产的一半作为女儿的遗产，分别由三位第一顺序继承人其母亲、其女儿、其丈夫平均继承，每人继承份额为1/24。由于遗产的主要部分为不动产，女儿去世后，女婿有可能主张自己的财产权利。则不动产的产权分割可能会引起纠纷。当冯太太去世后，遗产由外孙女代位继承。孙女继承的份额为3/4 + 1/24 = 19/24。孙女儿如果年幼，则财产的控制权由监护人执行，财产旁落。如果成年，则女婿有可能再婚主张财产权利，容易引起纠纷。

（五）情况5：女儿在父母去世之前去世

女儿在父母去世之前去世，则冯氏夫妇的财产继承权拥有者为外孙女。同样的问题，如果外孙女没有成年，则财产的控制权为女婿，财产旁落。

二、遗产规划的目标

冯氏夫妇的遗产规划目标非常明确：最低限度降低纠纷，把所有的财产留给女儿和外孙女。

三、遗产规划策略

这里所设计的策略，需要针对每种情况分别进行设计，再找到覆盖所有情况的策略集合。

（一）工具1：遗嘱和意定监护人

使用遗嘱的目的在于避免遗产成为夫妻共同财产，同时规避父母去世后女婿成为女儿唯一监护人的可能。

冯氏夫妇订立遗嘱并公证，每人书写的内容包括以下几点：若自己去世，则遗产全部由配偶继承；若配偶已经去世则遗产全部由女儿一人100%继承；若配偶女儿均已去世则遗产由孙女一人100%继承。女儿的监护人由冯氏夫妇信任的一近亲属担任，同时设立另一名信任的近亲属为监督人，并做出公证。

女儿订立遗嘱并公证，若自己去世，则遗产由父母100%继承，若父母去世则遗产由自己的女儿100%继承。如果担心当父母过世后，自己过早去世，自己的女儿年龄小不能管理自己的财产（这里没有讨论处置女儿与女婿的夫妻共同财产，如有涉及，冯氏夫妇可以选择放弃女儿夫妻共同财产的继承权。）①，则可以采用保险或者信托等方式将财富定向传承给女儿（实际问题解决方式比此处简化分析复杂得多，在此仅作部分操作提示）。

上述两种方式均为指定遗产继承人，可以保证不动产产权的100%归属，避免不动产产权纠纷，降低可能损失。同时，女儿的遗嘱保证了冯氏夫妇财产不会旁落他人之外。

指定意定监护人的目的在于避免财产控制权旁落。

如果冯氏夫妇担心在各种情况下，女婿做出的决策不能保证是出于女儿和外孙女利益最大化的角度，则可以指定监护人。父母在世则可以指定其信任的亲属作为监护人，同时指定候选监护人，以保证当女儿成为无民事行为能力或限制民事行为能力人时，由自己信任的人作为监护人照顾女儿的生活。备选监护人则是保证当一名监护人不能履行职责的时候，另一名监护人可以续任。同时指定一名监督人，最大程度上打消当事人的顾虑，给所有当事人作为一个公平处理事务的鉴证，对冯氏夫妇和他们信任的意定监护人都有好处，减轻心理和舆论压力。

女儿在自己的遗嘱中写明，如果父母去世且自己丧失民事行为能力，则指定信任的亲属为监护人并制定候选监护人。同时还需要为其孙女儿指定监护人和候选监护人。

但是，由于现在独生子女居多，很有可能会出现没有可信任的兄弟姐妹作为监护人的尴尬境地。这时候，就需要借助机构的力量来完成这些目的，例如居委会、社会慈善机构、律所等。

（二）工具2：保险

使用保险的目的主要在于规避未来可能出现的遗产税，现金资产逐步实现转移；隔离

---

① 《民法通则》第十三条规定，"不能辨认自己行为的精神病人是无民事行为能力人，由他的法定代理人代理民事活动。不能完全辨认自己行为的精神病人是限制民事行为能力人，可以进行与他的精神健康状况相适应的民事活动；其他民事活动由他的法定代理人代理，或者征得他的法定代理人的同意。"要看他在立遗嘱的时候是否是精神病发作期，如果是在精神病发作期立的遗嘱就视为无效，如果是在间歇期也就是在正常期立的遗嘱，就有效。如何区分当时到底是发作期还是间歇期，应该到政府指定的医疗机构进行精神病鉴定，这样才具有法律效力。

夫妻共同财产；规避债务等。

通过购买终身寿险，冯氏夫妇可以最简单快捷的方式将自己的财富传给下一代。但是，也存在一些问题。首先，冯氏夫妇的财产大部分以不动产的形式存在，现金资产较少。利用终身寿险很难避免上述风险。其次，假定冯氏夫妇决定将房产出售一套，换得120万元，并转化为终身寿险，指定受益人为女儿。我们知道，如果冯氏夫妇身故，则受益人女儿取得的保险金属于婚内个人财产，如果发生婚变，则该财产不作为夫妻共同财产进行分割。出售一套房产转为终身寿险，该保险如果是趸交的情况，则具有大约1.3~1.5倍左右的杠杆。但其风险还在于，如果冯氏夫妇寿命很长，情况3中女儿不具有能够处置财产能力的风险仍然存在，即通过保险实现的现金资产传承后，资金的控制权有可能旁落。

（三）工具3：保险金信托或民事信托

使用信托的目的在于对现有财产进行专业的财富管理，并且能在以上情况发生时做出对受益人最有益的决策。特别针对情况3，女儿成为限制民事行为能力人的风险。

这里的信托主要指民事信托，而不是信托公司的营业信托。民事信托和营业信托之间的区别，可以参考相关的资料。我国已有民事信托的判例，普通人也可以作为受托人，形成民事信托。当然，更为专业的家族信托办公室、保险公司分支机构、第三方理财公司、律师事务所等也可以成为受托人，且目前已经有许多民事信托成功运作。

对于冯氏夫妇可以选择将自己的财产进行信托，他们为委托人，受益人为女儿和外孙女。根据受托人的不同，信托的成本也不同。一般来说，保险公司、律师事务所等每年成本在3万元左右。该成本对于冯氏夫妇的资产来说显然过高，侵蚀本金。所以，参考判例，他们最好选择信任的机构或个人，通过严密的法律文件形成信托关系。同时，为了保证受托人制订的方案是对受益人最优的，也需要在信托文件中设立自己信任的亲属和朋友作为监察人。信托监察人，是指由委托人或者公益事业管理机构指定的、依照法律和信托文件的规定保全信托受益权、监督受托人管理信托事务的人。这里存在的问题是，虽然理论上信托财产与受托人的财产和债务隔离，但是在实际操作中仍然有操作风险。因为不动产需要过户和登记，受托人的财产如果未来面临分割的时候可能会发生诉讼纠纷。

在本案例中，冯氏夫妇可以在有充分信任的亲属和朋友的前提下，提前签署信托文件。如选择保险公司所属的家族信托办公室等，或者具有不错理财知识的亲属和朋友为受托人，将自己的财产用签署信托合同加公证的形式转移给受托人。受托人按照冯氏夫妇的意愿管理财产。据了解，冯氏夫妇希望通过房屋出租的方式给女儿和外孙女提供生活费用补贴。根据目前的市场情况，这一处置恰当。信托合同中可以约定，在房地产市场平稳的情况下，两套房产的租金可以提供给女儿和外孙女作为生活教育费用。在房地产市场不景气或者两套房产预期发生贬值的时候，出售房产，转换为女儿和外孙女的养老保险金，产生的收益由女儿和外孙女享有。

综上所述，对于冯氏夫妇可能的遗产规划策略，主要包含的步骤和内容为：首先，在整个遗产规划中，冯氏夫妇的遗嘱和意定监护人的设立是最重要的部分，在遗嘱中应明确表示。其次，冯氏夫妇将自己的夫妻共同财产100%由女儿一人继承，如果女儿离世则由外孙女一人继承。再次，为女儿指定意定监护人和监督人。最后，冯氏夫妇通过女儿为外孙女购买年金产品，第一受益人为外孙女，第二受益人为投保人即冯氏夫妇的女儿。此举可以保障冯氏夫妇的女儿和外孙女的教育和生活费用。同时冯氏夫妇的女儿指定遗产100%为外孙女所有，并授意意定监护人在女儿的生命末期处置所有不动产，转换为年金产品，受益人为外孙女。其中，冯氏夫妇授意意定监护人处置财产的部分可以按照民事信托的方式进行安排。这部分处理较为复杂，需要从法律角度进一步详细讨论。

案例 18

高净值家庭遗产规划

背景知识

参照前一案例。

案例情景

李女士，40岁，已婚，有一子5岁，家住一线城市，某私募基金合伙人，投资有道，事业有成。房产3套，市值5000万元，各种金融资产约2亿元人民币。李女士的丈夫是上市公司高管，收入也颇丰。李女士和其丈夫的原生家庭关系均较为复杂，故而签署婚内财产协议，两人财产独立。李女士有兄弟姐妹3人，李女士排行第二，李女士父母有不良嗜好，好赌嗜酒。李女士的哥哥无业，平日以父母贴补为主。李女士的两个妹妹，已经结婚，家庭生活条件一般。某日，李女士检查身体，发现肺部有肿块，确诊为恶性肿瘤晚期。想到幼子和复杂的家庭关系，李女士决定提前规划遗产安排。李女士希望绝大部分的遗产留给自己的孩子。对于父母和其他兄弟姐妹则在道义上给予一些资助。由于资产较为庞大，故而李女士决定使用家族信托进行遗产安排。在设立家族信托的过程中，李女士的病情突然恶化，家族信托在仓促之中设定，但是却有一些条款没有得到妥善的安排。主要欠缺有以下几点：李女士病情变化突然，猝然离世，虽然去世前成立了家族信托，但是只将现金资产转移进去，却没有来得及将所有的财产转移到家族信托中去。另外，没有设立监察人和条款调整的情况和调整方法，受益人的财产权利安排过于僵硬。

案例分析

一、家庭财富传承中可能出现的风险

李女士的家庭情况分析如下。李女士与丈夫的财产清晰，没有夫妻共同财产的分割。

如果李女士不幸过早离世，则李女士的财产变为遗产，丈夫、父母、孩子一般按照平均份额的方式各继承1/4的遗产。金融资产需考虑变现，不动产要考虑产权的分割方式，这些都有可能产生巨大的成本。而面对巨额遗产，李女士的父母预期会积极争取。李女士的哥哥和妹妹也可能在这个过程中为父母的争产起到积极作用。因为如果父母所能获得的遗产将来也有可能被继承，成为他们自己的财产。因此，结合他们的经济情况，主动放弃这部分财产的可能性仍然比较小。

李女士自己的家庭中，孩子年龄尚幼，丈夫和孩子各拿到1/4的遗产，孩子的监护人是丈夫，这部分财产的控制权为丈夫左右。未来丈夫再婚的可能性较大，再育的可能性也较大。当丈夫再婚再育后，孩子的遗产部分是否能够真正用到孩子身上存在较大的不确定性。所以李女士必须确保孩子的财产全部用到孩子身上，在丈夫是监护人的情况下，只能通过设立家族信托的方式实现。

最后，李女士需要考虑到家庭成员的感情，最好能够使家人和睦相处，并为孩子今后的生活尽量营造一个温馨的环境。所以李女士在酌情考虑留给父母的赡养费，给予哥哥、妹妹的孩子们的教育资助时，需要遗产规划内容以及家族信托的条款都必须对其家人保密，保密条款的意义在于通过信息的阻隔，减少家族信托利益相关人之间的矛盾冲突，让家族信托尽量少受干扰和挑战，以保证其正常运行。一般在一个家族信托中安排多个受益人时，会有此类条款。

二、遗产规划的目标

遗产中分配给父母合理的赡养费用，酌情分配给兄弟姐妹子女的教育助学金，除此之外，剩余部分全部留给幼子。在幼子未成年时保证高质量的生活和教育条件，按照学业程度本科毕业、硕士毕业、博士毕业分别给予一定额度的助学金，在成家之后给予立业资助基金。设定一部分比例的资金归由儿子创业后自主支配，其余部分用于传承。

三、遗产规划策略与实际案例分析

由于家族信托具有灵活性和个性化的安排，故而需要同专业机构详细商定信托管理意向。之后，最关键的步骤就是尽快将财产转移到家族信托中去，信托方可生效。

李女士进入医院接受手术治疗的几天之后，家族信托就成立了。但是家族信托真正产生"效果"的时间，不取决于信托设立时间，而在于信托财产置入信托的时间。由于李女士计划置入信托的财产包括现金、股票和房产，过户手续需要时间，但最终遗憾的是，李女士没能挺过手术的危险期。财产仅能通过遗嘱的方式置入家族信托。

在医院中，李女士生前签署了家族信托协议和遗嘱。遗嘱中有这样一条：将她生前所

有的财产全部置入家族信托。无法在生前将财产置入信托,导致了两个后果:

一是家族信托更容易被挑战。对受益人来说,要挑战生前设立并已经置入财产的信托很难。出于对家族信托已经取得财产并合法运行的客观事实的尊重,法院只在极端条件下才会判决信托安排无效。

但挑战通过遗嘱设立的信托,或者通过遗嘱置入财产的信托则相对容易。由于遗嘱安排的执行必须等到立遗嘱人死后才开始,它相当于在挑战一份由他人订立但还没有开始执行的法律文件。目前的国内市场中,大多数人选择使用遗嘱安排家族财富的传承,但这相对于家族信托而言,很容易发生纠纷。遗嘱的安排如同意愿,而非已经存在的既定安排。

二是李女士安排的信托保密机制完全失效。如果在生前就将财产置入信托,那么受益人是无法得知信托财产的管理与分配情况的。但由于信托财产是通过遗嘱置入信托的,而李女士的父母、侄儿侄女作为继承人是会被告知遗嘱内容的,从而有了对这一安排进行挑战的机会。当他们看到悬殊巨大的遗产分配计划时,可能会产生很大的情绪抵触。

就财产继承的安排来看,在客户传承需求明确的情况下,在生前将财产置入信托,可以避免财产经过不必要的程序即可实现传承,排除争产风险。

最后,在这个案例中,该信托还可以得到不少的优化。家族信托条款还可以设计相应的制衡和协调机制。

制衡机制是因为该信托中受托人信托公司的权利较大,缺乏家族代表在信托中进行制衡。这使家族信托的受益人和受托人在权利安排上失衡,受益人无法与受托人在对等的地位进行谈判,因此有了纷争后只能通过法律手段解决了。

调整机制是该信托中并未安排应对未来变化的柔性机制,如果受益人生活费用因为物价的提高而上升了,就无法在信托安排中得以调整,若有其他方面的生活需求,家族信托如何满足也是一个问题。因此,该信托整体缺乏灵活性。

没有经过反复考量和详尽测度的家族信托会在未来引起不定时的问题。正是因此,在家族信托中,信托公司通常会为客户引入监察人,其享有"撤换受托人""变更受益人""决定、修改家族信托的投资和分配策略"等权利。监察人作为家族利益的代表,和受托人形成制衡,在变化来临时改变家族信托的安排,更好地实现家族信托委托人的意愿。

第3部分

家庭综合理财规划实践与案例分析

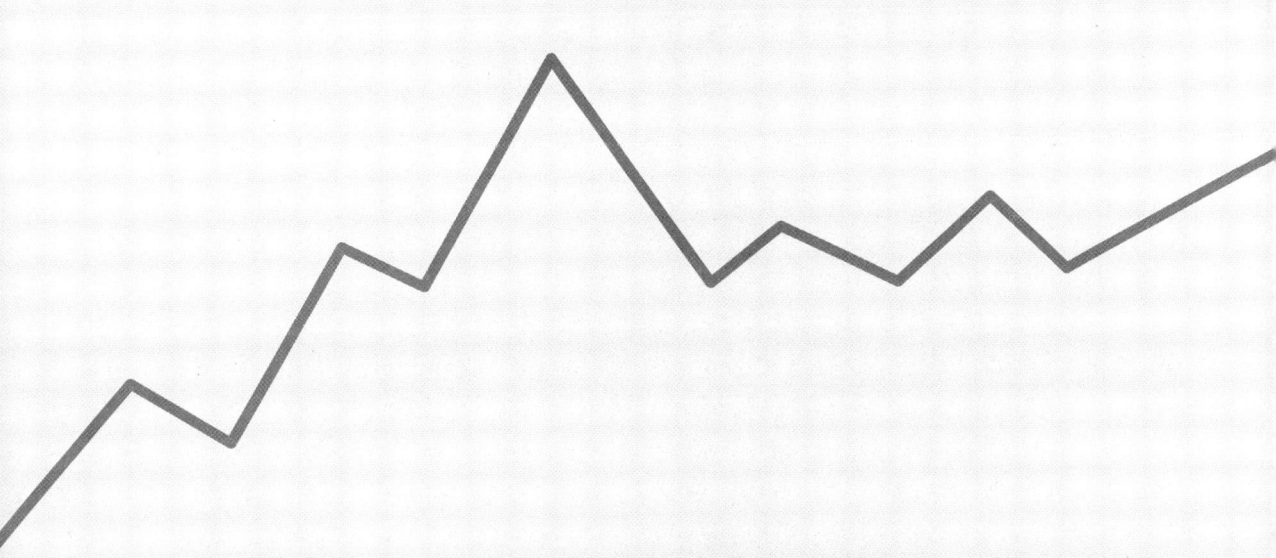

案例 19

高收入家庭综合理财规划

案例情景

Z女士在上海知名高校就读大学，之后和男友L先生一起留在上海工作，并结婚生女。目前，Z女士今年32岁，在上海一家中外合资企业担任技术工程师，丈夫L先生与她同岁，在一家外资企业担任项目主管，他们有一个可爱的女儿，今年4岁。Z女士自己是独生女，因此结婚时就和丈夫商定，如果在无锡工作的父母退休，就搬到上海和他们一起生活。去年年底，Z女士父母双双办完退休手续，处理完一切相关事宜后，就来到了上海，与女儿女婿生活在一起，五口之家的生活热闹又温馨。

目前，Z女士的家庭资产状况是这样的：现金30万元，股票市值10万元，银行理财产品30万元，两辆私家车价值分别为20万元和30万元。除此之外，他们有一套两室两厅的自住房，目前市值800万元。家庭目前的负债为房贷100万元。

Z女士家庭的月度收支情况方面。Z女士月收入为税后20 000元，L先生税后收入25 000元。每月家庭日常基本生活开销12 000元，孩子教育费用4 000元，两辆私家车的养车费用平均每月为6 000元，银行贷款每月还款6 000元。

Z女士家庭的年度收支情况收入方面。Z女士的年终奖20万元，L先生年终奖在30万元左右。投资收益方面，目前主要投资方式为购买银行理财产品，去年收益较少，因此Z女士不打算归为年度性收入里。去年家里更换了电视机、洗衣机等一批电器，花费5万元，暂时没有打算更新电器。家庭每年春节常规性消费大概在30 000元左右，每年保费支出10 000元。

Z女士介绍自己对理财知之甚少，家里的投资都是由丈夫操作，但是L先生对理财并不专业，而且经常因为工作繁忙而顾不上。Z女士还介绍，自己曾经受人影响于2014年在证券公司开户投资股票，但是后来亏损较大，目前不敢涉足股市，后来听说基金投资不错。对于银行理财产品，Z女士感觉银行人民币理财产品收益太低，10万元理财产品一年下来只有 4 000 多元收益,但 L 先生说这叫分散投资,可以降低风险。Z 女士还听说了互联网金融理财,但是不知道是否可以投资。Z 女士目前最为关注的是女儿将来的教育问题,还称未来几年内家里没有什么大宗消费和支出项目,理财的主要目标就是如何实现现有资产的保值增值,另外是提升自己和丈夫的工作竞争力。

目前 Z 女士还在考虑父母房产出租还是出售。Z 女士父母来上海时,只是把一些家具和电器用品做了处置,房产由于没有想好如何处理,就暂时空置着。这套房产在无锡市的市区,地理位置相当不错。父母的意思是房产该怎么处置完全由 Z 女士做主,他们就在上海养老了。因此,Z 女士和丈夫正在费心思琢磨着:房子到底是出租还是卖出去划算。Z 女士称:之所以举棋不定,因为看不清下一步的房产市场走势,这套父母名下的房产,不管是出租还是卖掉其收益都是她准备用来给父母养老的。

Z 女士也在考虑如何增加家庭保障。据 Z 女士介绍,自己和先生都是公司给缴纳的五险一金,此外她还买了一份养老保险,保险金额 20 万元,年缴费 7 000 元,60 岁后开始领取养老金。4 岁的女儿有两份保险,一份是住院医疗保险,保险金额为 2 万元,另一份是商业意外险,保险金额为 6 万元。Z 女士的父母上的是普通社保。Z 女士打算给自己和先生配置健康险,不知买多少的保障额度适合,除此之外,家里还应该增加哪些方面的险种也是她要了解的。

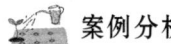 **案例分析**

一、家庭财务情况与分析

(一)家庭基本财务情况(见表 19-1 至表 19-4)

表 19-1　　　　　　　　　　家庭资产负债情况　　　　　　　　　　单位:元

家庭资产		家庭负债	
现金	300 000	房贷	1 000 000
股票	100 000		
银行理财产品	300 000		
汽车	500 000		
房产	8 000 000		
资产总计	9 200 000	负债总计	1 000 000
净值(资产-负债)		8 200 000	

案例 19　高收入家庭综合理财规划

表 19-2　　　　　　　　　　　年度性收支状况　　　　　　　　　　　单位：元

收入		支出	
工资	540 000	基本生活开销	144 000
年终奖	500 000	教育费用	48 000
		养车费	72 000
		还贷款额	72 000
		春节消费	30 000
		保费	10 000
收入合计	1 040 000	支出合计	376 000
每年结余（收入－支出）			664 000

表 19-3　　　　　　　　　　　每月收支状况　　　　　　　　　　　单位：元

每月收入		每月支出	
工资收入	45 000	生活开销	12 000
		教育费用	4 000
		养车费	6 000
		还贷款额	6 000
收入合计	45 000	支出合计	28 000
每月结余（收入－支出）			17 000

表 19-4　　　　　　　　　　　全家保险状况　　　　　　　　　　　单位：万元

保障额 被保险人	寿险	意外险	医疗保险
本人	20	0	
配偶	0	0	
女儿	0	6	2

（二）家庭财务分析

1. 家庭财务比率分析

（1）结余比率＝年结余÷年税后收入×100%＝664 000÷1 040 000×100%＝63.85%。本指标主要反映家庭提高净资产水平的能力，参考值为30%。家庭结余比率较高，有利于资产增值，可用于储蓄再投资的现金盈余较多，可使资产稳步增长，财富不断增加。

(2) 投资与净资产比率 = 投资资产 ÷ 净资产 × 100% = 400 000 ÷ 8 200 000 × 100% = 4.88%。本指标主要反映家庭投资资产占净资产的比率，参考值为50%，您的指标为4.88%。数值偏低的主要原因一般是家庭对投资理财不熟悉、不专业，对投资产品缺乏清晰认识，风险承受能力不高，投资力度不大，这样不利于家庭资产增值。

(3) 清偿比率 = 净资产 ÷ 总资产 × 100% = 8 200 000 ÷ 9 200 000 × 100% = 89.13%。本指标主要反映家庭综合偿债能力的高低，通常该指标值保持在40%以上。家庭清偿比率较高，反映了家庭债务较少，偿债能力很高；但是，反向来说，没有合理利用应债能力提高个人资产规模。因此，可以进一步优化结构，提高家庭收益。

(4) 负债比率 = 负债总额 ÷ 总资产 × 100% = 1 000 000 ÷ 9 200 000 × 100% = 10.87%。本指标与清偿比率一样反映客户综合偿债能力的高低，负债比率的合理范围为20% ~ 60%。家庭负债比率过低，反映了家庭主要资产都来自于净值，没有充分利用负债，这种情况会降低家庭净资产收益率，影响家庭收益。

(5) 即付比率 = 流动资产 ÷ 负债总额 × 100% = 300 000 ÷ 1 000 000 × 100% = 30%。本指标反映家庭利用可随时变现资产偿还债务的能力，参考值为70%。家庭流动资产占负债总额的比重较少，在当经济形势不利时无法迅速减轻负债、规避风险。

(6) 流动性比率 = 流动性资产 ÷ 每月支出 = 300 000 ÷ 28 000 = 10.71。本指标反映家庭支出能力的强弱，常值为3左右。您的指标已经达到10倍，家庭日常备用金较多，可充足的应付日常支出；但是需要注意的是，流动性资产收益率一般较低，不利于家庭资产收益。

2. 客户财务状况预测和总体评价

总体来看，您的家庭财务结构存在需要优化的问题，主要在于：负债比率过低，没有合理利用负债来加快财富积累；投资与净资产比率过低，没有利用好家庭的高结余率，限制了财富的增长；家庭流动资产相对于负债总额来说较低，不利于家庭承受风险，相对于每月支出来说较高，不利于资产增值；尚未建立家庭基本安全网，保险保障这个基本需求没有合理安排，导致家庭风险承受能力下降。

而且，您的家庭正处于事业的黄金阶段，预期收入会有稳定的增长，投资收入的比例会逐渐加大，同时家庭的各项支出也会随着年龄的增长而有所增加。建议增大投资比率，可增加对基金、债券的投资，合理利用结余金，维持资产收益；增大负债比率，可向银行申请信用卡，利用加大负债获得更多的投资机会，获得更高的投资回报；降低家庭现金额，可投资于变现能力较快的金融产品；可增大保险支出，提高家庭风险承受能力，适当降低流动性比率，将其维持在正常水平。

二、家庭理财目标与风险属性测试

（一）短期目标

您听说基金投资不错，也希望了解互联网金融理财，主要目标是实现现有资产的保值增值。

根据专业分析，我们还建议，加强现金管理，提高资金收益率。家庭理财备用金一般为3~6个月的家庭支出金额，按照您现在每月支出28 000元，那么大概为84 000~168 000元，目前您保留30万元现金，显然过多，需要进行规划利用，提高资产收益率。

（二）中期目标

1. 风险管理和保险规划

您和丈夫的公司给缴纳五险一金，以及部分商业保险。我们建议您先生立刻增加保险保障，定期寿险保额100万元，重大疾病保险保额50万元，一份百万医疗险，意外险保额200万元；您也需要增加保险保障：定期寿险保额80万元，重大疾病保险保额50万元，一份百万医疗险，意外险保额160万元。预计每年保费支出5万~10万元。

2. 房产规划

您考虑父母在无锡的房产出租还是出售，这是可以归类为非自住房产的，需要进行统筹规划使用。

根据专业分析，考虑到您女儿逐渐长大、即将上小学，我们还建议您2~3年内改善居住条件，现有两室两厅自住房置换为三室两厅的自住房，预计三室两厅的自住房市价为1 000万元左右。

3. 自身教育规划

您提出希望提升自己和丈夫的工作竞争力，那么在家庭综合理财规划中需要考虑再教育规划，设置自身再教育目标。我们建议，Z女士担任技术工程师，可以考虑2~3年内参加专业方面的进修，预计支出15万元；丈夫作为外资企业的项目主管，可以考虑3~6年内进修MBA，提升自己的学历且增加自己的学识，预计支出为20万元。

（三）长期目标

1. 子女教育规划

您需要提前为女儿准备100万元的留学或其他教育资金。目前孩子只有4岁，还有14年的筹备时间，按平均投资收益率6%~7%计算，可每月投资3 500元左右。

2. 养老规划

社保能够保证您夫妇二人退休后的基本生活，但是目前人们都希望退休后能够保证高质量的生活水准。按照当前物价计算，您夫妇二人按月开支 10 000 元计算，在年通胀率 3% 的情况下，按照退休后还有 30 年时间，则需要准备的生活费用共计 400 万元左右。建议尽早筹备退休金，通过定投方式增加筹备。假设退休支出 50% 由社保满足，其余 50% 自行筹备，预计每月需要定投基金 2 000 元左右。

（四）其他目标

经过对您和家人的了解，我们根据个人家庭理财规划的专业知识和实践经验，结合对您家庭情况的分析和预测，我们还建议您和家人考虑以下理财目标：

1. 旅游规划

每年至少一次的全家外出旅游，年平均支出为 3 万~5 万元。可提高家庭生活质量和幸福感，为孩子创造更加丰富多彩的生活。

2. 提前还贷规划

考虑到进行了保险规划、自身教育规划、投资规划、子女教育规划、养老规划、旅游规划等，预计每年有资金结余，在积累到一定程度后可以考虑贴现还贷。

三、理财规划假设

（一）年通货膨胀率为 3%

通货膨胀是指社会上一般物价水平持续普遍上升的现象，通货膨胀将导致您手中的货币的实际购买力下降。反映通货膨胀水平的指标称为通货膨胀率，本理财规划书设定的通货膨胀率为 3%，预估的通货膨胀率依据的是近年来我国通货膨胀实际数据。价格的本质是货币现象，因其受到短期供需关系影响，所以上游成本传导、下游需求变化都会导致 CPI 波动。考虑到国际油价波动上行，中美贸易摩擦等国际经济贸易问题不断发酵，国内将面临输入性通胀可能。因此，综合考虑，本理财规划书将年通货膨胀率设定为 3%。

（二）银行定期存款的年利率为 1.75%

本理财规划书全面考虑银行的定期储蓄利率，采纳一年期整存整取利率作为银行定期存款利率，将银行存款利率设定为 1.75%。

（三）货币市场基金年收益率为 2.5%

货币市场基金主要投资于短期债券、央行票据、债券回购、大额存单等具有良好流动性的货币市场工具,一般来说,货币市场基金投资组合平均剩余期限不超过180天。货币市场基金具有风险低、流动性好的特点,是短期投资和暂时存放现金的理想工具,收益率高于活期存款,而且交易方便快捷,资金到账速度非常快。原本我国金融市场进入门槛很高,在很大程度上限制了一般投资者的进入,但货币市场基金的投资门槛极低,为普通投资者进入货币市场提供了重要通道。

(四) 债券年收益率为3.5%

债券投资主要包括凭证式国债和记账式国债,凭证式国债主要在银行柜台购买,记账式国债在深、沪证券交易所进行交易。为了财务安全和理财目标的可实现性,假设债券投资年收益率为3.5%,该收益率依据的是近几年交易的国债收益率(3%~4%,取其平均数)。

(五) 股票基金和混合型基金年收益率为8%

股票基金是指以股票为投资对象的投资基金(股票投资比重占60%以上);混合基金是指股票和债券投资比率介于股票基金和债券基金之间可以灵活调控的基金。依据市场数据,假设股票基金和混合型基金年收益率为8%。

(六) 学费培训费等的增长率为每年5%

随着我国近些年经济的腾飞,我国人均GDP以及人均收入都以较高增速稳步上升,相应地消费结构也随之升级,教育投入在消费中将扮演越来越重要的角色。根据艾瑞咨询,目前超过半数的城市家庭,孩子每月花费占家庭总收入的20%,其中绝大多数都用于课外教育支出。综上,假设学费培训费增长率为每年5%。

(七) 预期收入增长率为8%

近年来,GDP增速有所下滑,但一直保持在6%~7%左右的水平。此外,考虑到Z女士及其丈夫都毕业于上海知名高校且刚过而立之年,预期他们的收入将会逐年递增,本理财规划书将预期收入增长率定位为8%。

(八) 人民币汇率预期为7

当前我国正积极推动与其他经济体加强双边贸易合作,配合国内扩大内需的宏观经济政策,从中长期来看有利于经济增速逐渐企稳。此外,从国际收支的角度来看,当前我国国际收支结构仍然较为稳健,根据上半年外汇储备数据显示,在人民币贬值的背景下并未出现资金大幅外流的情况,最新公布的6月外汇占款余额增加76.1亿元人民币,报21.5

万亿元人民币,实现六连升。因此,预测人民币没有持续贬值的基础,预测未来人民币兑美元汇率仍将在 7 左右波动。因此,预期人民币汇率为 7。

四、分项理财规划

(一) 现金规划

针对现金保留 30 万元过多的情况,进行现金资产规划,提高资产收益率。家庭理财备用金一般为 3~6 个月的家庭支出金额,保证充分现金应付日常所需。结合后续给您的理财规划建议,这里我们建议您保留 10 万元现金作为日常备用金,其余 20 万元现金可以投资于银行储蓄、债券基金等安全性和流动性相对较高的资产形式。

(二) 风险管理和保险规划

根据理财规划行业著名的"双十原则",保险规划中保额的设计为 10 倍的家庭年收入,保费则不宜超过家庭年收入的 10%,这样的保险保障程度比较完善,保费的支出也不会构成家庭过度的财务负担。你们夫妇除了公司给缴纳的五险一金外,还有一份年缴费 7 000 元的养老保险;您女儿有一份保障额度为 2 万元的大病住院保险,一份保障额度为 6 万元的商业意外险;您的父母有普通的社保。

人寿保险建议:建议立刻大幅增加人寿保险保障,L 先生投保定期寿险 100 万元,Z 女士投保定期寿险 80 万元。

重大疾病险建议:建议立刻购买消费性的重大疾病保险,保险涵盖多种重大疾病,L 先生和 Z 女士均投保重大疾病险 50 万元。

医疗保险建议:L 先生和 Z 女士均可投保百万元医疗险,目前市场上选择很多,按照年龄估测,每年大约保费 800 元,财务压力很轻。

意外险建议:L 先生和 Z 女士的意外险保障大约为定期寿险的 2 倍,建议 L 先生购买意外险保额 200 万元,Z 女士购买意外险保额 160 万元,预计每年保费支出 2 500 元。意外险保费很便宜,杠杆效应最大。

孩子保险建议:可维持原有险种,一份住院医疗保险,一份意外险。如果收入增加,实现保费预算和承受能力提高,可以考虑为孩子加保重大疾病险,预防患重疾给家庭财务带来冲击。

(三) 房产规划

考虑 Z 女士的女儿即将上小学,为使逐渐长大的孩子有一个良好的生活和活动空间,我们建议您把现有两室两厅自住房置换为三室两厅的自住房,两室两厅自住房目前市价为

800万元，预计三室两厅的自住房市价为1 000万元左右，所以建议申请银行按揭贷款200万元，根据您收支水平可以承受每月还款12 000元。

关于父母在无锡的房产，综合考虑无锡房产走势和父母对老住房的情感寄托，我们建议将无锡房子出租，每月可以获得一定收益（预计每月租金收入4 500元），用于父母养老。

（四）自身教育规划

为了提升您和您丈夫的工作竞争力，应对工作竞争和扩大择业机会。我们建议您做好再教育规划和实施计划。

首先，您担任技术工程师，可为自己准备15万元参加专业方面的进修，以增大自己的能力和视野，预计实施时间为未来2~3年内完成。建议考虑线上和线下专业课程相结合，可以适当节约时间，而且时间也相对灵活。

其次，您丈夫作为外资企业的项目主管，可以为自己准备20万元进修MBA，预计实施时间为未来3~6年内完成。建议申请上海高校进行学习，提升自己的学历且增加自己的学识和能力，同时扩大人脉关系，使其在工作中更有竞争力。

（五）投资规划

考虑分散投资，提高资产收益率。我们建议减少资产中现金持有量，留下10万元现金作为日常备用金即可，其余20万元可投资于安全性较高的债券基金，预计收益率为4.5%~5%。

降低银行人民币理财产品投资至15万元。银行人民币理财产品可分散风险，但是收益率不高，预计收益率4%。家庭处于增长期，可以争取更高收益率，剩余15万元，可以投资于股票或股票型基金，预计年平均收益率为8%~10%。股票或股票型基金具有高收益、高风险性，建议可以考虑购买科技股和消费类型公司股票或股票型基金。

此外，每年收入结余有60多万元，除去增加的再教育支出、购买保险等支出，还有几十万元剩余，建议每年投资于混合型基金和货币市场基金。

（六）子女教育规划

提前为女儿准备100万元的留学或其他教育资金。目前孩子只有4岁，还有14年的筹备时间，投资方式可以选择基金定投。考虑学费增长、通货膨胀等因素，按平均投资收益率6%~7%计算，可每月投资3 500元左右；一旦账户总额达到100万元，可以把资金进行分散投资，包括定期储蓄等。

（七）养老规划

社保能够保证你们夫妇二人退休后的基本生活，但随着人们生活水平的提高，希望退休后能够保持高质量生活水准的人越来越多。按照当前物价和年预计的通货膨胀率计算，你们夫妇二人需要准备的生活费用共计 400 万元左右。

假设其中的 50% 由社保满足，其余 50% 自行筹备。为筹备 200 万元左右，在年均收益率 6%~7% 的情况下，每月需要定投基金 2 000 元左右，28 年后（Z 女士退休时）即可实现目标。

（八）其他规划

1. 旅游规划

建议您的家庭每年 1~2 次的全家外出旅游，可以考虑国内自驾游，也可以考虑海外旅游，预计年平均支出 3 万~5 万元。这是提高家庭生活质量和幸福感的有效方式，同时也可以为女儿增长见识、创造丰富多彩的童年生活。

2. 提前还贷规划

考虑到进行了保险规划、自身教育规划、投资规划、子女教育规划、养老规划、旅游规划等，建议在有一定资金积累的情况下，适时规划提前还贷。根据现有资金运营情况，预计可以在 10 年后进行提前还贷，具体实施情况需要根据理财实际情况进行动态调整。

五、理财规划执行

根据调整后的理财规划方案，Z 女士的理财目标基本能够得以实现。该方案的特点是在考虑财富积累的过程中同时考虑了家庭的生活质量，并对未知的风险进行了相应地控制。您调整后的家庭财务状况会发生如下变化：

结余比率为 28.84%，与参考值 30% 很相近，家庭提高净资产水平的能力变强；投资与净资产比率上升为 7.32%，虽然由于住房占资产中很大比例导致与参考值还差一定距离，但是相对之前有所提高，投资增多，利于资产升值；清偿比率为 73.21%，仍然很高，即客户偿债能力较强，但此比率相对之前下降，说明负债利用率增加，资产增值机会升高；负债比率也上升为 26.79%，在正常范围之内，利于家庭收益；即付比率降低，虽然无法及时变现资产偿还债务，但是此债务属于房贷，不需要一次性偿还所有的贷款，则无影响；流动性比率为 3.57，相比之前降低达到正常值，使资金获得更高的收益回报，增加家庭收益。

综上所述，家庭财务状况变得更加合理，资产收益率提高，家庭收益增加。

针对上述理财规划建议,在执行过程中有以下几个注意点:

(1) 要贯彻实施理财规划,每月需要定期存入的款项要到位;

(2) 投资有风险,该方案的实施会随着客观环境变化和您夫妇二人收入状况不断优化调整,在执行过程中要与理财规划师保持紧密联系。

案例 20

大学教师家庭综合理财规划

案例情景

王先生，38岁，大学教师，博士毕业，工作8年。王太太，36岁，大学教师，博士毕业，工作6年。女儿6岁，明年上小学，儿子3岁，上幼儿园。

王先生年工资收入18万元，王太太年工资收入15万元，家庭年理财收入1万元。年生活开销夫妻各4万元，每个孩子的年抚养费为2万元，教育费用每年约2万元。王先生父母年赡养费2万元。

家庭唯一住房于5年前购置，目前市值500万元，房贷余额100万元，分25年本息摊还，流动资产（活期存款、货币市场基金）40万元，住房公积金账户余额：王先生6万元、王太太4万元，个人养老金账户余额：王先生10万元、王太太8万元，职业年金暂不考虑。

以上为2019年度信息。

案例分析

一、家庭财务状况及诊断

（一）王先生家庭财务状况（见表20-1至表20-3）

表 20-1 　　　　　　　　　王先生家庭资产负债表

资产负债项目	金额（元）	比率（%）
流动资产	400 000	7.04
住房公积金账户	100 000	1.76
个人养老金账户	180 000	3.17

续表

资产负债项目	金额（元）	比率（%）
自住房产	5 000 000	88.03
资产合计	5 680 000	100
房贷	1 000 000	17.61
负债合计	1 000 000	17.61
净资产	4 680 000	82.39

表 20-2　　　　　　　　　　王先生家庭收支储蓄表

收支项目	金额（元）	比率（%）
税后工资收入	330 000	97.06
理财收入	10 000	2.94
收入合计	340 000	100
王先生支出	-40 000	-11.76
王太太支出	-40 000	-11.76
女儿抚养费支出	-20 000	-5.88
儿子抚养费支出	-20 000	-5.88
女儿教育费支出	-20 000	-5.88
儿子教育费支出	-20 000	-5.88
父母赡养费支出	-20 000	-5.88
消费支出合计	-180 000	-52.94
房贷利息支出	-60 552	-17.81
保障性保费支出	-3 500	-1.03
理财支出合计	-64 052	-18.84
支出合计	-244 052	-71.78
家庭储蓄	95 948	28.22
房贷本金支出	-16 764	-4.93
储蓄性保费支出	0	0
自由储蓄	79 184	23.29

表 20-3　　　　　　　　　　王先生家庭保险明细表

被保险人	投保险种	保额（元）	年缴保费（元）	剩余期限（年）	现金价值（元）	受益人
王先生	重疾险	10 万	0.2 万	10	0	王先生
王太太	重疾险	10 万	0.15 万	10	0	王太太

1. 房贷利息与本金计算（取整数）

1 000 000 元房贷余额分 25 年还清，PMT(6% ÷ 12,25 × 12,1 000 000) = -6 443（元）。

PV(6% ÷ 12,26 × 12, - 6 443) = 1 016 764（元），过去 1 年偿还本金 = 1 016 764 - 1 000 000 = 16 764（元），偿还利息 = 6 443 × 12 - 16 764 = 60 552（元），利息支出作为理财支出，本金偿还列入固定用途储蓄，储蓄额 - 本金偿还 - 储蓄性保费 = 自由储蓄额。

2. 期初累计理财准备计算（取整数）

资产中的流动资产 400 000 元列入理财准备，至少要保留家庭年支出的 25% 作为紧急预备金，264 052 × 25% = 66 013（元），因此，生涯仿真表的期初累积理财准备 = 400 000 - 66 013 = 333 987（元）。

（二）王先生家庭财务诊断（见表 20-4）

表 20-4　　　　　　　　　　王先生家庭财务诊断表

指标	财务比率	定义	合理值	数据	评估
偿债能力	资产负债率	总负债 ÷ 总资产 × 100%	≤60%	17.61%	合理范围
	流动比率	流动资产 ÷ 流动负债 × 100%	≥200%	—	没有流动负债
	财务负担比率	年本息支出 ÷ 年收入 × 100%	≤40%	22.74%	合理范围
应急能力	紧急预备金倍数	流动资产 ÷ 月支出	3 ~ 6	17.09	偏高，可降低
储蓄能力	储蓄率	储蓄 ÷ 年收入 × 100%	≥25%	22.34%	偏低
	自由储蓄率	自由储蓄 ÷ 年收入 × 100%	≥10%	17.41%	合理范围
财富增值能力	生息资产比率	生息资产 ÷ 总资产 × 100%	≥50%	11.97%	太低
	平均投资收益率	年理财收入 ÷ 生息资产 × 100%	≥5%	1.47%	太低
财务自由度	财务自由度	年理财收入 ÷ 年支出 × 100%	≥30%	3.56%	太低
保障能力	保费负担率	保障性保费 ÷ 年支出 × 100%	5% ~ 15%	1.03%	太低
	保险覆盖率	寿险保额 ÷ 年工资收入 × 100%	≥10%	0	无寿险保障

注：生息资产 = 流动资产 + 投资资产。

（1）偿债能力：王先生家庭没有短期流动负债，资产负债率和财务负担比率均在合理范围内，偿债能力较好。

（2）应急能力：王先生家庭紧急预备金倍数为 17.09 倍，远超过合理范围上限，而且王先生夫妻都是大学教师，职业和收入很稳定，没必要保留太多的紧急预备金，否则会影响资产的收益。

（3）储蓄能力：王先生家庭养育两个孩子，开支不少，导致储蓄率略低，一定程度上会影响财富的积累；但是自由储蓄率在合理范围，相对较好。

(4) 财富增值能力：王先生家庭的生息资产比率和平均投资收益率都远低于合理范围，其财富积累更多依靠收支结余的储蓄，而非投资理财，这导致家庭的财富增值能力受到较大限制，也会增大家庭的财务压力。

(5) 财务自由度：王先生家庭财务自由度指标远低于合理范围，这与生息资产比率和平均投资收益率太低有直接关系。

(6) 保障能力：王先生和王太太是家庭主要收入贡献者，但两人只投保重疾险，保额也偏低，没有投保寿险、意外险和医疗保险等必须险种。孩子尽管不是家庭收入贡献者，但是重疾险、医疗险和意外险有必要考虑，以防相应事故发生给家庭造成经济损失。显然，家庭的保障能力明显不足，需要加强。

二、理财目标（现值）

（一）子女教育规划

每个孩子的抚养费加教育费用每年 4 万元，一直持续到大学毕业 22 岁为止。子女教育具有刚性，同时不确定性很大。

（二）赡养父母

王先生父母家在农村，需要赡养，父亲 65 岁，按当地男性预期寿命 75 岁，还需赡养 10 年；母亲 60 岁，按当地女性预期寿命 80 岁，还需赡养 20 年，每人年赡养费 1 万元。

（三）保险规划

王先生打算增加保费预算，从而构建更加全面的家庭保险保障。保费支出占家庭可支配收入比例控制在 10% 以内，具体保费预算见后面的保险配置方案。同时，王先生和王太太已投保的险种与目前年缴保费已涵盖在年保费预算内。

（四）购房规划

王先生目前居住上海郊区松江，为了孩子能享受更好的教育，同时考虑上班更便利，王先生打算 3 年后换房到市区，预算大概 600 万元，首付 70%。

（五）购车规划

王先生为了提高生活品质，便利接送孩子上下学，打算 4 年后购车，预算 18 万元，养车费每年 3 万元，持续 12 年到儿子上大学。同时，上车牌 9 万元，购车位 25 万元，均一次性付款。

（六）退休规划

王先生预计 65 岁退休，王太太预计 63 岁退休，夫妻二人退休后生活费用现值分别为 6 万元。

三、假设条件

（一）社保缴费

基本养老保险费率个人 8%，进入个人账户；住房公积金费率个人和单位各 5%，都进入个人账户。2018 年度上海市月平均工资 7 832 元，社保缴费最高为社会平均工资的 3 倍，最低为社会平均工资的 0.6 倍。

（二）购房首付与贷款利率

5 年前王先生购买现有住房时，未申请公积金贷款，全部是商业贷款，30 年期限，贷款利率 6%。假设 3 年后购买二套房，按照上海现有政策申请公积金贷款最高额度为 80 万元，剩余申请商业贷款，公积金贷款利率 3.5%，商业贷款利率还是 6%。购买二套房非普通住宅首付 70%。购房税费包括契税、所得税、增值税等（所得税和增值税等卖方通常会转嫁给买方承担，即现实交易中，双方通常约定，房屋成交价为卖方净到手价，所有税费均由买方承担）。假设王先生拟购买的房产属于满五年唯一非普通住宅，不征收所得税，征收的增值税和契税大约相当于房屋成交价的 5%（均由王先生承担）。

（三）投资报酬率

（1）社保养老金：4%。

（2）住房公积金：2%。

（四）各项增长率

（1）收入增长率：5%。

（2）退休前后支出增长率：5%。

（3）学费增长率：5%。

（4）房价增长率：2%。

（5）车价增长率：0%。

（6）养车费增长率：3%。

（7）社会平均工资增长率：5%。

(8) 社保养老金增长率: 5%。

(9) 赡养费增长率: 5%。

(五) 其他

紧急预备金设为年支出的 25%。

四、生涯仿真表现金流输入

(一) 现金流入

如果家庭现金流入只考虑未来的工作收入，流动资产则会产生理财收入，当年产生的理财收入就包括在年底资产负债表的流动资产当中。未来每年产生的理财收入将在最后的生涯仿真表中的累计理财准备部分体现。王先生家庭工作收入现金流及生涯仿真表如表20－5 和表20－6 所示。

几年后开始（年）用 N_1 表示，期初现金流（元）用 CF_0 表示，持续年限（年）用 N_2 表示，现金流增长率用 g 表示。

表 20－5 工作收入现金流 单位：元

项目	夫工作收入	妻工作收入	工作收入
N_1	1	1	
CF_0	180 000	150 000	
N_2	27	27	
g	5%	5%	

表 20－6 工作收入生涯仿真表 单位：元

几年后开始（年）	夫工作收入	妻工作收入	工作收入
0			
1	189 000	157 500	346 500
2	198 450	165 375	363 825
3	208 373	173 644	382 017
4	218 791	182 326	401 117
5	229 731	191 442	421 173
6	241 217	201 014	442 231
7	253 278	211 065	464 343
8	265 942	221 618	487 560

续表

几年后开始（年）	夫工作收入	妻工作收入	工作收入
9	279 239	232 699	511 938
10	293 201	244 334	537 535
11	307 861	256 551	564 412
12	323 254	269 378	592 632
13	339 417	282 847	622 264
14	356 388	296 990	653 378
15	374 207	311 839	686 046
16	392 917	327 431	720 348
17	412 563	343 803	756 366
18	433 191	360 993	794 184
19	454 851	379 043	833 894
20	477 594	397 995	875 589
21	501 473	417 894	919 367
22	526 547	438 789	965 336
23	552 874	460 729	1 013 603
24	580 518	483 765	1 064 283
25	609 544	507 953	1 117 497
26	640 021	533 351	1 173 372
27	672 022	560 018	1 232 040

（二）持续性支出的现金流出

王先生家庭的持续性支出包括夫妻二人的生活支出、女儿和儿子的抚养费和教育费、父母的赡养费，持续性支出的现金流及生涯仿真如表20-7和表20-8所示。

表20-7　　　　　　　　　　　　持续性支出现金流　　　　　　　　　　　　单位：元

项目	夫支出	妻支出	女儿支出	儿子支出	父赡养支出	母赡养支出	持续支出
N_1	1	1	1	1	1	1	
CF_0	-40 000	-40 000	-40 000	-40 000	-10 000	-10 000	
N_2	27	27	16	19	10	20	
g	5%	5%	5%	5%	5%	5%	

案例20 大学教师家庭综合理财规划

表20-8 持续性支出生涯仿真表

几年后开始（年）	夫支出（元）	妻支出（元）	女儿支出（元）	儿子支出（元）	父赡养支出（元）	母赡养支出（元）	持续支出（元）
0							
1	-42 000	-42 000	-42 000	-42 000	-10 500	-10 500	-189 000
2	-44 100	-44 100	-44 100	-44 100	-11 025	-11 025	-198 450
3	-46 305	-46 305	-46 305	-46 305	-11 576	-11 576	-208 373
4	-48 620	-48 620	-48 620	-48 620	-12 155	-12 155	-218 791
5	-51 051	-51 051	-51 051	-51 051	-12 763	-12 763	-229 731
6	-53 604	-53 604	-53 604	-53 604	-13 401	-13 401	-241 217
7	-56 284	-56 284	-56 284	-56 284	-14 071	-14 071	-253 278
8	-59 098	-59 098	-59 098	-59 098	-14 775	-14 775	-265 942
9	-62 053	-62 053	-62 053	-62 053	-15 513	-15 513	-279 239
10	-65 156	-65 156	-65 156	-65 156	-16 289	-16 289	-293 201
11	-68 414	-68 414	-68 414	-68 414	0	-17 103	-290 758
12	-71 834	-71 834	-71 834	-71 834	0	-17 959	-305 296
13	-75 426	-75 426	-75 426	-75 426	0	-18 856	-320 560
14	-79 197	-79 197	-79 197	-79 197	0	-19 799	-336 588
15	-83 157	-83 157	-83 157	-83 157	0	-20 789	-353 418
16	-87 315	-87 315	-87 315	-87 315	0	-21 829	-371 089
17	-91 681	-91 681	0	-91 681	0	-22 920	-297 962
18	-96 265	-96 265	0	-96 265	0	-24 066	-312 861
19	-101 078	-101 078	0	-101 078	0	-25 270	-328 504
20	-106 132	-106 132	0	0	0	-26 533	-238 797
21	-111 439	-111 439	0	0	0	0	-222 877
22	-117 010	-117 010	0	0	0	0	234 021
23	-122 861	-122 861	0	0	0	0	-245 722
24	-129 004	-129 004	0	0	0	0	-258 008
25	-135 454	-135 454	0	0	0	0	-270 908
26	-142 227	-142 227	0	0	0	0	-284 454
27	-149 338	-149 338	0	0	0	0	-298 677

（三）目标支出——保险

依据王先生的家庭状况，为其家庭成员配置保险，按照保险规划的基本原则，首先依据家庭收入主要贡献者—次要贡献者—孩子的顺序和重要性配置相应保险；其次，考虑保障型保险，杠杆倍数高；最后，保费预算控制在家庭可支配收入的10%以内。需要注意的是，给王先生家庭配置保险，家庭保险需求不是依据生命价值法或遗属需求法进行精确测算(这两种方法测算结果本身差异可能很大),而是依据家庭所处的人生阶段、子女状况、财务状况等来进行配置。

(1)王先生:家庭第一经济支柱,为其配置定期寿险、意外险、重疾险、医疗险。在中民保险网上,为其配置性价比较高的险种如下:华贵大麦2020定期寿险(保险期限20年,保额100万元,缴费20年,年缴1 486元)、弘康倍倍加重大疾病保险(保险期限终身,保额30万元,缴费20年,年缴8 081元)、平安e生保(保证续保版2020)(保险期限1年,保额200万元,年缴578元)、人保成人高额意外保障高端计划(会员专享版)(保险期限1年,保额200万元,年缴1 108元)。保费合计11 253元。

(2)王太太:家庭第二经济支柱,同样为其配置定期寿险、意外险、重疾险、医疗险。在中民保险网上,为其配置性价比较高的险种如下:华贵大麦2020定期寿险(保险期限20年,保额100万元,缴费20年,年缴662元)、弘康倍倍加重大疾病保险(保险期限终身,保额30万元,缴费20年,年缴6 544元)、平安e生保(保证续保版2020)(保险期限1年,保额200万元,年缴578元)、人保成人高额意外保障高端计划(会员专享版)(保险期限1年,保额200万元,年缴1 108元)。保费合计8 892元。

(3)女儿:为其配置重疾险、医疗险、意外险。在中民保险网上,为其配置性价比较高的险种如下:弘康哆啦A保重大疾病保险(保险期限终身,保额30万元,缴费20年,年缴2 700元)、平安e生保2020(保险期限1年,保额200万元,年缴405元)、人保优选综合意外保障计划(保险期限1年,保额50万元,年缴300元)。保费合计3 405元。

(4)儿子:为其配置重疾险、医疗险、意外险。同样,在中民保险网上,为其配置性价比较高的险种如下:弘康哆啦A保重大疾病保险(保险期限终身,保额30万元,缴费20年,年缴2 700元)、平安e生保2020(保险期限1年,保额200万元,年缴997元)、人保优选综合意外保障计划(保险期限1年,保额50万元,年缴300元)。保费合计3 997元。

依据上述保险配置方案,王先生家庭的保险支出现金流及生涯仿真如表20-9和表20-10所示。

表20-9　　　　　　　　　保险支出现金流　　　　　　　　　单位:元

项目	夫保费	妻保费	女儿保费	儿子保费	保费支出
N_1	1	1	1	1	
CF_0	-11 253	-8 892	-3 405	-3 997	
N_2	20	20	20	20	
g	0%	0%	0%	0%	

表20-10　　　　　　　　　　　　　保险支出生涯仿真表　　　　　　　　　　　单位：元

几年后开始（年）	夫保费	妻保费	女儿保费	儿子保费	保费支出
0					
1	-11 253	-8 892	-3 405	-3 997	-27 547
2	-11 253	-8 892	-3 405	-3 997	-27 547
3	-11 253	-8 892	-3 405	-3 997	-27 547
4	-11 253	-8 892	-3 405	-3 997	-27 547
5	-11 253	-8 892	-3 405	-3 997	-27 547
6	-11 253	-8 892	-3 405	-3 997	-27 547
7	-11 253	-8 892	-3 405	-3 997	-27 547
8	-11 253	-8 892	-3 405	-3 997	-27 547
9	-11 253	-8 892	-3 405	-3 997	-27 547
10	-11 253	-8 892	-3 405	-3 997	-27 547
11	-11 253	-8 892	-3 405	-3 997	-27 547
12	-11 253	-8 892	-3 405	-3 997	-27 547
13	-11 253	-8 892	-3 405	-3 997	-27 547
14	-11 253	-8 892	-3 405	-3 997	-27 547
15	-11 253	-8 892	-3 405	-3 997	-27 547
16	-11 253	-8 892	-3 405	-3 997	-27 547
17	-11 253	-8 892	-3 405	-3 997	-27 547
18	-11 253	-8 892	-3 405	-3 997	-27 547
19	-11 253	8 892	-3 405	-3 997	-27 547
20	-11 253	-8 892	-3 405	-3 997	-27 547

（四）目标支出——换房

换房是王先生家庭的重大决策，而且在3年后要准备实现，但换房当年的现金流入和流出都非常大。

王先生年公积金缴存金额=15 000×12×5%×2=18 000（元），王太太年公积金缴存金额=12 500×12×5%×2=15 000（元）。年增长率参照社会平均工资增长率5%，持续27年到退休。目前公积金账户余额：王先生6万元、王太太4万元，公积金存款利率为2%，3年后王先生公积金账户余额终值FV=60 000×1.02³=63 672（元），王太太公积金账户余额终值FV=40 000×1.02³=42 448（元）。

3年后出售房屋，假设房价就是卖方净到手价（上海房屋交易实务中，通常双方约定卖方应承担的所得税和增值税由买方承担），房价 = 5 000 000 × 1.02³ = 5 306 040（元），3年内每年还款 PMT(6%,25,1 000 000) = -77 316（元），3年后剩余本金 PV(6%,22,-77 316) = 931 007（元）。

3年后购房600万元，首付70%为420万元，$N_1=3$，$N_2=1$，房价增长率 $g=2\%$，3年后首付 = 4 200 000 × 1.02³ = 445 7074（元），贷款30% = 6 000 000 × 1.02³ × 30% = 1 910 174（元），从第4年开始每年供款，其中公积金贷款上海二套房最高额度800 000元贷足，贷款利率3.5%，贷款期限选择30年，$PMT_1(3.5\%,30,800 000)=43 497$（元），剩余商业贷款1 110 174元，贷款利率6%，贷款期限同样选择30年，$PMT_2(6\%,30,1 110 174)=80 653$（元），合计每年还款 = 124 150元，均采用等额本息还款，30年保持不变，$N_1=4$，$N_2=30$，$g=0$；期初费用包括增值税和契税（选择满五唯一住宅，不征收所得税，减轻税负），依据前面假设，两项合计为房价的5%，$CF_0=6 000 000 × 5\% = 300 000$（元），$N_1=3$，$N_2=1$，$g=2\%$。

王先生家庭换房现金流及生涯仿真如表20-11和表20-12所示。

表20-11　　　　　　　　　　换房现金流　　　　　　　　　　单位：元

项目	夫公积金缴存	夫公积金账户	妻公积金缴存	妻公积金账户	出售旧房	旧房房贷	房贷清偿	新房首付	新房房贷	期初费用	换房支出
N_1	1	3	1	3	3	1	3	3	4	3	
CF_0	18 000	60 000	15 000	40 000	5 000 000	-77 316	-931 007	-4 200 000	-124 150	-300 000	
N_2	27	1	27	1	1	3	1	1	30	1	
g	5%	2%	5%	2%	2%	0%	0%	2%	0%	2%	

表20-12　　　　　　　　　　换房生涯仿真表　　　　　　　　　　单位：元

几年后开始（年）	夫公积金缴存	夫公积金账户	妻公积金缴存	妻公积金账户	出售旧房	旧房房贷	房贷清偿	新房首付	新房房贷	期初费用	换房支出
0											
1	18 900	0	15 750	0	0	-77 316	0	0	0	0	-42 666
2	19 845	0	16 538	0	0	-77 316	0	0	0	0	-40 933
3	20 837	63 672	17 364	42 448	5 306 040	-77 316	-931 007	-4 457 074	0	-318 362	-333 398
4	21 879	0	18 233	0	0	0	0	0	-124 150	0	-84 038
5	22 973	0	19 144	0	0	0	0	0	-124 150	0	-82 033

续表

几年后开始(年)	夫公积金缴存	夫公积金账户	妻公积金缴存	妻公积金账户	出售旧房	旧房房贷	房贷清偿	新房首付	新房房贷	期初费用	换房支出
6	24 122	0	20 101	0	0	0	0	0	-124 150	0	-79 927
7	25 328	0	21 107	0	0	0	0	0	-124 150	0	-77 715
8	26 594	0	22 162	0	0	0	0	0	-124 150	0	-75 394
9	27 924	0	23 270	0	0	0	0	0	-124 150	0	-72 956
10	29 320	0	24 433	0	0	0	0	0	-124 150	0	-70 397
11	30 786	0	25 655	0	0	0	0	0	-124 150	0	-67 709
12	32 325	0	26 938	0	0	0	0	0	-124 150	0	-64 887
13	33 942	0	28 285	0	0	0	0	0	-124 150	0	-61 923
14	35 639	0	29 699	0	0	0	0	0	-124 150	0	-58 812
15	37 421	0	31 184	0	0	0	0	0	-124 150	0	-55 545
16	39 292	0	32 743	0	0	0	0	0	-124 150	0	-52 115
17	41 256	0	34 380	0	0	0	0	0	-124 150	0	-48 514
18	43 319	0	36 099	0	0	0	0	0	-124 150	0	-44 732
19	45 485	0	37 904	0	0	0	0	0	-124 150	0	-40 761
20	47 759	0	39 799	0	0	0	0	0	-124 150	0	-36 592
21	50 147	0	41 789	0	0	0	0	0	-124 150	0	-32 214
22	52 655	0	43 879	0	0	0	0	0	-124 150	0	-27 616
23	55 287	0	46 073	0	0	0	0	0	-124 150	0	-22 790
24	58 052	0	48 376	0	0	0	0	0	-124 150	0	-17 722
25	60 954	0	50 795	0	0	0	0	0	-124 150	0	-12 401
26	64 002	0	53 335	0	0	0	0	0	-124 150	0	-6 813
27	67 202	0	56 002	0	0	0	0	0	-124 150	0	-946
28	0	0	0	0	0	0	0	0	-124 150	0	-124 150
29	0	0	0	0	0	0	0	0	-124 150	0	-124 150
30	0	0	0	0	0	0	0	0	-124 150	0	-124 150
31	0	0	0	0	0	0	0	0	-124 150	0	-124 150
32	0	0	0	0	0	0	0	0	-124 150	0	-124 150
33	0	0	0	0	0	0	0	0	-124 150	0	-124 150

（五）目标支出——购车及车位

购车及车位也是王先生家庭另一项重要目标，而且在 4 年后将要实现，也会产生较大的现金流出。购车预算 18 万元，建议采用 3 年零利率分期付款；上车牌 9 万元，一次性付款，车及车牌价格增长率为 0。养车费每年 3 万元，持续 12 年到儿子上大学；购车位 25 万元，一次性付款，养车费及车位价格增长率为 3%。

王先生家庭购车及车位的现金流及生涯仿真如表 20 - 13 和表 20 - 14 所示。

表 20 - 13　　　　　　　　　　购车及车位现金流　　　　　　　　　　金额单位：元

项目	购车	购车牌	购车位	养车费	购车支出
N_1	4	4	4	4	
CF_0	-60 000	-90 000	-250 000	-30 000	
N_2	3	1	1	12	
g	0	0	3%	3%	

表 20 - 14　　　　　　　　　　购车及车位生涯仿真表　　　　　　　　　　单位：元

几年后开始（年）	购车	购车牌	购车位	养车费	购车支出
0					
1	0	0	0	0	0
2	0	0	0	0	0
3	0	0	0	0	0
4	-60 000	-90 000	-281 377	-33 765	-465 142
5	-60 000	0	0	-34 778	-94 778
6	-60 000	0	0	-358 22	-95 822
7	0	0	0	-36 896	-36 896
8	0	0	0	-38 003	-38 003
9	0	0	0	-39 143	-39 143
10	0	0	0	-40 317	-40 317
11	0	0	0	-41 527	-41 527
12	0	0	0	-42 773	-42 773
13	0	0	0	-44 056	-44 056
14	0	0	0	-45 378	-45 378
15	0	0	0	-46 739	-46 739

(六) 目标支出——养老

1. 王先生

2018年度上海市月平均工资7 832元,王先生月平均工资180 000÷12=15 000(元),其年缴养老保险费=15 000×12×8%=14 400(元),缴费年限27年,其工资增长率与社会平均工资增长率均为5%,养老金增长率5%,社保养老金投资收益率4%,65岁退休的计发月数为101个月。王先生属于新人,没有过渡养老金,退休后基本养老金包括基础养老金和个人账户养老金两部分。为计算简便,假设养老保险费年底一次性缴纳(现实中是每月缴纳,计算较复杂)。

(1) 退休后首年基础养老金。

退休后首年基础养老金 = 全市上年度在岗职工月平均工资×(1+本人平均缴费指数)

$\div 2 \times$ 缴费年限 $\times 1\%$

$= 7\,832 \times 12 \times (1+5\%)^{27} \times (1+15\,000 \div 7\,832) \div 2 \times 35 \times 1\%$

$= 179\,009$(元)

(2) 个人账户养老金,包括两部分,一是现有个人账户养老金余额增值到退休时的金额;二是现在到退休期间每年缴存的个人账户养老金积累增值部分。

$100\,000 \times (1+4\%)^{27} = 288\,337$(元)

$15\,000 \times 12 \times 8\% \times (1+4\%)^{26} + 15\,000 \times (1+5\%) \times 12 \times 8\% \times (1+4\%)^{25} + \cdots\cdots + 15\,000 \times (1+5\%)^{26} \times 12 \times 8\% \times (1+4\%)^{0} = 1\,224\,122$(元)

首月个人账户养老金 = $(288\,337 + 1\,224\,122) \div 101 = 14\,975$(元)

首年基本养老金 = $179\,009 + 14\,975 \times 12 = 358\,709$(元)

2. 王太太

王太太月平均工资150 000÷12=12 500(元),63岁退休的计发月数为117个月。王太太属于新人,没有过渡养老金,退休后基本养老金包括基础养老金和个人账户养老金两部分。

(1) 退休后首年基础养老金。

退休后首年基础养老金 = 全市上年度在岗职工月平均工资×(1+本人平均缴费指数)

$\div 2 \times$ 缴费年限 $\times 1\%$

$= 7\,832 \times 12 \times (1+5\%)^{27} \times (1+12\,500 \div 7\,832) \div 2 \times 33 \times 1\%$

$= 150\,299$(元)

(2) 个人账户养老金。

$80\,000 \times (1+4\%)^{27} = 230\,669$(元)

$12\ 500 \times 12 \times 8\% \times (1+4\%)^{26} + 12\ 500 \times (1+5\%) \times 12 \times 8\% \times (1+4\%)^{25} + \cdots\cdots + 12\ 500 \times (1+5\%)^{26} \times 12 \times 8\% \times (1+4\%)^{0} = 1\ 020\ 102$(元)

首月个人账户养老金 = (230 669 + 1 020 102) ÷ 117 = 10 690(元)

首年基本养老金 = 150 299 + 10 690 × 12 = 278 579(元)

王先生夫妇的养老金支出现值均为 60 000 元，$N_1 = 27$，即 27 年后退休开始支出养老金，首年养老金支出 FV(5%, 27, 60 000) = -224 007(元)，王先生的 $N_2 = 15$，王太太的 $N_2 = 22$，支出增长率都是 5%，增长率从第 28 年开始计算。

另外，事业单位职工从 2014 年 10 月起开始实行职业年金制度，作为养老第二支柱，本案例为计算简便，暂不考虑职业年金。

王先生家庭的养老收支现金流及生涯仿真如表 20-15 和表 20-16 所示。

表 20-15　　　　　　　　　　养老收支现金流　　　　　　　　　　单位：元

项目	夫养老金	妻养老金	夫养老支出	妻养老支出	养老支出
N_1	27	27	27	27	
CF_0	358 709	278 579	-224 007	-224 007	
N_2	15	22	15	22	
g	5%	5%	5%	5%	

表 20-16　　　　　　　　　　养老生涯仿真表

几年后开始（年）	夫养老金（元）	妻养老金（元）	夫养老支出（元）	妻养老支出（元）	养老支出（元）
0					
1	0	0	0	0	0
2	0	0	0	0	0
3	0	0	0	0	0
4	0	0	0	0	0
5	0	0	0	0	0
6	0	0	0	0	0
7	0	0	0	0	0
8	0	0	0	0	0
9	0	0	0	0	0
10	0	0	0	0	0
11	0	0	0	0	0
12	0	0	0	0	0
13	0	0	0	0	0
14	0	0	0	0	0
15	0	0	0	0	0
16	0	0	0	0	0

续表

几年后开始（年）	夫养老金（元）	妻养老金（元）	夫养老支出（元）	妻养老支出（元）	养老支出（元）
17	0	0	0	0	0
18	0	0	0	0	0
19	0	0	0	0	0
20	0	0	0	0	0
21	0	0	0	0	0
22	0	0	0	0	0
23	0	0	0	0	0
24	0	0	0	0	0
25	0	0	0	0	0
26	0	0	0	0	0
27	358 709	278 579	−224 007	−224 007	189 274
28	376 644	292 508	−235 207	−235 207	198 738
29	395 477	307 133	−246 968	−246 968	208 674
30	415 251	322 490	−259 316	−259 316	219 108
31	436 013	338 615	−272 282	−272 282	230 064
32	457 814	355 545	−285 896	−285 896	241 567
33	480 704	373 323	−300 191	−300 191	253 645
34	504 740	391 989	−315 200	−315 200	266 328
35	529 977	411 588	−330 960	−330 960	279 645
36	556 475	432 167	−347 508	−347 508	293 627
37	584 299	453 776	−364 884	−364 884	308 307
38	613 514	476 465	−383 128	−383 128	323 723
39	644 190	500 288	−402 284	−402 284	339 910
40	676 399	525 302	−422 399	−422 399	356 904
41	710 219	551 567	−443 519	−443 519	374 749
42	0	579 146	0	−465 694	113 452
43	0	608 103	0	−488 979	119 124
44	0	638 508	0	−513 428	125 080
45	0	670 434	0	−539 100	131 334
46	0	703 955	0	−566 055	137 900
47	0	739 153	0	−594 357	144 796
48	0	779 111	0	−624 075	152 036

五、依据风险属性进行资产配置

前面的财务诊断中,王先生家庭的紧急预备金倍数超过17倍,明显过高,考虑到王先生夫妻的职业和收入稳定性,紧急预备金按照年支出的25%保留就可以,其余部分依据家庭的风险属性进行资产配置,提高资产的收益。

依据风险属性进行资产配置,首先要从风险承受能力和风险承受态度两个维度测试家庭的风险属性,再依据风险矩阵进行资产配置。

以王先生为家庭代表,测试风险承受能力和风险承受态度,具体如表20-17和表20-18所示。

表20-17 风险承受能力评分表

项目	10分	8分	6分	4分	2分	客户得分
年龄	总分50分,25岁以下者50分,每多一岁少一分,75岁以上者0分					37
就业状况	公教人员	上班族	佣金收入者	自营事业者	失业人员	10
家庭负担	未婚	双薪无子女	双薪有子女	单薪有子女	单薪养三代	6
资产状况	投资不动产	自宅无房贷	房贷<50%	房贷>50%	无自宅	6
投资经验	10年以上	6~10年	2~5年	1年以内	无	6
投资知识	有专业证书	财经专业毕业	自修有心得	懂一些	一片空白	4
总分						69

表20-18 风险承受态度评分表

项目	10分	8分	6分	4分	2分	客户得分
忍受亏损(%)	不能容忍任何损失0分,每增加1%加2分,可容忍>25%得50分					10
投资目标	赚短期差价	长期利得	每年现金收益	抗通胀保值	保本保息	4
获利情况	25%以上	20%~25%	15%~20%	10%~15%	5%~10%	2
认赔行为	默认止损点	事后止损	部分认赔	持有待回升	加码摊平	4
赔钱心理	学习经验	照常过日子	影响情绪小	影响情绪大	难以入眠	4
最重要特性	获利性	收益性兼成长性	收益性	流动性	安全性	2
避免工具	无	期货	股票	外汇	不动产	2
总分						28

编制风险矩阵表如表20-19所示。

表 20-19　　　　　　　　　　　　　　　风险矩阵表

风险承受态度	风险承受能力	低	中低	中	中高	高
	工具	0~19分	20~39分	40~59分	60~79分	80~100分
低 0~19分	货币	70%	50%	40%	20%	0%
	债券	20%	40%	40%	50%	50%
	股票	10%	10%	20%	30%	50%
	预期报酬率	3.59%	3.76%	4.36%	5.05%	6.25%
	标准差	1.81%	1.84%	3.74%	5.68%	9.54%
中低 20~39分	货币	50%	40%	20%	0%	0%
	债券	40%	40%	50%	50%	40%
	股票	10%	20%	30%	50%	60%
	预期报酬率	3.76	4.36	5.05	6.25	6.76
	标准差	1.84%	3.74%	5.68%	9.54%	11.45%
中 40~59分	货币	40%	20%	0%	0%	0%
	债券	40%	50%	50%	40%	30%
	股票	20%	30%	50%	60%	70%
	预期报酬率	4.36%	5.05%	6.25%	6.76%	7.27%
	标准差	3.74%	5.68%	9.54%	11.45%	13.37%
中高 60~79分	货币	20%	0%	0%	0%	0%
	债券	50%	50%	40%	30%	20%
	股票	30%	50%	60%	70%	80%
	预期报酬率	5.05%	6.25%	6.76%	7.27%	7.78%
	标准差	5.68%	9.54%	11.45%	13.37%	15.29%
高 80~100分	货币	0%	0%	0%	0%	0%
	债券	50%	40%	30%	20%	10%
	股票	50%	60%	70%	80%	90%
	预期报酬率	6.25%	6.76%	7.27%	7.78%	8.29%
	标准差	9.54%	11.45%	13.37%	15.29%	17.20%

注：本表数据来源于《金融理财综合规划案例》（北京当代金融培训有限公司，2019年7月，第46页表2-27）。

根据风险评分结果进行资产配置，具体如见表20-20所示。

表 20-20　　　　　　　　　　　　　　　资产配置表

项目	得分	投资工具	资产配置	预期报酬率	标准差	相关系数
风险承受能力	69	货币	0%	2.81%	0.57%	0.46（货币与债券）
风险承受态度	28	债券	50%	3.69%	0.63%	-0.36（债券与股票）
最高报酬率	18.34%	股票	50%	8.80%	19.12%	-0.08（货币与股票）
最低报酬率	-5.85%	投资组合	100%	6.25%	9.45%	

注：本表数据来源于《金融理财综合规划案例》（北京当代金融培训有限公司，2019年7月，第47页表2-28）。

与目前资产配置对比及调整,具体如见表 20-21 所示。

表 20-21　　　　　　　　与目前资产配置的对比及调整　　　　　　　　单位：元

投资工具	目前金额	建议金额	调整金额
货币	400 000		-400 000
债券	0	166 993	166 993
股票	0	166 994	166 994
紧急预备金	0	66 013	66 013
合计	400 000	400 000	

目前，家庭流动资产 400 000 元，保留家庭年支出的 25% 作为紧急预备金，即 264 050 × 25% = 66 013（元），将其配置在活期存款、定期存款或货币市场基金均可。期初累积理财准备 = 400 000 - 66 013 = 333 987（元），债券和股票各配置 50%，即 333 987 × 50% = 166 993.5 元。最后，根据风险评分的结果，货币资产配置比率为 0，但是仍然要配置 66 013 元到货币类资产，以满足紧急预备金的要求。

依据表 20-20，无风险收益率 RF = 2.81%，风险属性的投资报酬率 ROI = 6.25%。

六、生涯仿真表现金流输出

将工作收入、持续性支出、保费支出、换房支出、购车及车位支出、养老支出等所有现金流及生涯仿真表完成后进行汇总，形成全理财目标生涯仿真表（见表 20-22）。

内部报酬率 IRR 无法算出。以无风险收益率 RF = 2.81% 计算，第 4、5、6 年的累计理财准备为负数，表明这 3 年的累计理财准备无法满足对应 3 年的全部支出需求，理财目标无法全部实现。以风险属性的投资报酬率 ROI = 6.25% 计算，所有年度的理财准备均为正数，表明全部理财目标可以实现，方案可行。

七、总结

本案例中，王先生夫妻均为大学教师，职业和收入很稳定，处于家庭成长期阶段，上有父母需要赡养，下有一双儿女需要抚养，还有 100 万元的房贷需要偿还，家庭财务压力较大。考察其家庭财务，紧急预备金保留过高，资产配置过于保守，影响了资产的增值；家庭财富增值能力、财务自由度、保障能力等都明显偏低。

案例20 大学教师家庭综合理财规划

表20-22 全理财目标生涯仿真表

几年后开始（年）	工作收入（元）	持续支出（元）	保费支出（元）	换房支出（元）	购车支出（元）	养老支出（元）	净现金流（元）	累计理财准备（元）用内部报酬率计算	累计理财准备（元）用无风险利率计算	累计理财准备（元）用投资报酬率计算
0								333 987	333 987	333 987
1	346 500	−189 000	−27 547	−61 566	0	0	68 387	#NUM!	411 759	423 248
2	363 825	−198 450	−27 547	−40 933	0	0	96 895	#NUM!	520 224	546 596
3	382 017	−208 373	−27 547	−333 398	0	0	−187 301	#NUM!	347 541	393 457
4	401 117	−218 791	−27 547	−84 038	−465 142	0	−394 401	#NUM!	−37 094	23 647
5	421 173	−229 731	−27 547	−82 033	−94 778	0	−12 916	#NUM!	−51 052	12 209
6	442 231	−241 217	−27 547	−79 927	−95 822	0	−2 282	#NUM!	−54 769	10 690
7	464 343	−253 278	−27 547	−77 715	−36 896	0	68 907	#NUM!	12 599	80 265
8	487 560	−265 942	−27 547	−75 394	−38 003	0	80 674	#NUM!	93 627	165 956
9	511 938	−279 239	−27 547	−72 956	−39 143	0	93 053	#NUM!	189 311	269 381
10	537 535	−293 201	−27 547	−70 397	−40 317	0	106 073	#NUM!	300 704	392 290
11	564 412	−290 758	−27 547	−67 709	−41 527	0	136 871	#NUM!	446 024	553 679
12	592 632	−305 296	−27 547	−64 887	−42 773	0	152 129	#NUM!	610 687	740 413
13	622 264	−320 560	−27 547	−61 923	−44 056	0	168 178	#NUM!	796 025	954 867
14	653 378	−336 588	−27 547	−58 812	−45 378	0	185 053	#NUM!	1 003 446	1 199 599
15	686 046	−353 418	−27 547	−55 545	−46 739	0	202 797	#NUM!	1 234 440	1 477 371
16	720 348	−371 089	−27 547	−52 115	0	0	269 597	#NUM!	1 538 725	1 839 304
17	756 366	−297 962	−27 547	−48 514	0	0	382 343	#NUM!	1 964 306	2 336 604
18	794 184	−312 861	−27 547	−44 732	0	0	409 044	#NUM!	2 428 547	2 891 685
19	833 894	−328 504	−27 547	−40 761	0	0	437 082	#NUM!	2 933 871	3 509 498

续表

几年后开始（年）	工作收入（元）	持续支出（元）	保费支出（元）	换房支出（元）	购车支出（元）	养老支出（元）	净现金流（元）	累计理财准备（元）用内部报酬率计算	累计理财准备（元）用无风险利率计算	累计理财准备（元）用投资报酬率计算
20	875 589	-238 797	-27 547	-36 592	0	0	572 653	#NUM!	3 588 966	4 301 494
21	919 367	-222 877	0	-32 214	0	0	664 276	#NUM!	4 354 092	5 234 614
22	965 336	-234 021	0	-27 616	0	0	703 699	#NUM!	5 180 141	6 265 476
23	1 013 603	-245 722	0	-22 790	0	0	745 091	#NUM!	6 070 794	7 402 159
24	1 064 283	-258 008	0	-17 722	0	0	788 553	#NUM!	7 029 936	8 653 347
25	1 117 497	-270 908	0	-12 401	0	0	834 188	#NUM!	8 061 665	10 028 369
26	1 173 372	-284 454	0	-6 813	0	0	882 105	#NUM!	9 170 303	11 537 247
27	1 232 040	-298 677	0	-946	0	189 274	1 121 691	#NUM!	10 549 681	13 380 019
28	0	0	0	-124 150	0	198 738	74 588	#NUM!	10 920 716	14 290 858
29	0	0	0	-124 150	0	208 674	84 524	#NUM!	11 312 112	15 268 561
30	0	0	0	-124 150	0	219 108	94 958	#NUM!	11 724 940	16 317 804
31	0	0	0	-124 150	0	230 064	105 914	#NUM!	12 160 324	17 443 580
32	0	0	0	-124 150	0	241 567	117 417	#NUM!	12 619 446	18 651 220
33	0	0	0	-124 150	0	253 645	129 495	#NUM!	13 103 547	19 946 417
34	0	0	0	0	0	266 328	266 328	#NUM!	13 738 085	21 459 396
35	0	0	0	0	0	279 645	279 645	#NUM!	14 403 770	23 080 253
36	0	0	0	0	0	293 627	293 627	#NUM!	15 102 143	24 816 395
37	0	0	0	0	0	308 307	308 307	#NUM!	15 834 820	26 675 727
38	0	0	0	0	0	323 723	323 723	#NUM!	16 603 501	28 666 683
39	0	0	0	0	0	339 910	339 910	#NUM!	17 409 969	30 798 260

续表

几年后开始（年）	工作收入（元）	持续支出（元）	保费支出（元）	换房支出（元）	购车支出（元）	养老支出（元）	净现金流（元）	累计理财准备用内部报酬率计算	累计理财准备（元）用无风险利率计算	累计理财准备（元）用投资报酬率计算
40	0	0	0	0	0	356 904	356 904	#NUM!	18 256 093	33 080 055
41	0	0	0	0	0	374 749	374 749	#NUM!	19 143 838	35 522 307
42	0	0	0	0	0	113 452	113 452	#NUM!	19 795 232	37 855 903
43	0	0	0	0	0	119 124	119 124	#NUM!	20 470 602	40 341 021
44	0	0	0	0	0	125 080	125 080	#NUM!	21 170 906	42 987 415
45	0	0	0	0	0	131 334	131 334	#NUM!	21 897 142	45 805 462
46	0	0	0	0	0	137 900	137 900	#NUM!	22 650 352	48 806 204
47	0	0	0	0	0	144 796	144 796	#NUM!	23 431 623	52 001 387
48	0	0	0	0	0	152 036	152 036	#NUM!	24 242 087	55 403 510
							IRR	#NUM!	2.81%	6.25%
							NPV		6 235 014	14 249 666

结合家庭的理财目标，第一，子女抚养和教育以及父母赡养具有刚性需求，参照王先生的意愿，并结合市场状况来安排相应预算。第二，为家庭成员配置了相对完善的保险，提升家庭的保障能力，防止各种事件发生对家庭财务造成冲击（该家庭处于家庭成长期阶段，是保险需求最高的人生阶段）。保费总预算每年 27 547 元，占家庭年收入 340 000 元的 8.1%，控制在 10% 的合理范围内。第三，降低家庭的紧急预备金，仅保留家庭年支出的 25% 即 66 013 元作为紧急预备金，其余 333 987 元依据风险测试分别配置 50% 即 166 993.5 元在债券和股票上，预期投资报酬率能达到 6.25%，明显高于货币类资产 2.81% 的报酬率。第四，3 年后换房计划，因上海房产调控政策很严，购置二套房非普通住宅首付比例为 70%，现金流出太高，建议王先生购房预算 600 万元，并且购置满五唯一住宅，这样无须承担所得税，增值税也会减轻，通过减轻税费来减少购房首年的现金流出，同时，申请足额公积金贷款 80 万元，其余采用商业贷款，贷款期限选择 30 年，控制每年的现金流出。第五，4 年后购车及车位，建议王先生购车预算 18 万元、车牌 9 万元、车位 25 万元，基本可以满足需要，且购车选择 3 年零利率分期付款，减轻现金流出压力（近两年，我国车市供大于求状况显现，购车优惠条件多，选择余地大）。最后，王先生夫妻的养老目标相对长远，养老金储备时间充足，可以保证他们享有比较理想的退休生活品质。

依据风险属性的资产配置能达到的投资报酬率 6.25%，能保证整个生涯中所有年度累计理财准备都能满足所有支出的需求，即保证所有理财目标的实现，而且该投资报酬率也符合王先生的风险承受态度偏好。此外，从长期来看，该投资报酬率能对财富积累带来明显的效果，在王先生夫妻晚年能积累很丰厚的财富。

需要注意的是，理财目标面向未来，因此案例中有不少假设条件，当这些条件改变时，必然会对生涯仿真表的现金流造成影响，从而影响理财方案的可行性，比如，王先生夫妻的收入增长率如果达不到 5% 或者投资报酬率达不到 6.25%，则可能对理财目标产生重要影响。再如，王先生女儿和儿子的教育不确定性很大，上海的义务教育阶段情况特殊，民办学校的教育质量普遍高于公办学校，但是学费很高且增长很快（差异也较大），相关的政策变化不定，能否进入民办学校就读不确定，如果进入较好的民办学校就读，现有的教育费预算明显不够，因此，子女教育的刚性和不确定性特征是理财规划最大的挑战。此外，为了检验理财方案的稳健性，可进一步改变各种假设条件，进行敏感性分析，鉴于敏感性分析复杂烦琐，本案例不再进行展示。但是，在实务中，理财师有必要进行敏感性分析，加强对理财方案的监控调整，以确保理财方案的稳健可行。

第4部分

附 录

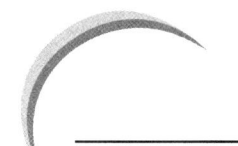

《关于规范金融机构资产管理业务的指导意见》

近年来，我国资产管理业务快速发展，在满足居民和企业投融资需求、改善社会融资结构等方面发挥了积极作用，但也存在部分业务发展不规范、多层嵌套、刚性兑付、规避金融监管和宏观调控等问题。按照党中央、国务院决策部署，为规范金融机构资产管理业务，统一同类资产管理产品监管标准，有效防控金融风险，引导社会资金流向实体经济，更好地支持经济结构调整和转型升级，经国务院同意，现提出以下意见：

一、规范金融机构资产管理业务主要遵循以下原则：

（一）坚持严控风险的底线思维。把防范和化解资产管理业务风险放到更加重要的位置，减少存量风险，严防增量风险。

（二）坚持服务实体经济的根本目标。既充分发挥资产管理业务功能，切实服务实体经济投融资需求，又严格规范引导，避免资金脱实向虚在金融体系内部自我循环，防止产品过于复杂，加剧风险跨行业、跨市场、跨区域传递。

（三）坚持宏观审慎管理与微观审慎监管相结合、机构监管与功能监管相结合的监管理念。实现对各类机构开展资产管理业务的全面、统一覆盖，采取有效监管措施，加强金融消费者权益保护。

（四）坚持有的放矢的问题导向。重点针对资产管理业务的多层嵌套、杠杆不清、套利严重、投机频繁等问题，设定统一的标准规制，同时对金融创新坚持趋利避害、一分为二、留出发展空间。

（五）坚持积极稳妥审慎推进。正确处理改革、发展、稳定关系，坚持防范风险与有序规范相结合，在下决心处置风险的同时，充分考虑市场承受能力，合理设置过渡期，把握好工作的次序、节奏、力度，加强市场沟通，有效引导市场预期。

二、资产管理业务是指银行、信托、证券、基金、期货、保险资产管理机构、金融资产投资公司等金融机构接受投资者委托，对受托的投资者财产进行投资和管理的金融服务。金融机构为委托人利益履行诚实信用、勤勉尽责义务并收取相应的管理费用，委托人自担投资风险并获得收益。金融机构可以与委托人在合同中事先约定收取合理的业绩报酬，业绩报酬计入管理费，须与产品一一对应并逐个结算，不同产品之间不得相互串用。

资产管理业务是金融机构的表外业务，金融机构开展资产管理业务时不得承诺保本保收益。出现兑付困难时，金融机构不得以任何形式垫资兑付。金融机构不得在表内开展资产管理业务。

私募投资基金适用私募投资基金专门法律、行政法规，私募投资基金专门法律、行政法规中没有明确规定的适用本意见，创业投资基金、政府出资产业投资基金的相关规定另行制定。

三、资产管理产品包括但不限于人民币或外币形式的银行非保本理财产品，资金信托，证券公司、证券公司子公司、基金管理公司、基金管理子公司、期货公司、期货公司子公司、保险资产管理机构、金融资产投资公司发行的资产管理产品等。依据金融管理部门颁布规则开展的资产证券化业务，依据人力资源社会保障部门颁布规则发行的养老金产品，不适用本意见。

四、资产管理产品按照募集方式的不同，分为公募产品和私募产品。公募产品面向不特定社会公众公开发行。公开发行的认定标准依照《中华人民共和国证券法》执行。私募产品面向合格投资者通过非公开方式发行。

资产管理产品按照投资性质的不同，分为固定收益类产品、权益类产品、商品及金融衍生品类产品和混合类产品。固定收益类产品投资于存款、债券等债权类资产的比例不低于80%，权益类产品投资于股票、未上市企业股权等权益类资产的比例不低于80%，商品及金融衍生品类产品投资于商品及金融衍生品的比例不低于80%，混合类产品投资于债权类资产、权益类资产、商品及金融衍生品类资产且任一资产的投资比例未达到前三类产品标准。非因金融机构主观因素导致突破前述比例限制的，金融机构应当在流动性受限资产可出售、可转让或者恢复交易的15个交易日内调整至符合要求。

金融机构在发行资产管理产品时，应当按照上述分类标准向投资者明示资产管理产品的类型，并按照确定的产品性质进行投资。在产品成立后至到期日前，不得擅自改变产品类型。混合类产品投资债权类资产、权益类资产和商品及金融衍生品类资产的比例范围应当在发行产品时予以确定并向投资者明示,在产品成立后至到期日前不得擅自改变。产品的实际投向不得违反合同约定,如有改变,除高风险类型的产品超出比例范围投资较低风险资产外,应当先行取得投资者书面同意,并履行登记备案等法律法规以及金融监督管理部门规定的程序。

五、资产管理产品的投资者分为不特定社会公众和合格投资者两大类。合格投资者是指具备相应风险识别能力和风险承担能力,投资于单只资产管理产品不低于一定金额且符合下列条件的自然人和法人或者其他组织。

(一)具有 2 年以上投资经历,且满足以下条件之一:家庭金融净资产不低于 300 万元,家庭金融资产不低于 500 万元,或者近 3 年本人年均收入不低于 40 万元。

(二)最近 1 年末净资产不低于 1 000 万元的法人单位。

(三)金融管理部门视为合格投资者的其他情形。

合格投资者投资于单只固定收益类产品的金额不低于 30 万元,投资于单只混合类产品的金额不低于 40 万元,投资于单只权益类产品、单只商品及金融衍生品类产品的金额不低于 100 万元。

投资者不得使用贷款、发行债券等筹集的非自有资金投资资产管理产品。

六、金融机构发行和销售资产管理产品,应当坚持"了解产品"和"了解客户"的经营理念,加强投资者适当性管理,向投资者销售与其风险识别能力和风险承担能力相适应的资产管理产品。禁止欺诈或者误导投资者购买与其风险承担能力不匹配的资产管理产品。金融机构不得通过拆分资产管理产品的方式,向风险识别能力和风险承担能力低于产品风险等级的投资者销售资产管理产品。

金融机构应当加强投资者教育,不断提高投资者的金融知识水平和风险意识,向投资者传递"卖者尽责、买者自负"的理念,打破刚性兑付。

七、金融机构开展资产管理业务,应当具备与资产管理业务发展相适应的管理体系和管理制度,公司治理良好,风险管理、内部控制和问责机制健全。

金融机构应当建立健全资产管理业务人员的资格认定、培训、考核评价和问责制度,确保从事资产管理业务的人员具备必要的专业知识、行业经验和管理能力,充分了解相关法律法规、监管规定以及资产管理产品的法律关系、交易结构、主要风险和风险管控方式,遵守行为准则和职业道德标准。

对于违反相关法律法规以及本意见规定的金融机构资产管理业务从业人员,依法采取处罚措施直至取消从业资格，禁止其在其他类型金融机构从事资产管理业务。

八、金融机构运用受托资金进行投资，应当遵守审慎经营规则，制定科学合理的投资策略和风险管理制度，有效防范和控制风险。

金融机构应当履行以下管理人职责：

（一）依法募集资金，办理产品份额的发售和登记事宜。

（二）办理产品登记备案或者注册手续。

（三）对所管理的不同产品受托财产分别管理、分别记账，进行投资。

（四）按照产品合同的约定确定收益分配方案，及时向投资者分配收益。

（五）进行产品会计核算并编制产品财务会计报告。

（六）依法计算并披露产品净值或者投资收益情况，确定申购、赎回价格。

（七）办理与受托财产管理业务活动有关的信息披露事项。

（八）保存受托财产管理业务活动的记录、账册、报表和其他相关资料。

（九）以管理人名义，代表投资者利益行使诉讼权利或者实施其他法律行为。

（十）在兑付受托资金及收益时，金融机构应当保证受托资金及收益返回委托人的原账户、同名账户或者合同约定的受益人账户。

（十一）金融监督管理部门规定的其他职责。

金融机构未按照诚实信用、勤勉尽责原则切实履行受托管理职责，造成投资者损失的，应当依法向投资者承担赔偿责任。

九、金融机构代理销售其他金融机构发行的资产管理产品，应当符合金融监督管理部门规定的资质条件。未经金融监督管理部门许可，任何非金融机构和个人不得代理销售资产管理产品。

金融机构应当建立资产管理产品的销售授权管理体系，明确代理销售机构的准入标准和程序，明确界定双方的权利与义务，明确相关风险的承担责任和转移方式。

金融机构代理销售资产管理产品，应当建立相应的内部审批和风险控制程序，对发行或者管理机构的信用状况、经营管理能力、市场投资能力、风险处置能力等开展尽职调查，要求发行或者管理机构提供详细的产品介绍、相关市场分析和风险收益测算报告，进行充分的信息验证和风险审查，确保代理销售的产品符合本意见规定并承担相应责任。

十、公募产品主要投资标准化债权类资产以及上市交易的股票，除法律法规和金融管理部门另有规定外，不得投资未上市企业股权。公募产品可以投资商品及金融衍生品，但应当符合法律法规以及金融管理部门的相关规定。

私募产品的投资范围由合同约定，可以投资债权类资产、上市或挂牌交易的股票、未上市企业股权（含债转股）和受（收）益权以及符合法律法规规定的其他资产，并严格遵守投资者适当性管理要求。鼓励充分运用私募产品支持市场化、法治化债转股。

十一、资产管理产品进行投资应当符合以下规定：

（一）标准化债权类资产应当同时符合以下条件：

1. 等分化，可交易。

2. 信息披露充分。

3. 集中登记，独立托管。

4. 公允定价，流动性机制完善。

5. 在银行间市场、证券交易所市场等经国务院同意设立的交易市场交易。

标准化债权类资产的具体认定规则由中国人民银行会同金融监督管理部门另行制定。

标准化债权类资产之外的债权类资产均为非标准化债权类资产。金融机构发行资产管理产品投资于非标准化债权类资产的，应当遵守金融监督管理部门制定的有关限额管理、流动性管理等监管标准。金融监督管理部门未制定相关监管标准的，由中国人民银行督促根据本意见要求制定监管标准并予以执行。

金融机构不得将资产管理产品资金直接投资于商业银行信贷资产。商业银行信贷资产受（收）益权的投资限制由金融管理部门另行制定。

（二）资产管理产品不得直接或者间接投资法律法规和国家政策禁止进行债权或股权投资的行业和领域。

（三）鼓励金融机构在依法合规、商业可持续的前提下，通过发行资产管理产品募集资金投向符合国家战略和产业政策要求、符合国家供给侧结构性改革政策要求的领域。鼓励金融机构通过发行资产管理产品募集资金支持经济结构转型，支持市场化、法治化债转股，降低企业杠杆率。

（四）跨境资产管理产品及业务参照本意见执行，并应当符合跨境人民币和外汇管理有关规定。

十二、金融机构应当向投资者主动、真实、准确、完整、及时披露资产管理产品募集信息、资金投向、杠杆水平、收益分配、托管安排、投资账户信息和主要投资风险等内容。国家法律法规另有规定的，从其规定。

对于公募产品，金融机构应当建立严格的信息披露管理制度，明确定期报告、临时报告、重大事项公告、投资风险披露要求以及具体内容、格式。在本机构官方网站或者通过投资者便于获取的方式披露产品净值或者投资收益情况，并定期披露其他重要信息：开放式产品按照开放频率披露，封闭式产品至少每周披露一次。

对于私募产品，其信息披露方式、内容、频率由产品合同约定，但金融机构应当至少每季度向投资者披露产品净值和其他重要信息。

对于固定收益类产品，金融机构应当通过醒目方式向投资者充分披露和提示产品的投资风险，包括但不限于产品投资债券面临的利率、汇率变化等市场风险以及债券价格波动情况，产品投资每笔非标准化债权类资产的融资客户、项目名称、剩余融资期限、到期收益分配、交易结构、风险状况等。

对于权益类产品，金融机构应当通过醒目方式向投资者充分披露和提示产品的投资风险，包括产品投资股票面临的风险以及股票价格波动情况等。

对于商品及金融衍生品类产品，金融机构应当通过醒目方式向投资者充分披露产品的挂钩资产、持仓风险、控制措施以及衍生品公允价值变化等。

对于混合类产品，金融机构应当通过醒目方式向投资者清晰披露产品的投资资产组合情况，并根据固定收益类、权益类、商品及金融衍生品类资产投资比例充分披露和提示相应的投资风险。

十三、主营业务不包括资产管理业务的金融机构应当设立具有独立法人地位的资产管理子公司开展资产管理业务，强化法人风险隔离，暂不具备条件的可以设立专门的资产管理业务经营部门开展业务。

金融机构不得为资产管理产品投资的非标准化债权类资产或者股权类资产提供任何直接或间接、显性或隐性的担保、回购等代为承担风险的承诺。

金融机构开展资产管理业务，应当确保资产管理业务与其他业务相分离，资产管理产品与其代销的金融产品相分离，资产管理产品之间相分离，资产管理业务操作与其他业务操作相分离。

十四、本意见发布后，金融机构发行的资产管理产品资产应当由具有托管资质的第三方机构独立托管，法律、行政法规另有规定的除外。

过渡期内，具有证券投资基金托管业务资质的商业银行可以托管本行理财产品，但应当为每只产品单独开立托管账户，确保资产隔离。过渡期后，具有证券投资基金托管业务资质的商业银行应当设立具有独立法人地位的子公司开展资产管理业务，该商业银行可以托管子公司发行的资产管理产品,但应当实现实质性的独立托管。独立托管有名无实的,由金融监督管理部门进行纠正和处罚。

十五、金融机构应当做到每只资产管理产品的资金单独管理、单独建账、单独核算,不得开展或者参与具有滚动发行、集合运作、分离定价特征的资金池业务。

金融机构应当合理确定资产管理产品所投资资产的期限,加强对期限错配的流动性风险管理,金融监督管理部门应当制定流动性风险管理规定。

为降低期限错配风险,金融机构应当强化资产管理产品久期管理,封闭式资产管理产品期限不得低于90天。资产管理产品直接或者间接投资于非标准化债权类资产的,非标准化债权类资产的终止日不得晚于封闭式资产管理产品的到期日或者开放式资产管理产品的最近一次开放日。

资产管理产品直接或者间接投资于未上市企业股权及其受(收)益权的,应当为封闭式资产管理产品,并明确股权及其受(收)益权的退出安排。未上市企业股权及其受(收)益权的退出日不得晚于封闭式资产管理产品的到期日。

金融机构不得违反金融监督管理部门的规定,通过为单一融资项目设立多只资产管理产品的方式,变相突破投资人数限制或者其他监管要求。同一金融机构发行多只资产管理产品投资同一资产的,为防止同一资产发生风险波及多只资产管理产品,多只资产管理产品投资该资产的资金总规模合计不得超过300亿元。如果超出该限额,需经相关金融监督管理部门批准。

十六、金融机构应当做到每只资产管理产品所投资资产的风险等级与投资者的风险承担能力相匹配,做到每只产品所投资资产构成清晰,风险可识别。

金融机构应当控制资产管理产品所投资资产的集中度:

(一)单只公募资产管理产品投资单只证券或者单只证券投资基金的市值不得超过该资产管理产品净资产的10%。

(二)同一金融机构发行的全部公募资产管理产品投资单只证券或者单只证券投资基金的市值不得超过该证券市值或者证券投资基金市值的30%。其中,同一金融机构全部开放式公募资产管理产品投资单一上市公司发行的股票不得超过该上市公司可流通股票的15%。

(三)同一金融机构全部资产管理产品投资单一上市公司发行的股票不得超过该上市公司可流通股票的30%。

金融监督管理部门另有规定的除外。

非因金融机构主观因素导致突破前述比例限制的，金融机构应当在流动性受限资产可出售、可转让或者恢复交易的 10 个交易日内调整至符合相关要求。

十七、金融机构应当按照资产管理产品管理费收入的 10% 计提风险准备金，或者按照规定计量操作风险资本或相应风险资本准备。风险准备金余额达到产品余额的 1% 时可以不再提取。风险准备金主要用于弥补因金融机构违法违规、违反资产管理产品协议、操作错误或者技术故障等给资产管理产品财产或者投资者造成的损失。金融机构应当定期将风险准备金的使用情况报告金融管理部门。

十八、金融机构对资产管理产品应当实行净值化管理，净值生成应当符合企业会计准则规定，及时反映基础金融资产的收益和风险，由托管机构进行核算并定期提供报告，由外部审计机构进行审计确认，被审计金融机构应当披露审计结果并同时报送金融管理部门。

金融资产坚持公允价值计量原则，鼓励使用市值计量。符合以下条件之一的，可按照企业会计准则以摊余成本进行计量：

（一）资产管理产品为封闭式产品，且所投金融资产以收取合同现金流量为目的并持有到期。

（二）资产管理产品为封闭式产品，且所投金融资产暂不具备活跃交易市场，或者在活跃市场中没有报价，也不能采用估值技术可靠计量公允价值。

金融机构以摊余成本计量金融资产净值，应当采用适当的风险控制手段，对金融资产净值的公允性进行评估。当以摊余成本计量已不能真实公允反映金融资产净值时，托管机构应当督促金融机构调整会计核算和估值方法。金融机构前期以摊余成本计量的金融资产的加权平均价格与资产管理产品实际兑付时金融资产的价值的偏离度不得达到 5% 或以上，如果偏离 5% 或以上的产品数超过所发行产品总数的 5%，金融机构不得再发行以摊余成本计量金融资产的资产管理产品。

十九、经金融管理部门认定，存在以下行为的视为刚性兑付：

（一）资产管理产品的发行人或者管理人违反真实公允确定净值原则，对产品进行保本保收益。

（二）采取滚动发行等方式，使得资产管理产品的本金、收益、风险在不同投资者之间发生转移，实现产品保本保收益。

（三）资产管理产品不能如期兑付或者兑付困难时，发行或者管理该产品的金融机构自行筹集资金偿付或者委托其他机构代为偿付。

（四）金融管理部门认定的其他情形。

经认定存在刚性兑付行为的，区分以下两类机构进行惩处：

1. 存款类金融机构发生刚性兑付的，认定为利用具有存款本质特征的资产管理产品进行监管套利，由国务院银行保险监督管理机构和中国人民银行按照存款业务予以规范，足额补缴存款准备金和存款保险保费，并予以行政处罚。

2. 非存款类持牌金融机构发生刚性兑付的，认定为违规经营，由金融监督管理部门和中国人民银行依法纠正并予以处罚。

任何单位和个人发现金融机构存在刚性兑付行为的，可以向金融管理部门举报，查证属实且举报内容未被相关部门掌握的，给予适当奖励。

外部审计机构在对金融机构进行审计时，如果发现金融机构存在刚性兑付行为的，应当及时报告金融管理部门。外部审计机构在审计过程中未能勤勉尽责，依法追究相应责任或依法依规给予行政处罚，并将相关信息纳入全国信用信息共享平台，建立联合惩戒机制。

二十、资产管理产品应当设定负债比例（总资产/净资产）上限，同类产品适用统一的负债比例上限。每只开放式公募产品的总资产不得超过该产品净资产的140%，每只封闭式公募产品、每只私募产品的总资产不得超过该产品净资产的200%。计算单只产品的总资产时应当按照穿透原则合并计算所投资资产管理产品的总资产。

金融机构不得以受托管理的资产管理产品份额进行质押融资，放大杠杆。

二十一、公募产品和开放式私募产品不得进行份额分级。

分级私募产品的总资产不得超过该产品净资产的140%。分级私募产品应当根据所投资资产的风险程度设定分级比例（优先级份额/劣后级份额，中间级份额计入优先级份额）。固定收益类产品的分级比例不得超过3∶1，权益类产品的分级比例不得超过1∶1，商品及金融衍生品类产品、混合类产品的分级比例不得超过2∶1。发行分级资产管理产品的金融机构应当对该资产管理产品进行自主管理，不得转委托给劣后级投资者。

分级资产管理产品不得直接或者间接对优先级份额认购者提供保本保收益安排。

本条所称分级资产管理产品是指存在一级份额以上的份额为其他级份额提供一定的风险补偿，收益分配不按份额比例计算，由资产管理合同另行约定的产品。

二十二、金融机构不得为其他金融机构的资产管理产品提供规避投资范围、杠杆约束等监管要求的通道服务。

资产管理产品可以再投资一层资产管理产品，但所投资的资产管理产品不得再投资公募证券投资基金以外的资产管理产品。

金融机构将资产管理产品投资于其他机构发行的资产管理产品，从而将本机构的资产管理产品资金委托给其他机构进行投资的，该受托机构应当为具有专业投资能力和资质的受金融监督管理部门监管的机构。公募资产管理产品的受托机构应当为金融机构，私募资产管理产品的受托机构可以为私募基金管理人。受托机构应当切实履行主动管理职责，不得进行转委托，不得再投资公募证券投资基金以外的资产管理产品。委托机构应当对受托机构开展尽职调查，实行名单制管理，明确规定受托机构的准入标准和程序、责任和义务、存续期管理、利益冲突防范机制、信息披露义务以及退出机制。委托机构不得因委托其他机构投资而免除自身应当承担的责任。

金融机构可以聘请具有专业资质的受金融监督管理部门监管的机构作为投资顾问。投资顾问提供投资建议指导委托机构操作。

金融监督管理部门和国家有关部门应当对各类金融机构开展资产管理业务实行平等准入、给予公平待遇。资产管理产品应当在账户开立、产权登记、法律诉讼等方面享有平等的地位。金融监督管理部门基于风险防控考虑，确实需要对其他行业金融机构发行的资产管理产品采取限制措施的，应当充分征求相关部门意见并达成一致。

二十三、运用人工智能技术开展投资顾问业务应当取得投资顾问资质，非金融机构不得借助智能投资顾问超范围经营或者变相开展资产管理业务。

金融机构运用人工智能技术开展资产管理业务应当严格遵守本意见有关投资者适当性、投资范围、信息披露、风险隔离等一般性规定，不得借助人工智能业务夸大宣传资产管理产品或者误导投资者。金融机构应当向金融监督管理部门报备人工智能模型的主要参数以及资产配置的主要逻辑，为投资者单独设立智能管理账户，充分提示人工智能算法的固有缺陷和使用风险，明晰交易流程，强化留痕管理，严格监控智能管理账户的交易头寸、风险限额、交易种类、价格权限等。金融机构因违法违规或者管理不当造成投资者损失的，应当依法承担损害赔偿责任。

金融机构应当根据不同产品投资策略研发对应的人工智能算法或者程序化交易，避免算法同质化加剧投资行为的顺周期性，并针对由此可能引发的市场波动风险制定应对预案。因算法同质化、编程设计错误、对数据利用深度不够等人工智能算法模型缺陷或者系统异常，导致羊群效应、影响金融市场稳定运行的，金融机构应当及时采取人工干预措施，强制调整或者终止人工智能业务。

二十四、金融机构不得以资产管理产品的资金与关联方进行不正当交易、利益输送、内幕交易和操纵市场，包括但不限于投资于关联方虚假项目、与关联方共同收购上市公司、向本机构注资等。

金融机构的资产管理产品投资本机构、托管机构及其控股股东、实际控制人或者与其有其他重大利害关系的公司发行或者承销的证券，或者从事其他重大关联交易的，应当建立健全内部审批机制和评估机制，并向投资者充分披露信息。

二十五、建立资产管理产品统一报告制度。中国人民银行负责统筹资产管理产品的数据编码和综合统计工作，会同金融监督管理部门拟定资产管理产品统计制度，建立资产管理产品信息系统，规范和统一产品标准、信息分类、代码、数据格式，逐只产品统计基本信息、募集信息、资产负债信息和终止信息。中国人民银行和金融监督管理部门加强资产管理产品的统计信息共享。金融机构应当将含债权投资的资产管理产品信息报送至金融信用信息基础数据库。

金融机构于每只资产管理产品成立后5个工作日内，向中国人民银行和金融监督管理部门同时报送产品基本信息和起始募集信息；于每月10日前报送存续期募集信息、资产负债信息，于产品终止后5个工作日内报送终止信息。

中央国债登记结算有限责任公司、中国证券登记结算有限公司、银行间市场清算所股份有限公司、上海票据交易所股份有限公司、上海黄金交易所、上海保险交易所股份有限公司、中保保险资产登记交易系统有限公司于每月10日前向中国人民银行和金融监督管理部门同时报送资产管理产品持有其登记托管的金融工具的信息。

在资产管理产品信息系统正式运行前，中国人民银行会同金融监督管理部门依据统计制度拟定统一的过渡期数据报送模板；各金融监督管理部门对本行业金融机构发行的资产管理产品，于每月10日前按照数据报送模板向中国人民银行提供数据，及时沟通跨行业、跨市场的重大风险信息和事项。

中国人民银行对金融机构资产管理产品统计工作进行监督检查。资产管理产品统计的具体制度由中国人民银行会同相关部门另行制定。

二十六、中国人民银行负责对资产管理业务实施宏观审慎管理，会同金融监督管理部门制定资产管理业务的标准规制。金融监督管理部门实施资产管理业务的市场准入和日常监管，加强投资者保护，依照本意见会同中国人民银行制定出台各自监管领域的实施细则。

本意见正式实施后，中国人民银行会同金融监督管理部门建立工作机制，持续监测资产管理业务的发展和风险状况，定期评估标准规制的有效性和市场影响，及时修订完善，推动资产管理行业持续健康发展。

二十七、对资产管理业务实施监管遵循以下原则：

（一）机构监管与功能监管相结合，按照产品类型而不是机构类型实施功能监管，同一类型的资产管理产品适用同一监管标准，减少监管真空和套利。

（二）实行穿透式监管，对于多层嵌套资产管理产品，向上识别产品的最终投资者，向下识别产品的底层资产（公募证券投资基金除外）。

（三）强化宏观审慎管理，建立资产管理业务的宏观审慎政策框架，完善政策工具，从宏观、逆周期、跨市场的角度加强监测、评估和调节。

（四）实现实时监管，对资产管理产品的发行销售、投资、兑付等各环节进行全面动态监管，建立综合统计制度。

二十八、金融监督管理部门应当根据本意见规定，对违规行为制定和完善处罚规则，依法实施处罚，并确保处罚标准一致。资产管理业务违反宏观审慎管理要求的，由中国人民银行按照法律法规实施处罚。

二十九、本意见实施后，金融监督管理部门在本意见框架内研究制定配套细则，配套细则之间应当相互衔接，避免产生新的监管套利和不公平竞争。按照"新老划断"原则设置过渡期，确保平稳过渡。过渡期为本意见发布之日起至2020年底，对提前完成整改的机构，给予适当监管激励。过渡期内，金融机构发行新产品应当符合本意见的规定；为接续存量产品所投资的未到期资产，维持必要的流动性和市场稳定，金融机构可以发行老产品对接，但应当严格控制在存量产品整体规模内，并有序压缩递减，防止过渡期结束时出现断崖效应。金融机构应当制定过渡期内的资产管理业务整改计划，明确时间进度安排，并报送相关金融监督管理部门，由其认可并监督实施，同时报备中国人民银行。过渡期结束后，金融机构的资产管理产品按照本意见进行全面规范（因子公司尚未成立而达不到第三方独立托管要求的情形除外），金融机构不得再发行或存续违反本意见规定的资产管理产品。

三十、资产管理业务作为金融业务，属于特许经营行业，必须纳入金融监管。非金融机构不得发行、销售资产管理产品，国家另有规定的除外。

非金融机构违反上述规定,为扩大投资者范围、降低投资门槛,利用互联网平台等公开宣传、分拆销售具有投资门槛的投资标的、过度强调增信措施掩盖产品风险、设立产品二级交易市场等行为,按照国家规定进行规范清理,构成非法集资、非法吸收公众存款、非法发行证券的,依法追究法律责任。非金融机构违法违规开展资产管理业务的,依法予以处罚;同时承诺或进行刚性兑付的,依法从重处罚。

三十一、本意见自发布之日起施行。

本意见所称"金融管理部门"是指中国人民银行、国务院银行保险监督管理机构、国务院证券监督管理机构和国家外汇管理局。"发行"是指通过公开或者非公开方式向资产管理产品的投资者发出认购邀约,进行资金募集的活动。"销售"是指向投资者宣传推介资产管理产品,办理产品申购、赎回的活动。"代理销售"是指接受合作机构的委托,在本机构渠道向投资者宣传推介、销售合作机构依法发行的资产管理产品的活动。

《商业银行理财业务监督管理办法》

第一章 总 则

第一条 为加强对商业银行理财业务的监督管理，促进商业银行理财业务规范健康发展，依法保护投资者合法权益，根据《中华人民共和国银行业监督管理法》《中华人民共和国商业银行法》等法律、行政法规以及《关于规范金融机构资产管理业务的指导意见》（以下简称《指导意见》），制定本办法。

第二条 本办法适用于在中华人民共和国境内设立的商业银行，包括中资商业银行、外商独资银行、中外合资银行。

第三条 本办法所称理财业务是指商业银行接受投资者委托，按照与投资者事先约定的投资策略、风险承担和收益分配方式，对受托的投资者财产进行投资和管理的金融服务。

本办法所称理财产品是指商业银行按照约定条件和实际投资收益情况向投资者支付收益、不保证本金支付和收益水平的非保本理财产品。

第四条 商业银行理财产品财产独立于管理人、托管机构的自有资产，因理财产品财产的管理、运用、处分或者其他情形而取得的财产，均归入银行理财产品财产。

商业银行理财产品管理人、托管机构不得将银行理财产品财产归入其自有资产，因依法解散、被依法撤销或者被依法宣告破产等原因进行清算的，银行理财产品财产不属于其清算财产。

第五条 商业银行理财产品管理人管理、运用和处分理财产品财产所产生的债权，不得与管理人、托管机构因自有资产所产生的债务相抵销；管理人管理、运用和处分不同理财产品财产所产生的债权债务，不得相互抵销。

第六条 商业银行开展理财业务，应当按照《指导意见》第八条的相关规定，诚实守信、勤勉尽职地履行受人之托、代人理财职责，投资者自担投资风险并获得收益。

商业银行开展理财业务，应当遵守成本可算、风险可控、信息充分披露的原则，严格遵守投资者适当性管理要求，保护投资者合法权益。

第七条 银行业监督管理机构依法对商业银行理财业务活动实施监督管理。

银行业监督管理机构应当对理财业务实行穿透式监管，向上识别理财产品的最终投资者，向下识别理财产品的底层资产，并对理财产品运作管理实行全面动态监管。

第二章 分类管理

第八条 商业银行应当根据募集方式的不同，将理财产品分为公募理财产品和私募理财产品。

本办法所称公募理财产品是指商业银行面向不特定社会公众公开发行的理财产品。公开发行的认定标准按照《中华人民共和国证券法》执行。

本办法所称私募理财产品是指商业银行面向合格投资者非公开发行的理财产品。合格投资者是指具备相应风险识别能力和风险承受能力，投资于单只理财产品不低于一定金额且符合下列条件的自然人、法人或者依法成立的其他组织：

（一）具有 2 年以上投资经历，且满足家庭金融净资产不低于 300 万元人民币，或者家庭金融资产不低于 500 万元人民币，或者近 3 年本人年均收入不低于 40 万元人民币；

（二）最近 1 年末净资产不低于 1 000 万元人民币的法人或者依法成立的其他组织；

（三）国务院银行业监督管理机构规定的其他情形。

私募理财产品的投资范围由合同约定，可以投资于债权类资产和权益类资产等。权益类资产是指上市交易的股票、未上市企业股权及其受（收）益权。

第九条 商业银行应当根据投资性质的不同，将理财产品分为固定收益类理财产品、权益类理财产品、商品及金融衍生品类理财产品和混合类理财产品。固定收益类理财产品投资于存款、债券等债权类资产的比例不低于 80%；权益类理财产品投资于权益类资产的比例不低于80%；商品及金融衍生品类理财产品投资于商品及金融衍生品的比例不低于80%；混合类理财产品投资于债权类资产、权益类资产、商品及金融衍生品类资产且任一资产的投资比例未达到前三类理财产品标准。

非因商业银行主观因素导致突破前述比例限制的，商业银行应当在流动性受限资产可出售、可转让或者恢复交易的15个交易日内将理财产品投资比例调整至符合要求，国务院银行业监督管理机构规定的特殊情形除外。

第十条　商业银行应当根据运作方式的不同，将理财产品分为封闭式理财产品和开放式理财产品。

本办法所称封闭式理财产品是指有确定到期日，且自产品成立日至终止日期间，投资者不得进行认购或者赎回的理财产品。开放式理财产品是指自产品成立日至终止日期间，理财产品份额总额不固定，投资者可以按照协议约定，在开放日和相应场所进行认购或者赎回的理财产品。

第十一条　商业银行发行投资衍生产品的理财产品，应当具有衍生产品交易资格，并遵守国务院银行业监督管理机构关于衍生产品业务管理的有关规定。

商业银行开展理财业务涉及外汇业务的，应当具有开办相应外汇业务的资格，并遵守外汇管理的有关规定。

第十二条　商业银行总行应当按照以下要求，在全国银行业理财信息登记系统对理财产品进行集中登记：

（一）商业银行发行公募理财产品的，应当在理财产品销售前10日，在全国银行业理财信息登记系统进行登记；

（二）商业银行发行私募理财产品的，应当在理财产品销售前2日，在全国银行业理财信息登记系统进行登记；

（三）在理财产品募集和存续期间，按照有关规定持续登记理财产品的募集情况、认购赎回情况、投资者信息、投资资产、资产交易明细、资产估值、负债情况等信息；

（四）在理财产品终止后5日内完成终止登记。

商业银行应当确保本行理财产品登记信息的真实性、准确性、完整性和及时性。信息登记不齐全或者不符合要求的，应当进行补充或者重新登记。

商业银行不得发行未在全国银行业理财信息登记系统进行登记并获得登记编码的理财产品。商业银行应当在理财产品销售文件的显著位置列明该产品在全国银行业理财信息登记系统获得的登记编码,并提示投资者可以依据该登记编码在中国理财网查询产品信息。

银行业理财登记托管中心应当在国务院银行业监督管理机构的指导下,履行下列职责:

(一)持续加强全国银行业理财信息登记系统的建设和管理,确保系统独立、安全、高效运行;

(二)完善理财信息登记业务规则、操作规程和技术标准规范等,加强理财信息登记质量监控;

(三)向国务院银行业监督管理机构报告理财业务、理财信息登记质量和系统运行等有关情况;

(四)提供必要的技术支持、业务培训和投资者教育等服务;

(五)依法合规使用信息,建立保密制度并采取相应的保密措施,确保信息安全;

(六)国务院银行业监督管理机构规定的其他职责。

第三章 业务规则与风险管理

第一节 管理体系与管理制度

第十三条 商业银行董事会和高级管理层应当充分了解理财业务及其所面临的各类风险,根据本行的经营目标、投资管理能力、风险管理水平等因素,确定开展理财业务的总体战略和政策,确保具备从事理财业务和风险管理所需要的专业人员、业务处理系统、会计核算系统和管理信息系统等人力、物力资源。

第十四条 商业银行应当通过具有独立法人地位的子公司开展理财业务。暂不具备条件的,商业银行总行应当设立理财业务专营部门,对理财业务实行集中统一经营管理。

商业银行设立理财子公司的监管规定由国务院银行业监督管理机构另行制定。

第十五条 商业银行开展理财业务,应当确保理财业务与其他业务相分离,理财产品与其代销的金融产品相分离,理财产品之间相分离,理财业务操作与其他业务操作相分离。

第十六条 商业银行应当根据理财业务性质和风险特征,建立健全理财业务管理制度,包括产品准入管理、风险管理与内部控制、人员管理、销售管理、投资管理、合作机构管理、产品托管、产品估值、会计核算和信息披露等。

商业银行应当针对理财业务的风险特征,制定和实施相应的风险管理政策和程序,确保持续有效地识别、计量、监测和控制理财业务的各类风险,并将理财业务风险管理纳入其全面风险管理体系。商业银行应当按照国务院银行业监督管理机构关于内部控制的相关规定，建立健全理财业务的内部控制体系，作为银行整体内部控制体系的有机组成部分。

商业银行内部审计部门应当按照国务院银行业监督管理机构关于内部审计的相关规定，至少每年对理财业务进行一次内部审计，并将审计报告报送审计委员会及董事会。董事会应当针对内部审计发现的问题，督促高级管理层及时采取整改措施。内部审计部门应当跟踪检查整改措施的实施情况，并及时向董事会提交有关报告。

商业银行应当按照国务院银行业监督管理机构关于外部审计的相关规定，委托外部审计机构至少每年对理财业务和公募理财产品进行一次外部审计，并针对外部审计发现的问题及时采取整改措施。

第十七条 商业银行应当建立理财产品的内部审批政策和程序，在发行新产品之前充分识别和评估各类风险。理财产品由负责风险管理、法律合规、财务会计管理和消费者保护等相关职能部门进行审核，并获得董事会、董事会授权的专门委员会、高级管理层或者相关部门的批准。

第十八条 商业银行开展理财业务，应当确保每只理财产品与所投资资产相对应，做到每只理财产品单独管理、单独建账和单独核算，不得开展或者参与具有滚动发行、集合运作、分离定价特征的资金池理财业务。

本办法所称单独管理是指对每只理财产品进行独立的投资管理。单独建账是指为每只理财产品建立投资明细账，确保投资资产逐项清晰明确。单独核算是指对每只理财产品单独进行会计账务处理，确保每只理财产品具有资产负债表、利润表、产品净值变动表等财务会计报表。

第十九条 商业银行开展理财业务，应当按照《企业会计准则》和《指导意见》等关于金融工具估值核算的相关规定，确认和计量理财产品的净值。

第二十条 商业银行开展理财业务，应当遵守市场交易和公平交易原则，不得在理财产品之间、理财产品投资者之间或者理财产品投资者与其他市场主体之间进行利益输送。

第二十一条 商业银行理财产品投资于本行或托管机构，其主要股东、控股股东、实际控制人、一致行动人、最终受益人，其控股的机构或者与其有重大利害关系的公司发行或者承销的证券，或者从事其他重大关联交易的，应当符合理财产品的投资目标、投资策略和投资者利益优先原则，按照商业原则，以不优于对非关联方同类交易的条件进行，并向投资者充分披露信息。

商业银行应当按照金融监督管理部门关于关联交易的相关规定，建立健全理财业务关联交易内部评估和审批机制。理财业务涉及重大关联交易的，应当提交有权审批机构审批，并向银行业监督管理机构报告。

商业银行不得以理财资金与关联方进行不正当交易、利益输送、内幕交易和操纵市场，包括但不限于投资于关联方虚假项目、与关联方共同收购上市公司、向本行注资等。

第二十二条 商业银行开展理财业务，应当按照《商业银行资本管理办法（试行）》的相关规定计提操作风险资本。

第二十三条 商业银行应当建立有效的理财业务投资者投诉处理机制，明确受理和处理投资者投诉的途径、程序和方式，根据法律、行政法规、金融监管规定和合同约定妥善处理投资者投诉。

第二十四条 商业银行应当建立健全理财业务人员的资格认定、培训、考核评价和问责制度，确保理财业务人员具备必要的专业知识、行业经验和管理能力，充分了解相关法律、行政法规、监管规定以及理财产品的法律关系、交易结构、主要风险及风险管控方式，遵守行为准则和职业道德标准。

商业银行的董事、监事、高级管理人员和其他理财业务人员不得有下列行为：

（一）将自有财产或者他人财产混同于理财产品财产从事投资活动；

（二）不公平地对待所管理的不同理财产品财产；

（三）利用理财产品财产或者职务之便为理财产品投资者以外的人牟取利益；

（四）向理财产品投资者违规承诺收益或者承担损失；

（五）侵占、挪用理财产品财产；

（六）泄露因职务便利获取的未公开信息，利用该信息从事或者明示、暗示他人从事相关的交易活动；

（七）玩忽职守，不按照规定履行职责；

（八）法律、行政法规和国务院银行业监督管理机构规定禁止的其他行为。

第二节 销售管理

第二十五条 商业银行理财产品销售是指商业银行将本行发行的理财产品向投资者进

行宣传推介和办理认购、赎回等业务活动。

第二十六条 商业银行销售理财产品，应当加强投资者适当性管理，向投资者充分披露信息和揭示风险，不得宣传或承诺保本保收益，不得误导投资者购买与其风险承受能力不相匹配的理财产品。

商业银行理财产品宣传销售文本应当全面、如实、客观地反映理财产品的重要特性，充分披露理财产品类型、投资组合、估值方法、托管安排、风险和收费等重要信息，所使用的语言表述必须真实、准确和清晰。

商业银行发行理财产品，不得宣传理财产品预期收益率，在理财产品宣传销售文本中只能登载该理财产品或者本行同类理财产品的过往平均业绩和最好、最差业绩，并以醒目文字提醒投资者"理财产品过往业绩不代表其未来表现，不等于理财产品实际收益，投资须谨慎"。

第二十七条 商业银行应当采用科学合理的方法，根据理财产品的投资组合、同类产品过往业绩和风险水平等因素，对拟销售的理财产品进行风险评级。

理财产品风险评级结果应当以风险等级体现，由低到高至少包括一级至五级，并可以根据实际情况进一步细分。

第二十八条 商业银行应当对非机构投资者的风险承受能力进行评估，确定投资者风险承受能力等级，由低到高至少包括一级至五级，并可以根据实际情况进一步细分。

商业银行不得在风险承受能力评估过程中误导投资者或者代为操作，确保风险承受能力评估结果的真实性和有效性。

第二十九条 商业银行只能向投资者销售风险等级等于或低于其风险承受能力等级的理财产品，并在销售文件中明确提示产品适合销售的投资者范围，在销售系统中设置销售限制措施。

商业银行不得通过对理财产品进行拆分等方式，向风险承受能力等级低于理财产品风险等级的投资者销售理财产品。

其他资产管理产品投资于商业银行理财产品的，商业银行应当按照穿透原则，有效识别资产管理产品的最终投资者。

第三十条 商业银行应当根据理财产品的性质和风险特征，设置适当的期限和销售起点金额。

商业银行发行公募理财产品的，单一投资者销售起点金额不得低于 1 万元人民币。

商业银行发行私募理财产品的，合格投资者投资于单只固定收益类理财产品的金额不得低于 30 万元人民币，投资于单只混合类理财产品的金额不得低于 40 万元人民币，投资于单只权益类理财产品、单只商品及金融衍生品类理财产品的金额不得低于 100 万元人民币。

第三十一条 商业银行只能通过本行渠道（含营业网点和电子渠道）销售理财产品，或者通过其他商业银行、农村合作银行、村镇银行、农村信用合作社等吸收公众存款的银行业金融机构代理销售理财产品。

第三十二条 商业银行通过营业场所向非机构投资者销售理财产品的，应当按照国务院银行业监督管理机构的相关规定实施理财产品销售专区管理，并在销售专区内对每只理财产品销售过程进行录音录像。

第三十三条 商业银行应当按照国务院银行业监督管理机构的相关规定，妥善保存理财产品销售过程涉及的投资者风险承受能力评估、录音录像等相关资料。

商业银行应当依法履行投资者信息保密义务，建立投资者信息管理制度和保密制度，防范投资者信息被不当采集、使用、传输和泄露。商业银行与其他机构共享投资者信息的，应当在理财产品销售文本中予以明确，征得投资者书面授权或者同意，并要求其履行投资者信息保密义务。

第三十四条 商业银行应当建立理财产品销售授权管理体系，制定统一的标准化销售服务规程，建立清晰的报告路线，明确分支机构业务权限，并采取定期核对、现场核查、风险评估等方式加强对分支机构销售活动的管理。

第三节 投资运作管理

第三十五条 商业银行理财产品可以投资于国债、地方政府债券、中央银行票据、政府机构债券、金融债券、银行存款、大额存单、同业存单、公司信用类债券、在银行间市场和证券交易所市场发行的资产支持证券、公募证券投资基金、其他债权类资产、权益类资产以及国务院银行业监督管理机构认可的其他资产。

第三十六条 商业银行理财产品不得直接投资于信贷资产，不得直接或间接投资于本行信贷资产，不得直接或间接投资于本行或其他银行业金融机构发行的理财产品，不得直接或间接投资于本行发行的次级档信贷资产支持证券。

商业银行面向非机构投资者发行的理财产品不得直接或间接投资于不良资产、不良资产支持证券，国务院银行业监督管理机构另有规定的除外。

商业银行理财产品不得直接或间接投资于本办法第三十五条所列示资产之外，由未经金融监督管理部门许可设立、不持有金融牌照的机构发行的产品或管理的资产，金融资产投资公司的附属机构依法依规设立的私募股权投资基金以及国务院银行业监督管理机构另有规定的除外。

第三十七条 理财产品销售文件应当载明产品类型、投资范围、投资资产种类及其投资比例，并确保在理财产品成立后至到期日前，投资比例按照销售文件约定合理浮动，不得擅自改变理财产品类型。

金融市场发生重大变化导致理财产品投资比例暂时超出浮动区间且可能对理财产品收益产生重大影响的，商业银行应当及时向投资者进行信息披露。

商业银行应当根据市场情况调整投资范围、投资资产种类或投资比例，并按照有关规定事先进行信息披露。超出销售文件约定比例的，除高风险类型的理财产品超出比例范围投资较低风险资产外，应当先取得投资者书面同意，并在全国银行业理财信息登记系统做好理财产品信息登记；投资者不接受的，应当允许投资者按照销售文件约定提前赎回理财产品。

第三十八条 商业银行理财产品投资资产管理产品的，应当符合以下要求：

（一）准确界定相关法律关系，明确约定各参与主体的责任和义务，并符合法律、行政法规、《指导意见》和金融监督管理部门对该资产管理产品的监管规定；

（二）所投资的资产管理产品不得再投资于其他资产管理产品（公募证券投资基金除外）；

（三）切实履行投资管理职责，不得简单作为资产管理产品的资金募集通道；

（四）充分披露底层资产的类别和投资比例等信息，并在全国银行业理财信息登记系统登记资产管理产品及其底层资产的相关信息。

第三十九条 商业银行理财产品投资于非标准化债权类资产的，应当符合以下要求：

（一）确保理财产品投资与审批流程相分离，比照自营贷款管理要求实施投前尽职调

查、风险审查和投后风险管理,并纳入全行统一的信用风险管理体系;

(二) 商业银行全部理财产品投资于单一债务人及其关联企业的非标准化债权类资产余额,不得超过本行资本净额的10%;

(三) 商业银行全部理财产品投资于非标准化债权类资产的余额在任何时点均不得超过理财产品净资产的35%,也不得超过本行上一年度审计报告披露总资产的4%。

第四十条 商业银行理财产品不得直接或间接投资于本行信贷资产受(收)益权,面向非机构投资者发行的理财产品不得直接或间接投资于不良资产受(收)益权。

商业银行理财产品投资于信贷资产受(收)益权的,应当审慎评估信贷资产质量和风险,按照市场化原则合理定价,必要时委托会计师事务所、律师事务所、评级机构等独立第三方机构出具专业意见。

商业银行应当向投资者及时、准确、完整地披露理财产品所投资信贷资产受(收)益权的相关情况,并及时披露对投资者权益或投资收益等产生重大影响的突发事件。

第四十一条 商业银行理财产品直接或间接投资于银行间市场、证券交易所市场或者国务院银行业监督管理机构认可的其他证券的,应当符合以下要求:

(一) 每只公募理财产品持有单只证券或单只公募证券投资基金的市值不得超过该理财产品净资产的10%;

(二) 商业银行全部公募理财产品持有单只证券或单只公募证券投资基金的市值,不得超过该证券市值或该公募证券投资基金市值的30%;

(三) 商业银行全部理财产品持有单一上市公司发行的股票,不得超过该上市公司可流通股票的30%。

国务院银行业监督管理机构另有规定的除外。

非因商业银行主观因素导致突破前述比例限制的,商业银行应当在流动性受限资产可出售、可转让或者恢复交易的10个交易日内调整至符合要求,国务院银行业监督管理机构规定的特殊情形除外。

商业银行理财产品投资于国债、地方政府债券、中央银行票据、政府机构债券、政策性金融债券以及完全按照有关指数的构成比例进行投资的除外。

第四十二条 商业银行不得发行分级理财产品。

本办法所称分级理财产品是指商业银行按照本金和收益受偿顺序的不同,将理财产品划分为不同等级的份额,不同等级份额的收益分配不按份额比例计算,而是由合同另行约定、按照优先与劣后份额安排进行收益分配的理财产品。

商业银行每只开放式公募理财产品的杠杆水平不得超过140%，每只封闭式公募理财产品、每只私募理财产品的杠杆水平不得超过200%。

本办法所称杠杆水平是指理财产品总资产/理财产品净资产。商业银行计算理财产品总资产时，应当按照穿透原则合并计算理财产品所投资的底层资产。理财产品投资资产管理产品的，应当按照理财产品持有资产管理产品的比例计算底层资产。

第四十三条 商业银行应当建立健全理财业务流动性风险管理制度，加强理财产品及其所投资资产期限管理，专业审慎、勤勉尽责地管理理财产品流动性风险，确保投资者的合法权益不受损害并得到公平对待。

商业银行应当在理财产品设计阶段，综合评估分析投资策略、投资范围、投资资产流动性、销售渠道、投资者类型与风险偏好等因素，审慎决定是否采取开放式运作。

商业银行发行的封闭式理财产品的期限不得低于90天；开放式理财产品所投资资产的流动性应当与投资者赎回需求相匹配，确保持有足够的现金、活期存款、国债、中央银行票据、政策性金融债券等具有良好流动性的资产，以备支付理财产品投资者的赎回款项。开放式公募理财产品应当持有不低于该理财产品资产净值5%的现金或者到期日在一年以内的国债、中央银行票据和政策性金融债券。

第四十四条 商业银行理财产品直接或间接投资于非标准化债权类资产的，非标准化债权类资产的终止日不得晚于封闭式理财产品的到期日或者开放式理财产品的最近一次开放日。

商业银行理财产品直接或间接投资于未上市企业股权及其受（收）益权的，应当为封闭式理财产品，并明确股权及其受（收）益权的退出安排。未上市企业股权及其受（收）益权的退出日不得晚于封闭式理财产品的到期日。

第四十五条 商业银行应当加强理财产品开展同业融资的流动性风险、交易对手风险和操作风险等风险管理，做好期限管理和集中度管控，按照穿透原则对交易对手实施尽职调查和准入管理，设置适当的交易限额并根据需要进行动态调整。

商业银行应当建立健全买入返售交易质押品的管理制度，采用科学合理的质押品估值方法，审慎确定质押品折扣系数，确保其能够满足正常和压力情景下融资交易的质押品需求，并且能够及时向相关交易对手履行返售质押品的义务。

第四十六条　商业银行应当建立健全理财产品压力测试制度。理财产品压力测试应当至少符合以下要求：

（一）针对单只理财产品，合理审慎设定并定期审核压力情景，充分考虑理财产品的规模、投资策略、投资者类型等因素，审慎评估各类风险对理财产品的影响，压力测试的数据应当准确可靠并及时更新，压力测试频率应当与商业银行理财产品的规模和复杂程度相适应；

（二）针对每只公募理财产品，压力测试应当至少每季度进行一次，出现市场剧烈波动等情况时，应当提高压力测试频率；

（三）在可能情况下，应当参考以往出现的影响理财产品的外部冲击，对压力测试结果实施事后检验，压力测试结果和事后检验应当有书面记录；

（四）在理财产品投资运作和风险管理过程中应当充分考虑压力测试结果，必要时根据压力测试结果进行调整；

（五）制订有效的理财产品应急计划，确保其可以应对紧急情况下的理财产品赎回需求。应急计划的制订应当充分考虑压力测试结果，内容包括但不限于触发应急计划的各种情景、应急资金来源、应急程序和措施，董事会、高级管理层及相关部门实施应急程序和措施的权限与职责等；

（六）由专门的团队负责压力测试的实施与评估，该团队应当与投资管理团队保持相对独立。

第四十七条　商业银行应当加强对开放式公募理财产品认购环节的管理，合理控制理财产品投资者集中度，审慎确认大额认购申请，并在理财产品销售文件中对拒绝或暂停接受投资者认购申请的情形进行约定。

当接受认购申请可能对存量开放式公募理财产品投资者利益构成重大不利影响时，商业银行可以采取设定单一投资者认购金额上限或理财产品单日净认购比例上限、拒绝大额认购、暂停认购等措施，切实保护存量理财产品投资者的合法权益。

在确保投资者得到公平对待的前提下，商业银行可以按照法律、行政法规和理财产品销售文件约定，综合运用设置赎回上限、延期办理巨额赎回申请、暂停接受赎回申请、收取短期赎回费等方式，作为压力情景下开放式公募理财产品流动性风险管理的辅助措施。商业银行应当按照理财产品销售文件中约定的信息披露方式，在3个交易日内通知投资者相关处理措施。

本办法所称巨额赎回是指商业银行开放式公募理财产品单个开放日净赎回申请超过理财产品总份额的10%的赎回行为，国务院银行业监督管理机构另有规定的除外。

第四十八条 商业银行应当对理财投资合作机构的资质条件、专业服务能力和风险管理水平等开展尽职调查,实行名单制管理,明确规定理财投资合作机构的准入标准和程序、责任与义务、存续期管理、利益冲突防范机制、信息披露义务及退出机制,理财投资合作机构的名单应当至少由总行高级管理层批准并定期评估,必要时进行调整。商业银行应当以书面方式明确界定双方的权利义务和风险责任承担方式,切实履行投资管理职责,不因委托其他机构投资而免除自身应当承担的责任。

本办法所称理财投资合作机构包括但不限于商业银行理财产品所投资资产管理产品的发行机构、根据合同约定从事理财产品受托投资的机构以及与理财产品投资管理相关的投资顾问等。理财投资合作机构应当是具有专业资质并受金融监督管理部门依法监管的金融机构或国务院银行业监督管理机构认可的其他机构。

商业银行聘请理财产品投资顾问的,应当审查投资顾问的投资建议,不得由投资顾问直接执行投资指令,不得向未提供实质服务的投资顾问支付费用或者支付与其提供的服务不相匹配的费用。

商业银行首次与理财投资合作机构合作的,应当提前10日将该合作机构相关情况报告银行业监督管理机构。

第四十九条 商业银行不得用自有资金购买本行发行的理财产品,不得为理财产品投资的非标准化债权类资产或权益类资产提供任何直接或间接、显性或隐性的担保或回购承诺,不得用本行信贷资金为本行理财产品提供融资和担保。

第四节 理财托管

第五十条 商业银行应当选择具有证券投资基金托管业务资格的金融机构、银行业理财登记托管机构或者国务院银行业监督管理机构认可的其他机构托管所发行的理财产品。

第五十一条 从事理财产品托管业务的机构应当履行下列职责,确保实现实质性独立托管:

(一)安全保管理财产品财产;

(二)为每只理财产品开设独立的托管账户,不同托管账户中的资产应当相互独立;

(三)按照托管协议约定和理财产品发行银行的投资指令,及时办理清算、交割事宜;

(四)建立与理财产品发行银行的对账机制,复核、审查理财产品资金头寸、资产账目、资产净值、认购和赎回价格等数据,及时核查认购、赎回以及投资资金的支付和到账情况；

（五）监督理财产品投资运作，发现理财产品违反法律、行政法规、规章规定或合同约定进行投资的，应当拒绝执行，及时通知理财产品发行银行并报告银行业监督管理机构；

（六）办理与理财产品托管业务活动相关的信息披露事项，包括披露理财产品托管协议、对理财产品信息披露文件中的理财产品财务会计报告等出具意见，以及在公募理财产品半年度和年度报告中出具理财托管机构报告等；

（七）理财托管业务活动的记录、账册、报表和其他相关资料保存15年以上；

（八）对理财产品投资信息和相关资料承担保密责任，除法律、行政法规、规章规定、审计要求或者合同约定外，不得向任何机构或者个人提供相关信息和资料；

（九）国务院银行业监督管理机构规定的其他职责。

从事理财产品托管业务机构的董事、监事、高级管理人员和其他托管业务人员不得有本办法第二十四条第二款所列行为。

第五十二条　商业银行有下列情形之一的，国务院银行业监督管理机构可以要求其发行的理财产品由指定的机构进行托管：

（一）理财产品未实现实质性独立托管的；

（二）未按照穿透原则，在全国银行业理财信息登记系统中，向上穿透登记最终投资者信息，向下穿透登记理财产品投资的底层资产信息，或者信息登记不真实、准确、完整和及时的；

（三）国务院银行业监督管理机构规定的其他情形。

第五节　信息披露

第五十三条　商业银行应当按照国务院银行业监督管理机构关于信息披露的有关规定，每半年披露其从事理财业务活动的有关信息，披露的信息应当至少包括以下内容：当期发行和到期的理财产品类型、数量和金额、期末存续理财产品数量和金额，列明各类理财产品的占比及其变化情况，以及理财产品直接和间接投资的资产种类、规模和占比等信息。

第五十四条　商业银行应当在本行营业网点或官方网站建立理财产品信息查询平台，收录全部在售及存续期内公募理财产品的基本信息。

第五十五条 商业银行应当及时、准确、完整地向理财产品投资者披露理财产品的募集信息、资金投向、杠杆水平、收益分配、托管安排、投资账户信息和主要投资风险等内容。

第五十六条 商业银行发行公募理财产品的，应当在本行官方网站或者按照与投资者约定的方式，披露以下理财产品信息：

（一）在全国银行业理财信息登记系统获取的登记编码；

（二）销售文件，包括说明书、销售协议书、风险揭示书和投资者权益须知；

（三）发行公告，包括理财产品成立日期和募集规模等信息；

（四）定期报告，包括理财产品的存续规模、收益表现，并分别列示直接和间接投资的资产种类、投资比例、投资组合的流动性风险分析，以及前十项资产具体名称、规模和比例等信息；

（五）到期公告，包括理财产品的存续期限、终止日期、收费情况和收益分配情况等信息；

（六）重大事项公告；

（七）临时性信息披露；

（八）国务院银行业监督管理机构规定的其他信息。

商业银行应当在理财产品成立之后5日内披露发行公告，在理财产品终止后5日内披露到期公告，在发生可能对理财产品投资者或者理财产品收益产生重大影响的事件后2日内发布重大事项公告。

商业银行应当在每个季度结束之日起15日内、上半年结束之日起60日内、每年结束之日起90日内，编制完成理财产品的季度、半年和年度报告等定期报告。理财产品成立不足90日或者剩余存续期不超过90日的，商业银行可以不编制理财产品当期的季度、半年和年度报告。

第五十七条 商业银行应当在每个开放日结束后2日内，披露开放式公募理财产品在开放日的份额净值、份额累计净值、认购价格和赎回价格，在定期报告中披露开放式公募理财产品在季度、半年和年度最后一个市场交易日的份额净值、份额累计净值和资产净值。

商业银行应当至少每周向投资者披露一次封闭式公募理财产品的资产净值和份额净值。

第五十八条 商业银行应当在公募理财产品的存续期内，至少每月向投资者提供其所持有的理财产品账单，账单内容包括但不限于投资者持有的理财产品份额、认购金额、份额净值、份额累计净值、资产净值、收益情况、投资者理财交易账户发生的交易明细记录等信息。

第五十九条 商业银行发行私募理财产品的，应当按照与合格投资者约定的方式和频率，披露以下理财产品信息：

（一）在全国银行业理财信息登记系统获取的登记编码；

（二）销售文件，包括说明书、销售协议书、风险揭示书和投资者权益须知；

（三）至少每季度向合格投资者披露理财产品的资产净值、份额净值和其他重要信息；

（四）定期报告，至少包括季度、半年和年度报告；

（五）到期报告；

（六）重大事项报告；

（七）临时性信息披露；

（八）国务院银行业监督管理机构规定的其他信息。

第六十条 商业银行理财产品终止后的清算期原则上不得超过 5 日；清算期超过 5 日的，应当在理财产品终止前，根据与投资者的约定，在指定渠道向理财产品投资者进行披露。

第六十一条 商业银行应当在理财产品销售文件中明确约定与投资者联络和信息披露的方式、渠道和频率，以及在信息披露过程中各方的责任，确保投资者及时获取信息。

商业银行在未与投资者明确约定的情况下，在其官方网站公布理财产品相关信息，不能视为向投资者进行了信息披露。

第四章 监督管理

第六十二条 从事理财业务的商业银行应当按照规定，向银行业监督管理机构报送与理财业务有关的财务会计报表、统计报表、外部审计报告和银行业监督管理机构要求报送的其他材料，并于每年度结束后 2 个月内报送理财业务年度报告。

第六十三条 理财托管机构应当按照规定，向银行业监督管理机构报送与理财产品托管有关的材料，并于每年度结束后 2 个月内报送理财产品年度托管报告。

第六十四条 从事理财业务的商业银行在理财业务中出现重大风险和损失时，应当及时向银行业监督管理机构报告，并提交应对措施。

第六十五条 银行业监督管理机构应当定期对商业银行理财业务进行现场检查。

第六十六条 银行业监督管理机构应当基于非现场监管和现场检查情况，定期对商业银行理财业务进行评估，并将其作为监管评级的重要依据。

第六十七条 商业银行违反本办法规定从事理财业务活动的，应当根据国务院银行业监督管理机构或者其省一级派出机构提出的整改要求，在规定的时限内向国务院银行业监督管理机构或者其省一级派出机构提交整改方案并采取整改措施。

第六十八条 对于在规定的时限内未能采取有效整改措施的商业银行，或者其行为严重危及本行稳健运行、损害投资者合法权益的，国务院银行业监督管理机构或者其省一级派出机构有权按照《中华人民共和国银行业监督管理法》第三十七条的规定，采取下列措施：

（一）责令暂停发行理财产品；
（二）责令暂停开展理财产品托管等业务；
（三）责令调整董事、高级管理人员或者限制其权利；
（四）《中华人民共和国银行业监督管理法》第三十七条规定的其他措施。

第六十九条 商业银行开展理财业务，根据《指导意见》经认定存在刚性兑付行为的，应当足额补缴存款准备金和存款保险保费，按照国务院银行业监督管理机构的相关规定，足额计提资本、贷款损失准备和其他各项减值准备，计算流动性风险和大额风险暴露等监管指标。

第五章 法律责任

第七十条 商业银行从事理财业务活动，有下列情形之一的，由银行业监督管理机构依照《中华人民共和国银行业监督管理法》第四十六条的规定，予以处罚。

（一）提供虚假的或者隐瞒重要事实的报表、报告等文件、资料的；
（二）未按照规定进行风险揭示或者信息披露的；

（三）根据《指导意见》经认定存在刚性兑付行为的；

（四）拒绝执行本办法第六十八条规定的措施的；

（五）严重违反本办法规定的其他情形。

第七十一条　商业银行从事理财业务活动，未按照规定向银行业监督管理机构报告或者报送有关文件、资料的，由银行业监督管理机构依照《中华人民共和国银行业监督管理法》第四十七条的规定，予以处罚。

第七十二条　商业银行从事理财业务活动的其他违法违规行为，由银行业监督管理机构依照《中华人民共和国银行业监督管理法》《中华人民共和国商业银行法》等法律法规予以处罚。

第七十三条　商业银行从事理财业务活动，违反有关法律、行政法规以及国家有关银行业监督管理规定的，银行业监督管理机构除依照本办法第七十条至第七十二条规定处罚外，还可以依照《中华人民共和国银行业监督管理法》第四十八条和《金融违法行为处罚办法》的相关规定，对直接负责的董事、高级管理人员和其他直接责任人员进行处理；涉嫌犯罪的，依法移送司法机关处理。

第六章　附　　则

第七十四条　政策性银行、农村合作银行、农村信用合作社等其他银行业金融机构开展理财业务，适用本办法规定。外国银行分行开展理财业务，参照本办法执行。

第七十五条　商业银行已经发行的保证收益型和保本浮动收益型理财产品应当按照结构性存款或者其他存款进行规范管理。

本办法所称结构性存款是指商业银行吸收的嵌入金融衍生产品的存款，通过与利率、汇率、指数等的波动挂钩或者与某实体的信用情况挂钩，使存款人在承担一定风险的基础上获得相应收益的产品。

结构性存款应当纳入商业银行表内核算，按照存款管理，纳入存款准备金和存款保险保费的缴纳范围，相关资产应当按照国务院银行业监督管理机构的相关规定计提资本和拨备。衍生产品交易部分按照衍生产品业务管理，应当有真实的交易对手和交易行为。

商业银行发行结构性存款应当具备相应的衍生产品交易业务资格。

商业银行销售结构性存款，应当参照本办法第三章第二节和本办法附件的相关规定执行。

第七十六条 具有代客境外理财业务资格的商业银行开展代客境外理财业务，参照本办法执行，并应当遵守法律、行政法规和金融监督管理部门的相关规定。

第七十七条 本办法中"以上"均含本数；"日"指工作日；"收益率"指年化收益率。

第七十八条 本办法附件《商业银行理财产品销售管理要求》是本办法的组成部分。

第七十九条 本办法由国务院银行业监督管理机构负责解释。

第八十条 本办法自公布之日起施行。《商业银行个人理财业务管理暂行办法》（中国银行业监督管理委员会令2005年第2号）、《商业银行个人理财业务风险管理指引》（银监发〔2005〕63号）、《中国银行业监督管理委员会办公厅关于商业银行开展个人理财业务风险提示的通知》（银监办发〔2006〕157号）、《中国银监会办公厅关于调整商业银行个人理财业务管理有关规定的通知》（银监办发〔2007〕241号）、《中国银监会办公厅关于进一步规范商业银行个人理财业务有关问题的通知》（银监办发〔2008〕47号）、《中国银监会办公厅关于进一步规范商业银行个人理财业务报告管理有关问题的通知》（银监办发〔2009〕172号）、《中国银监会关于进一步规范商业银行个人理财业务投资管理有关问题的通知》（银监发〔2009〕65号）、《中国银监会关于规范信贷资产转让及信贷资产类理财业务有关事项的通知》（银监发〔2009〕113号）、《商业银行理财产品销售管理办法》（中国银行业监督管理委员会令2011年第5号）、《中国银监会关于进一步加强商业银行理财业务风险管理有关问题的通知》（银监发〔2011〕91号）、《中国银监会关于规范商业银行理财业务投资运作有关问题的通知》（银监发〔2013〕8号）、《中国银监会关于完善银行理财业务组织管理体系有关事项的通知》（银监发〔2014〕35号）同时废止。本办法实施前出台的有关规章及规范性文件如与本办法不一致的，按照本办法执行。

第八十一条 本办法过渡期为施行之日起至2020年底。过渡期内，商业银行新发行的理财产品应当符合本办法规定；对于存量理财产品，商业银行可以发行老产品对接存量理财产品所投资的未到期资产，但应当严格控制在存量产品的整体规模内，并有序压缩递减。

商业银行应当制订本行理财业务整改计划，明确时间进度安排和内部职责分工，经董事会审议通过并经董事长签批后，报送银行业监督管理机构认可，同时报备中国人民银行。银行业监督管理机构监督指导商业银行实施整改计划，对于提前完成整改的商业银行，给予适当监管激励；对于未严格执行整改计划或者整改不到位的商业银行，适时采取相关监管措施。

过渡期结束之后，商业银行理财产品按照本办法和《指导意见》进行全面规范管理，因子公司尚未成立而达不到第三方独立托管要求的情形除外；商业银行不得再发行或者存续不符合《指导意见》和本办法规定的理财产品。

《商业银行理财子公司管理办法》

第一章 总 则

第一条 为加强对商业银行理财子公司的监督管理，依法保护投资者合法权益，根据《中华人民共和国银行业监督管理法》等法律、行政法规以及《关于规范金融机构资产管理业务的指导意见》（以下简称《指导意见》）、《商业银行理财业务监督管理办法》（以下简称《理财业务管理办法》），制定本办法。

第二条 本办法所称银行理财子公司是指商业银行经国务院银行业监督管理机构批准，在中华人民共和国境内设立的主要从事理财业务的非银行金融机构。

本办法所称理财业务是指银行理财子公司接受投资者委托，按照与投资者事先约定的投资策略、风险承担和收益分配方式，对受托的投资者财产进行投资和管理的金融服务。

第三条 银行理财子公司开展理财业务，应当诚实守信、勤勉尽职地履行受人之托、代人理财职责，遵守成本可算、风险可控、信息充分披露的原则，严格遵守投资者适当性管理要求，保护投资者合法权益。

第四条 银行业监督管理机构依法对银行理财子公司及其业务活动实施监督管理。

银行业监督管理机构应当与其他金融管理部门加强监管协调和信息共享，防范跨市场风险。

第二章　设立、变更与终止

第五条　设立银行理财子公司，应当采取有限责任公司或者股份有限公司形式。银行理财子公司名称一般为"字号＋理财＋组织形式"。未经国务院银行业监督管理机构批准，任何单位不得在其名称中使用"理财有限责任公司"或"理财股份有限公司"字样。

第六条　银行理财子公司应当具备下列条件：
（一）具有符合《中华人民共和国公司法》和国务院银行业监督管理机构规章规定的章程；
（二）具有符合规定条件的股东；
（三）具有符合本办法规定的最低注册资本；
（四）具有符合任职资格条件的董事、高级管理人员，并具备充足的从事研究、投资、估值、风险管理等理财业务岗位的合格从业人员；
（五）建立有效的公司治理、内部控制和风险管理体系，具备支持理财产品单独管理、单独建账和单独核算等业务管理的信息系统，具备保障信息系统有效安全运行的技术与措施；
（六）具有与业务经营相适应的营业场所、安全防范措施和其他设施；
（七）国务院银行业监督管理机构规章规定的其他审慎性条件。

第七条　银行理财子公司应当由在中华人民共和国境内注册成立的商业银行作为控股股东发起设立。作为控股股东的商业银行应当符合以下条件：
（一）具有良好的公司治理结构、内部控制机制和健全的风险管理体系；
（二）主要审慎监管指标符合监管要求；
（三）财务状况良好，最近3个会计年度连续盈利；
（四）监管评级良好，最近2年内无重大违法违规行为，已采取有效整改措施并经国务院银行业监督管理机构认可的除外；
（五）银行理财业务经营规范稳健；
（六）设立理财业务专营部门，对理财业务实行集中统一经营管理；理财业务专营部门连续运营3年以上，具有前中后台相互分离、职责明确、有效制衡的组织架构；
（七）具有明确的银行理财子公司发展战略和业务规划；

（八）入股资金为自有资金，不得以债务资金和委托资金等非自有资金入股；

（九）在银行理财子公司章程中承诺 5 年内不转让所持有的股权，不将所持有的股权进行质押或设立信托，经国务院银行业监督管理机构批准的除外；

（十）国务院银行业监督管理机构规章规定的其他审慎性条件。

第八条 境内外金融机构作为银行理财子公司股东的，应当具备以下条件：

（一）具有良好的公司治理结构；

（二）具有良好的社会声誉、诚信记录和纳税记录；

（三）经营管理良好，最近 2 年内无重大违法违规经营记录；

（四）财务状况良好，最近 2 个会计年度连续盈利；

（五）入股资金为自有资金，不得以债务资金和委托资金等非自有资金入股；

（六）在银行理财子公司章程中承诺 5 年内不转让所持有的股权，不将所持有的股权进行质押或设立信托，经国务院银行业监督管理机构批准的除外；

（七）符合所在地有关法律法规和相关监管规定要求；境外金融机构作为股东的，其所在国家或地区金融监管当局已经与国务院金融监督管理部门建立良好的监督管理合作机制；

（八）国务院银行业监督管理机构规章规定的其他审慎性条件。

第九条 境内非金融企业作为银行理财子公司股东的，应当具备以下条件：

（一）具有良好的公司治理结构；

（二）具有良好的社会声誉、诚信记录和纳税记录；

（三）经营管理良好，最近 2 年内无重大违法违规经营记录；

（四）财务状况良好，最近 2 个会计年度连续盈利；

（五）入股资金为自有资金，不得以债务资金和委托资金等非自有资金入股；

（六）在银行理财子公司章程中承诺 5 年内不转让所持有的股权，不将所持有的股权进行质押或设立信托，经国务院银行业监督管理机构批准的除外；

（七）最近 1 年年末总资产不低于 50 亿元人民币，最近 1 年年末净资产不得低于总资产的 30%，权益性投资余额原则上不超过其净资产的 50%（含本次投资资金，合并会计报表口径）；

（八）国务院银行业监督管理机构规章规定的其他审慎性条件。

第十条 有以下情形之一的企业不得作为银行理财子公司的股东：

（一）公司治理结构与机制存在明显缺陷；

（二）关联企业众多、股权关系复杂且不透明、关联交易频繁且异常；

（三）核心主业不突出且其经营范围涉及行业过多；

（四）现金流量波动受经济景气影响较大；

（五）资产负债率、财务杠杆率明显高于行业平均水平；

（六）代他人持有银行理财子公司股权；

（七）其他可能对银行理财子公司产生重大不利影响的情况。

第十一条 银行理财子公司的注册资本应当为一次性实缴货币资本，最低金额为10亿元人民币或等值自由兑换货币。

国务院银行业监督管理机构根据审慎监管的要求，可以调整银行理财子公司最低注册资本要求，但不得少于前款规定的金额。

第十二条 同一投资人及其关联方、一致行动人参股银行理财子公司的数量不得超过2家，或者控股银行理财子公司的数量不得超过1家。

第十三条 银行理财子公司机构设立须经筹建和开业两个阶段。

第十四条 筹建银行理财子公司，应当由作为控股股东的商业银行向国务院银行业监督管理机构提交申请，由国务院银行业监督管理机构按程序受理、审查并决定。国务院银行业监督管理机构应当自收到完整申请材料之日起4个月内作出批准或不批准的书面决定。

第十五条 银行理财子公司的筹建期为批准决定之日起6个月。未能按期完成筹建的，应当在筹建期限届满前1个月向国务院银行业监督管理机构提交筹建延期报告。筹建延期不得超过一次，延长期限不得超过3个月。

申请人应当在前款规定的期限届满前提交开业申请，逾期未提交的，筹建批准文件失效，由决定机关注销筹建许可。

第十六条 银行理财子公司开业，应当由作为控股股东的商业银行向银行业监督管理机构提交申请，由银行业监督管理机构受理、审查并决定。银行业监督管理机构自受理之日起2个月内作出核准或不予核准的书面决定。

第十七条 银行理财子公司应当在收到开业核准文件并领取金融许可证后,办理工商登记,领取营业执照。

银行理财子公司应当自领取营业执照之日起 6 个月内开业。不能按期开业的,应当在开业期限届满前 1 个月向国务院银行业监督管理机构提交开业延期报告。开业延期不得超过一次,延长期限不得超过 3 个月。

未在前款规定期限内开业的,开业核准文件失效,由决定机关注销开业许可,发证机关收回金融许可证,并予以公告。

第十八条 银行理财子公司董事和高级管理人员实行任职资格核准制度,由银行业监督管理机构参照《中国银监会非银行金融机构行政许可事项实施办法》规定的行政许可范围、条件和程序对银行理财子公司董事和高级管理人员任职资格进行审核,国务院银行业监督管理机构另有规定的除外。

第十九条 银行理财子公司应当严格控制分支机构的设立。根据需要设立分支机构的,应当具备以下条件:

(一)具有有效的公司治理、内部控制和风险管理体系,具备支持理财产品单独管理、单独建账和单独核算等业务管理的信息系统,具备保障信息系统有效安全运行的技术与措施;

(二)理财业务经营规范稳健,最近 2 年内无重大违法违规行为;

(三)具备拨付营运资金的能力;

(四)国务院银行业监督管理机构规章规定的其他审慎性条件。

银行理财子公司设立分支机构,由银行业监督管理机构受理、审查并决定,相关程序应当符合《中国银监会非银行金融机构行政许可事项实施办法》相关规定,国务院银行业监督管理机构另有规定的除外。

第二十条 银行理财子公司有下列变更事项之一的,应当报经国务院银行业监督管理机构批准:

(一)变更公司名称;

(二)变更注册资本;

(三)变更股权或调整股权结构;

(四)调整业务范围;

（五）变更公司住所或营业场所；

（六）修改公司章程；

（七）变更组织形式；

（八）合并或分立；

（九）国务院银行业监督管理机构规章规定的其他变更事项。

银行理财子公司股权变更后持股5%以上的股东应当经股东资格审核。银行理财子公司变更持股1%以上、5%以下股东的，应当在10个工作日内向银行业监督管理机构报告。变更股权后的股东应当符合本办法规定的股东资质条件。

第二十一条　银行理财子公司有下列情况之一的，经国务院银行业监督管理机构批准后可以解散：

（一）公司章程规定的营业期限届满或者公司章程规定的其他解散事由出现；

（二）股东会议决议解散；

（三）因公司合并或者分立需要解散；

（四）依法被吊销营业执照、责令关闭或者被撤销；

（五）其他法定事由。

第二十二条　银行理财子公司因解散、依法被撤销或被宣告破产而终止的，其清算事宜按照国家有关法律法规办理。银行理财子公司不得将理财产品财产归入其自有资产，因依法解散、被依法撤销或者被依法宣告破产等原因进行清算的，理财产品财产不属于其清算财产。

第二十三条　银行理财子公司的机构变更和终止、调整业务范围及增加业务品种等行政许可事项由国务院银行业监督管理机构受理、审查并决定，相关许可条件和程序应符合《中国银监会非银行金融机构行政许可事项实施办法》相关规定，国务院银行业监督管理机构另有规定的除外。

第三章　业务规则

第二十四条　银行理财子公司可以申请经营下列部分或者全部业务：

（一）面向不特定社会公众公开发行理财产品，对受托的投资者财产进行投资和管理；

（二）面向合格投资者非公开发行理财产品，对受托的投资者财产进行投资和管理；

（三）理财顾问和咨询服务；

（四）经国务院银行业监督管理机构批准的其他业务。

第二十五条　银行理财子公司开展业务，应当遵守《指导意见》和《理财业务管理办法》的总则、分类管理、业务规则与风险管理、附则以及附件《商业银行理财产品销售管理要求》的相关规定，本办法另有规定的除外。

银行理财子公司开展理财业务，不适用《理财业务管理办法》第二十二条、第三十条第二款、第三十一条、第三十六条第一款、第三十九条、第四十条第一款、第四十二条第一款、第四十八条第二款、第四十九条、第七十四条至第七十七条、附件《商业银行理财产品销售管理要求》第三条第（三）项的规定。

第二十六条　银行理财子公司发行公募理财产品的，应当主要投资于标准化债权类资产以及上市交易的股票，不得投资于未上市企业股权，法律、行政法规和国务院银行业监督管理机构另有规定的除外。

第二十七条　银行理财子公司销售理财产品的，应当在非机构投资者首次购买理财产品前通过本公司渠道（含营业场所和电子渠道）进行风险承受能力评估；通过营业场所向非机构投资者销售理财产品的，应当按照国务院银行业监督管理机构的相关规定实施理财产品销售专区管理，在销售专区内对每只理财产品销售过程进行录音录像。银行理财子公司不得通过电视、电台、互联网等渠道对私募理财产品进行公开宣传。

银行理财子公司可以通过商业银行、农村合作银行、村镇银行、农村信用合作社等吸收公众存款的银行业金融机构，或者国务院银行业监督管理机构认可的其他机构代理销售理财产品。代理销售银行理财子公司理财产品的机构应当遵守国务院银行业监督管理机构关于代理销售业务的相关规定。

第二十八条　银行理财子公司理财产品不得直接投资于信贷资产，不得直接或间接投资于主要股东的信贷资产及其受（收）益权，不得直接或间接投资于主要股东发行的次级档资产支持证券，面向非机构投资者发行的理财产品不得直接或间接投资于不良资产受（收）益权。

银行理财子公司发行的理财产品不得直接或间接投资于本公司发行的理财产品，国务院银行业监督管理机构另有规定的除外。银行理财子公司发行的理财产品可以再投资一层由受金融监督管理部门依法监管的其他机构发行的资产管理产品，但所投资的资产管理产品不得再投资公募证券投资基金以外的资产管理产品。

银行理财子公司主要股东是指持有或控制银行理财子公司5%以上股份或表决权，或持有资本总额或股份总额不足5%但对银行理财子公司经营管理有重大影响的股东。

前款所称"重大影响"包括但不限于向银行理财子公司派驻董事、监事或高级管理人员，通过协议或其他方式影响银行理财子公司的财务和经营管理决策以及国务院银行业监督管理机构认定的其他情形。

第二十九条 银行理财子公司理财产品投资于非标准化债权类资产的，应当实施投前尽职调查、风险审查和投后风险管理。银行理财子公司全部理财产品投资于非标准化债权类资产的余额在任何时点均不得超过理财产品净资产的35%。

第三十条 同一银行理财子公司全部开放式公募理财产品持有单一上市公司发行的股票，不得超过该上市公司可流通股票的15%。

第三十一条 银行理财子公司发行分级理财产品的，应当遵守《指导意见》第二十一条相关规定。

分级理财产品的同级份额享有同等权益、承担同等风险，产品名称中应包含"分级"或"结构化"字样。

银行理财子公司不得违背风险收益相匹配原则，利用分级理财产品向特定一个或多个劣后级投资者输送利益。分级理财产品不得投资其他分级资产管理产品，不得直接或间接对优先级份额投资者提供保本保收益安排。

银行理财子公司应当向投资者充分披露理财产品的分级设计及相应风险、收益分配、风险控制等信息。

第三十二条 银行理财子公司的理财投资合作机构包括但不限于银行理财子公司理财产品所投资资产管理产品的发行机构、根据合同约定从事理财产品受托投资的机构以及与理财产品投资管理相关的投资顾问等。

银行理财子公司公募理财产品所投资资产管理产品的发行机构、根据合同约定从事理财产品受托投资的机构应当是具有专业资质并受金融监督管理部门依法监管的金融机构，其他理财投资合作机构应当是具有专业资质，符合法律、行政法规、《指导意见》和金融监督管理部门相关监管规定并受金融监督管理部门依法监管的机构。

银行理财子公司可以选择符合以下条件的私募投资基金管理人担任理财投资合作

机构：

（一）在中国证券投资基金业协会登记满1年、无重大违法违规记录的会员；

（二）担任银行理财子公司投资顾问的，应当为私募证券投资基金管理人，其具备3年以上连续可追溯证券、期货投资管理业绩且无不良从业记录的投资管理人员应当不少于3人；

（三）金融监督管理部门规定的其他条件。

银行理财子公司所发行分级理财产品的投资顾问及其关联方不得以其自有资金或者募集资金投资于该分级理财产品的劣后级份额。

第三十三条　银行理财子公司可以运用自有资金开展存放同业、拆放同业等业务，投资国债、其他固定收益类证券以及国务院银行业监督管理机构认可的其他资产，其中持有现金、银行存款、国债、中央银行票据、政策性金融债券等具有较高流动性资产的比例不低于50%。

银行理财子公司以自有资金投资于本公司发行的理财产品，不得超过其自有资金的20%，不得超过单只理财产品净资产的10%，不得投资于分级理财产品的劣后级份额。

银行理财子公司应当确保理财业务与自营业务相分离，理财业务操作与自营业务操作相分离，其自有资产与发行的理财产品之间不得进行利益输送。

银行理财子公司不得为理财产品投资的非标准化债权类资产或权益类资产提供任何直接或间接、显性或隐性的担保或回购承诺。

第三十四条　银行理财子公司发行投资衍生产品的理财产品的，应当按照《银行业金融机构衍生产品交易业务管理暂行办法》获得相应的衍生产品交易资格，并遵守国务院银行业监督管理机构关于衍生产品业务管理的有关规定。

银行理财子公司开展理财业务涉及外汇业务的，应当具有开办相应外汇业务的资格，并遵守外汇管理的有关规定。

第三十五条　银行理财子公司发行理财产品的，应当在全国银行业理财信息登记系统对理财产品进行集中登记。

银行理财子公司不得发行未在全国银行业理财信息登记系统进行登记并获得登记编码的理财产品。

第四章 风险管理

第三十六条 银行理财子公司应当建立组织健全、职责清晰、有效制衡、激励约束合理的公司治理结构，明确股东（大）会、董事会、监事会、高级管理层、业务部门、风险管理部门和内部审计部门风险管理职责分工，建立相互衔接、协调运转的管理机制。

第三十七条 银行理财子公司董事会对理财业务的合规管理和风险管控有效性承担最终责任。董事会应当充分了解理财业务及其所面临的各类风险，根据本公司经营目标、投资管理能力、风险管理水平等因素，审核批准理财业务的总体战略和重要业务管理制度并监督实施。董事会应当监督高级管理层履行理财业务管理职责，评价理财业务管理的全面性、有效性和高级管理层的履职情况。

董事会可以授权其下设的专门委员会履行以上部分职能。

第三十八条 银行理财子公司高级管理层应当充分了解理财业务及其所面临的各类风险，根据本公司经营目标、投资管理能力、风险管理水平等因素，制定、定期评估并实施理财业务的总体战略和业务管理制度，确保具备从事理财业务及其风险管理所需要的专业人员、业务处理系统、会计核算系统和管理信息系统等人力、物力资源。

第三十九条 银行理财子公司监事会应当对董事会和高级管理层的履职情况进行监督评价并督促整改。监事长（监事会主席）应当由专职人员担任。

第四十条 银行理财子公司应当根据理财业务性质和风险特征，建立健全理财业务管理制度，包括产品准入管理、风险管理和内部控制、人员管理、销售管理、投资管理、合作机构管理、产品托管、产品估值、会计核算和信息披露等。

第四十一条 银行理财子公司与其主要股东之间，同一股东控股、参股或实际控制的其他机构之间，以及国务院银行业监督管理机构认定需要实施风险隔离的其他机构之间，应当建立有效的风险隔离机制，通过隔离资金、业务、管理、人员、系统、营业场所和信息等措施，防范风险传染、内幕交易、利益冲突和利益输送，防止利用未公开信息交易。风险隔离机制应当至少包括以下内容：

（一）确保机构名称、产品和服务名称、对外营业场所、品牌标识、营销宣传等有效区分，避免投资者混淆，防范声誉风险；

（二）对银行理财子公司的董事会成员和监事会成员的交叉任职进行有效管理，防范利益冲突；

（三）严格隔离投资运作等关键敏感信息传递，不得提供存在潜在利益冲突的投资、研究、客户敏感信息等资料。

第四十二条　银行理财子公司发行的理财产品投资于本公司或托管机构的主要股东、实际控制人、一致行动人、最终受益人，托管机构，同一股东或托管机构控股的机构，或者与本公司或托管机构有重大利害关系的机构发行或承销的证券，或者从事其他关联交易的，应当符合理财产品投资目标、投资策略和投资者利益优先原则，按照商业原则，以不优于对非关联方同类交易的条件进行，并向投资者充分披露信息。

银行理财子公司应当遵守法律、行政法规和金融监督管理部门关于关联交易的相关规定，全面准确识别关联方，建立健全理财业务关联交易内部评估和审批机制。理财业务涉及重大关联交易的，应当提交有权审批机构审批，并向银行业监督管理机构报告。

银行理财子公司不得以理财资金与关联方进行不正当交易、利益输送、内幕交易和操纵市场，包括但不限于投资于关联方虚假项目、与关联方共同收购上市公司、向本公司注资等。

第四十三条　银行理财子公司应当将投资管理职能与交易执行职能相分离，实行集中交易制度。

银行理财子公司应当建立公平交易制度和异常交易监控机制，对投资交易行为进行监控、分析、评估、核查，监督投资交易的过程和结果，不得开展可能导致不公平交易和利益输送的交易行为。

银行理财子公司应当对不同理财产品之间发生的同向交易和反向交易进行监控。同一理财产品不得在同一交易日内进行反向交易。确因投资策略或流动性等需要发生同日反向交易的，应当要求相关人员提供决策依据，并留存书面记录备查。国务院银行业监督管理机构另有规定的除外。

第四十四条　银行理财子公司应当按照理财产品管理费收入的10%计提风险准备金，风险准备金余额达到理财产品余额的1%时可以不再提取。风险准备金主要用于弥补因银行理财子公司违法违规、违反理财产品合同约定、操作错误或者技术故障等给理财产品财产或者投资者造成的损失。

第四十五条 银行理财子公司应当遵守净资本监管要求。相关监管规定由国务院银行业监督管理机构另行制定。

第四十六条 银行理财子公司应当建立健全内部控制和内外部审计制度，完善内部控制措施，提高内外部审计有效性，持续督促提升业务经营、风险管理、内控合规水平。

银行理财子公司应当按照国务院银行业监督管理机构关于内部审计的相关规定，至少每年对理财业务进行一次内部审计，并将审计报告报送董事会。董事会应当针对内部审计发现的问题，督促高级管理层及时采取整改措施。内部审计部门应当跟踪检查整改措施的实施情况，并及时向董事会提交有关报告。

银行理财子公司应当按照国务院银行业监督管理机构关于外部审计的相关规定，委托外部审计机构至少每年对理财业务和公募理财产品进行一次外部审计，并针对外部审计发现的问题及时采取整改措施。

第四十七条 银行理财子公司应当建立健全从业人员的资格认定、培训、考核评价和问责制度，确保理财业务人员具备必要的专业知识、行业经验和管理能力，充分了解相关法律法规、监管规定以及理财产品的法律关系、交易结构、主要风险及风险管控方式，遵守行为准则和职业道德标准。

银行理财子公司的董事、监事、高级管理人员和其他理财业务人员，其本人、配偶、利害关系人进行证券投资，应当事先向银行理财子公司申报，并不得与投资者发生利益冲突。银行理财子公司应当建立上述人员进行证券投资的申报、登记、审查、处置等管理制度，并报银行业监督管理机构备案。

银行理财子公司的董事、监事、高级管理人员和其他理财业务人员不得有下列行为：

（一）将自有财产或者他人财产混同于理财产品财产从事投资活动；

（二）不公平地对待所管理的不同理财产品财产；

（三）利用理财产品财产或者职务之便为理财产品投资者以外的人牟取利益；

（四）向理财产品投资者违规承诺收益或者承担损失；

（五）侵占、挪用理财产品财产；

（六）泄露因职务便利获取的未公开信息，利用该信息从事或者明示、暗示他人从事相关的交易活动；

（七）玩忽职守，不按照规定履行职责；

（八）法律、行政法规和国务院银行业监督管理机构规定禁止的其他行为。

第四十八条 银行理财子公司应当建立有效的投资者保护机制，设置专职岗位并配备与业务规模相匹配的人员，根据法律、行政法规、金融监管规定和合同约定妥善处理投资者投诉。

第五章 监督管理

第四十九条 银行理财子公司应当按照规定，向银行业监督管理机构报送与理财业务有关的财务会计报表、统计报表、外部审计报告、风险准备金使用情况和银行业监督管理机构要求报送的其他材料，并于每年度结束后2个月内报送理财业务年度报告。

第五十条 银行理财子公司在理财业务中出现或者可能出现重大风险和损失时，应当及时向银行业监督管理机构报告，并提交应对措施。

第五十一条 银行业监督管理机构应当按照规定对银行理财子公司业务进行现场检查。

第五十二条 银行业监督管理机构应当基于非现场监管和现场检查情况，定期对银行理财子公司业务进行评估。

第五十三条 银行理财子公司违反本办法规定从事理财业务活动的，应当根据国务院银行业监督管理机构或者其省一级派出机构提出的整改要求，在规定的时限内向国务院银行业监督管理机构或者其省一级派出机构提交整改方案并采取整改措施。

第五十四条 对于在规定的时限内未能采取有效整改措施的银行理财子公司，或者其行为严重危及本公司稳健运行、损害投资者合法权益的，国务院银行业监督管理机构或者其省一级派出机构有权按照《中华人民共和国银行业监督管理法》第三十七条的规定，采取下列措施：

（一）责令暂停发行理财产品；
（二）责令调整董事、高级管理人员或限制其权利；
（三）《中华人民共和国银行业监督管理法》第三十七条规定的其他措施。

第五十五条 银行理财子公司从事理财业务活动，有下列情形之一的，由银行业监督管理机构依照《中华人民共和国银行业监督管理法》第四十六条的规定，予以处罚：

（一）提供虚假的或者隐瞒重要事实的报表、报告等文件、资料的；

（二）未按照规定进行风险揭示或者信息披露的；

（三）根据《指导意见》经认定存在刚性兑付行为的；

（四）拒绝执行本办法第五十四条规定的措施的；

（五）严重违反本办法规定的其他情形。

第五十六条　银行理财子公司从事理财业务活动，未按照规定向银行业监督管理机构报告或者报送有关文件、资料的，由银行业监督管理机构依照《中华人民共和国银行业监督管理法》第四十七条的规定，予以处罚。

第五十七条　银行理财子公司从事理财业务活动的其他违法违规行为，由银行业监督管理机构依照《中华人民共和国银行业监督管理法》等法律法规予以处罚。

第五十八条　银行理财子公司从事理财业务活动，违反有关法律、行政法规以及国家有关银行业监督管理规定的，银行业监督管理机构除依照本办法第五十五条至第五十七条规定处罚外，还可以依照《中华人民共和国银行业监督管理法》第四十八条和《金融违法行为处罚办法》的相关规定，对直接负责的董事、高级管理人员和其他直接责任人员进行处理；涉嫌犯罪的，依法移送司法机关处理。

第六章　附　　则

第五十九条　本办法中"以上"均含本数，"以下"不含本数。

第六十条　本办法所称控股股东是指根据《中华人民共和国公司法》第二百一十六条规定，其出资额占有限责任公司资本总额50%以上，或其持有的股份占股份有限公司股本总额50%以上的股东；出资额或者持有股份的比例虽然不足50%，但依其出资额或者持有的股份所享有的表决权已足以对股东（大）会的决议产生重大影响的股东。

第六十一条　本办法由国务院银行业监督管理机构负责解释。

第六十二条　本办法自公布之日起施行。